메타버스 한 권으로 끝내기

한국메타버스연구원 김동욱 김병석
공 저   김은선 박인완 유정화 이지현
        최금선 최백만 최신영 최주형
감 수   김진선

META VERSE

미디어북

메타버스 한 권으로 끝내기

초 판 인 쇄	2022년 4월 07일
초 판 발 행	2022년 4월 15일

공 저 자	한국메타버스연구원, 김동욱, 김병석, 김은선, 박인완, 유정화, 이지현, 최금선, 최백만, 최신영, 최주형

발 행 인	정상훈
디 자 인	신아름
펴 낸 곳	미디어북

서울특별시 관악구 봉천로 472
코업레지던스 B1층 102호 고시계사

대 표 02-817-2400 팩 스 02-817-8998
考試界 · 고시계사 · 미디어북 02-817-0418~9
www.gosi-law.com
E-mail : goshigye@chollian.net

판 매 처	미디어북·고시계사
주 문 전 화	817-2400
주 문 팩 스	817-8998

정가 20,000원   ISBN 979-11-89888-26-8   03320

미디어북은 고시계사 자매회사입니다

메타버스 이제

시작하자!

Preface

3년째 이어지고 있는 팬데믹 현상은 이제 그 위기감은 반감됐고, 그냥 감기나 몸살 정도로 여기고 며칠 끙 끙 앓고 훌훌 털어버리게 되는 상황까지 이르렀다. 이처럼 코로나19에 대한 팽배했던 위기감은 반감됐음에 도 우리 경제는 아직도 동면에서 깨어나지 못하고 있다.

이런 가운데 이미 거리두기 제한으로 인한 비대면 생활은 대면처럼 익숙해지고 있는 실정이다. 아예 대면 시절이 오히려 기억 저편으로 날아가 버린 듯 비대면 생활의 불편함도 온데간데없이 사라져버렸다.

그러나 이와 같은 상황 속에서도 경제위기는 말 그대로 초긴장 상황에서 살얼음판을 걷는 것처럼 불안하 기만 하다. 대면에서 이뤄지던 경제활동은 이제 비대면 거리두기로 인해 포기 아닌 포기 상태까지 이르렀 고, 그 가운데 그나마 발전을 거듭하고 있는 것이 있다면 바로 '메타버스'라고 할 수 있다.

메타버스는 이와 같이 인류의 위기 속에서 싹을 틔워 쑥쑥 자라고 있는 듯하다. 코로나19로 인해 아이들 의 등교가 거부되고 학교의 문이 닫혔을 때 닫힌 문틈을 열어젖힌 것이 바로 줌을 통한 비대면 교육이었다.

비대면 온라인 수업이 고착화 되고 대부분의 비즈니스마저 온라인 사업으로 돌아섰을 때 즈음 메타버스 는 더 활기찬 상승곡선을 그리기 시작했다. 교육을 필두로 엔터테인먼트, 의료, 국방, 지자체 등 다양한 분 야에서 메타버스는 확장해 나가기 시작했다. 그로인해 오히려 대면시절보다 더 큰 호황을 누리게 된 온라인 사업들.

이제 메타버스는 우리나라뿐만 아니라 전 세계를 무대로 그 영역을 넓혀가고 있는 가운데 한국메타버스 연구원의 「메타버스 한 권으로 끝내기」는 이론과 실전 두 파트로 나눠 메타버스에 대한 필요성과 활용방법 을 담았다.

먼저 김병석의 '돈이 되는 NFT'를 시작으로 김동욱의 '영화로 배우는 메타버스 정복기', 최주형의 '메타버 스 교육용 저작도구', 이지현의 '메타버스 타고 변화하는 교육', 유정화의 '메타버스와 마케팅', 최백만의 '4차 산업혁명 시대의 메타버스와 생활문화'로 이론편을 마무리 했다.

이어 실전편에서는 김은선의 '이프랜드(ifland) 즐겨라!', 최금선의 '나만의 제페토(Zepeto) 만들기', 박인 완의 '제페토 빌드잇(Build-it)으로 나만의 월드 만들기', 최신형의 '게더타운(gather.town) 왕 초보 탈출하 기'로 구성했다.

한 마디로 요즘 메타버스 분야 중에서도 가장 핫한 NFT를 시작으로 게더타운에 이르기까지 메타버스 이론과 실전이 총 망라 돼 있다. 특히 영화로 배우는 메타버스 정복기로 메타버스를 재밌게 풀어나가며 메타버스와 친해질 수 있는 길을 열었다.

여기에 메타버스 교육, 마케팅, 4차 산업혁명에 이르기까지 메타버스로의 보다 더 쉽고 다양한 방법으로 접근을 시도했다. 메타버스는 이제 IT 전문가들의 전유물이 아니란 증거를 이 한권의 책에서 여실히 보여주고 있다.

실전을 통해서는 요즘 가장 많이 활용하고 있고 쉽게 배울 수 있는 이프랜드를 시작으로 정부가 신 직업군으로 적극 지원하고 있는 제페토 아이템 크리에이터에 도전장을 내밀었다. 이어 제페토 빌드잇과 게더타운으로 목적성에 활용가치를 더한 프로젝트로의 꿈을 담아냈다.

정부의 신 직업 육성 프로젝트에도 메타버스로 인한 창직과 수익창출이 큰 비중을 차지하며 각광받고 있다. 이제 메타버스는 온라인 생활 속에서 다양한 분야로의 활약을 펼치고 있으며 요즘과 같은 경제 위기 속에서 젊은이들의 수익창출, 창직의 도구로도 충분한 역할을 담당하고 있기 때문이다.

이제 메타버스는 20대 젊은 층만의 전유물도 아이들의 게임만도 아니다. 우리 삶 곳곳에 들어와 생활을 편리하게 하고, 사람의 생명을 구하는데 일조를 하며, 나라를 지키고, 지자체 살림살이를 효과적으로 이롭게 하는데 쓰임을 받고 있어 그 유용가치는 날로 상승 가도를 달리고 있다.

수년 전 소셜미디어가 들어와 지금까지도 많은 이들의 홍보와 마케팅을 돕고, 셀프브랜딩을 구축하고, 수익성까지 안겨다 주는데 크게 일조했다. 이제 시대는 바뀌었다. 바로 메타버스 시대이다. 이 시대 속에서 열 명의 저자들은 보다 더 메타버스를 쉽게 알아가고 실생활에 활용할 수 있도록 길잡이 역할을 담당하고 있다.

자, 이제 메타버스를 아직도 모른다면, 혹 젊은 사람들이나 활용하는 것으로 알고 있다면 이 한권의 책 「메타버스 한 권으로 끝내기」를 통해 메타버스 정복 길에 나서길 기대한다.

끝으로 이 책의 감수를 맡아 수고하신 파이낸스투데이 전문위원, 이사이며 현재 한국메타버스연구원 행정부원장이신 김진선 교수님께 감사를 드리며 미디어북 임직원 여러분께도 감사의 말씀을 전한다.

2022년 4월
한국메타버스연구원 **최 재 용** 원장

공저자 소개

김동욱

도시농업 전문기업 주)화분들닷컴 대표이사이며, 한국메타버스연구소 책임연구원이다. 메타버스 관련 강의, 맵 제작, 플랫폼 이용 교육 및 컨설팅을 진행하고 있으며 특히 메타버스 마케팅서비스와 SNS마케팅관련 소상공인 및 자영업자의 마케팅을 돕고 있다.

(sub9237@naver.com)

현재 한국메타버스연구원 지도교수, 책임연구원으로 메타버스를 알리기 위해 활동 중에 있다. 또한 교육출판 콘텐츠 기획사 더마니에듀 업무담당 이사로 재직 중이다.

(dduchi11@naver.com)

김병석

김은선

현재 jk코스메틱의 총괄이사이며 뷰티 사업가이다. 또한 모바일 쇼핑호스트로 활동하고 있으며 한국메타버스연구원 연구원으로 활동 중에 있다.

(kiwi6546@naver.com)

한국메타버스연구원 지도교수 및 대한민국산업현장교수로서 메타버스활용, 스마트워크, 디지털역량개발 전문가로 활동하고 있다. 저서로는 '스마트워크 시스템 구축을 위한 SNS도구 활용 가이드 북'외 5종이 있다.

(happybak1816@gmail.com)

박 인 완

유 정 화

한국메타버스연구원의 지도교수 및 한국디지털콘텐츠 대표로 메타버스 크리에이터로 활동 중이다. 최근 작품으로 세종사이버대, LG라이크그린, 스카해빛의 맵 등이 있다.

(yujh2959@naver.com)

미술교육을 전공하고 교육 전문가로서 활동은 경력 20년 이상이다. 또한 한국메타버스연구원 지도교수 및 책임연구원으로 활동 중에 있다.

(doo29910@naver.com)

이 지 현

공저자 소개

최 금 선

한국메타버스연구원과 디지털 역량강화 교육 강사로 메타버스와 NFT, 인공지능, 스마트폰 활용, 코딩교육을 온·오프라인을 통해 강의하고 있다.

(choiseon0921@gmail.com)

사회복지상담학박사(가족상담 전공) 학위를 취득하고 순복음대학원대학교 겸임교수로 재직하고 있다. 또한 한국메타버스연구원에서 수석연구원으로 활동하고 있으며 주요저서로는 군 집단 상담이론과 실제, 핵심사회 복지상담, 병영상담, 애도 상담이론과 실제 등 다수 집필하였다.   (cbm1158@naver.com)

최 백 만

최 신 영

한국메타버스연구원 지도교수, 국내최초뉴스전문포털 뉴스랭키 대표이사, KTV국민방송 국민기자로 활동하고 있는 언론인이자 교육인이다. 2022년 KTV국민방송 국민기자단 문화체육부장관상, 2017년 제6회 세종교육대상을 수상한 바 있다.   (biz@newsrankey.com)

현재 서울명지초등학교에서 컴퓨터교과를 가르치고 있으며, 한국메타버스연구원 책임 연구원이다. 메타버스, NFT, AI교육, 정보영재, 융합교육을 연구하며 디지털 정보격차 해소 및 역량강화를 위해 교육기부 프로그램〈주니어디지털스쿨〉을 매주 ZOOM으로 무료 운영하고 있다.　　　　(julang@naver.com)

최 주 형

감수자 **김 진 선**

'i-MBC 하나더 TV 매거진' 발행인, 세종대학교 세종 CEO 문학포럼 지도교수 를 거쳐 현재 한국메타버스연구원 행정 부원장, 파이낸스투데이 전문위원/이사, 불교공뉴스 메타버스 자문위원으로 활동 중이다. 또한 30여 년간 기자로서의 활동을 바탕으로 출판 및 뉴스크리에이터 과정을 진행하고 있다.

Contents

CHAPTER 3　메타버스 교육용 저작도구

Contents

CHAPTER 4   메타버스 타고 변화하는 교육

CHAPTER 5   메타버스와 마케팅

Contents

CHAPTER 6   4차 산업혁명 시대의 메타버스와 생활문화

PART 2
실 전

CHAPTER 1   이프랜드(ifland) 즐겨라!

Contents

CHAPTER 2   나만의 '제페토(Zepeto)' 만들기

CHAPTER **3** '제페토 빌드잇(Build-it)'으로
나만의 월드 만들기

Contents

메타버스 한 권으로 끝내기

CHAPTER 4 게더타운(gather.town)
왕 초보 탈출하기

PART 01

이론

돈이 되는 NFT

김 병 석

돈이 되는 NFT

Prologue ···

　새로운 천년으로 시작한 21세기도 20여년이 지났다. 불과 20여년이지만 새로운 기술발전과 그에 따른 세상의 변화는 지난 수천 년의 인류 기술발전과 비교하면 경이로울 정도의 성과를 이뤘다 하겠다.

　전화기만 하더라도 지난 백년간 인류가 사용하던 유선고정방식이 무선전화기로 거기다 아이폰의 등장으로 전화기의 개념자체가 바뀌게 됐다. 새로운 기술발전은 새로운 기회이기도 하다. 이 기회를 나만의 방식으로 먼저 적응한 사람들은 부와 명예까지 모두 가져갔었다. 반면에 새로운 변화 속 기회를 알아보지 못하거나 주저하거나 망설였던 사람들은 뒤늦은 유저가 돼 놓쳐버린 기회를 아쉬워하며 살아간다.

　어쩌면 지금이 또 다른 인류 기술변화의 순간일 것이라 믿는다. NFT의 개념은 2000년 초반으로 올라가지만 활용은 불과 5년 정도에 지나지 않는다. 새로운 기회가 된다는 얘기다. 부디 안타깝게 잃어버린 기회에 대한 미련보다는 지금의 기회를 잡길 바란다. 지금이 NFT를 알기에는 딱 좋은 때인 것 같다.

1 NFT 시대는 이미 시작됐다 ··································

1) 이미 잃어버린 기회들

2014년에 개봉한 영화 '강남 1970'이란 영화를 아는가? 이민호·김래원 주연의 액션드라마라 많이들 봤을 것이라 생각된다. 남서울 개발계획이란 이름으로 시작된 강남개발, 땅 투기를 통해 선거자금을 마련하려는 청와대와 중앙정보부의 음모. 기회로 생각한 재력가와 깡패들의 알력까지 액션드라마로는 꽤 잘 만들어진 영화였다. 지금의 강남과는 완전 다른 세상의 얘기이다.

'강남땅 평당 50원, 분양 받으세요.' 1970년 압구정동 토지가격이다.

[그림1] 70년대 압구정동

[그림2] 반포 고속터미널 자리

(출처 : 투자의 포인트 블로그(https://blog.naver.com/pcbin486/221278794653)

1979년 평당 가 68만원으로 4,500세대를 분양한 은마아파트, 2022년 지금의 강남은 어떠할까? 대한민국 최고의 요지라 불리는 마천루들이 즐비하고 제일 비싼 아파트들이 있는 곳이다.

[그림3] 2000년대 강남과 서초 삼성사옥(출처: 캔바)

변해버린 건 세월만은 아닐 것이다. 부산 얘기를 좀 해볼까 한다. 대통령 선거가 한창인 1992년 11월 정도로 기억한다. 대통령 선거 유세할 곳이 마땅치 않아 지금은 부산 수영만 요트경기장이 된 매립지에서 대통령 후보자들이 선거연설을 했다.

[그림4] 92년도 수영만 매립지 김영삼 대통령 유세현장(출처 : 부산일보 2011. 1. 10. 기사)

당시 대학 4학년 졸업반인 필자는 친구 몇몇과 믹스커피를 팔러 갔었고 알바 수입이 꽤 괜찮았던 걸로 기억한다. 그곳 역시 황무지나 다름없었다. 빈 공터에는 돌 또는 물로 선을 그어 자동차면허증을 따기 위해 코스연습을 하곤 했었다. 그런 별 쓸모없는 땅이 지금은 어떻게 변했을까? 같은 장소, 다른 느낌이다. 세상이 변한 것이다. 전후를 알아볼 수 없을 만큼이나 변했다.

서울 강남 얘기, 부산 마린지구 얘기, 부동산 투기를 하자는 것이 아니다. 다만 우리 아버지들께서 그때 이곳에 땅을 좀 사뒀으면 하는 바람은 한번쯤 다들 해보았을 것이라 생각한다.

[그림5] 수영만 마린지구(출처 : 캔바)

이번엔 기업들 얘길 해볼까 한다. 세계 최고의 기업 가치를 가진 회사가 어딜까? 브랜드 가치 평가 관련 미국 브랜드 파이낸스(Brand Finance)사의 2021년 브랜드 가치 평가 기업 순위표이다.

[그림6] 2021년 브랜드가치 기업순위표(출처 : 브랜드 파이낸스 2021년 기업가치평가)

그중 1위는 '애플'이다. 애플은 76년에 설립됐고 사실 글로벌 기업으로 성장한 것은 2007년 1월 아이폰을 발표하면서 부터이다. 2021년 기준 기업가치가 무려 2조 6,337억 달러라고 하니 그 규모가 짐작이 가질 않는다. 2위는 '아마존'이다. 기업가치가 무려 2조 5,418억 달러라고 한다. 엄청 오래된 회사처럼 느껴지겠지만 1994년도에 설립돼 97년에 나스닥에 주당 18달러에 첫 상장을 했다. 지금은 주당 가격이 얼마일까? 3,200달러가 훨씬 넘어가고 있다.

3위 '구글'은 어떨까? 1998년에 설립됐고 2004년에 상장했다. 불과 20년이 체 안 된 기업이다. 지금 구글의 기업가치는 얼마일까? 구글 역시 1조 9,121억 달러에 이른다. 지금은 말만 하면 다들 '알지, 알고 있지'라고 얘길 하지만 이런 글로벌 기업들도 처음은 있었다. 다만 우리가 가능성을 몰랐거나 아닐거라고 생각해서 먼저 선점할 기회를 놓쳤을 뿐이다.

멀리 미국의 글로벌 기업 말고 우리나라의 기업들은 어떨까? 그래도 수십 년이 지난 삼성, 현대, LG, SK는 그렇다 치더라도 지금 가장 핫한 회사 중 하나인 네이버나 카카오톡은 어떨까? 네이버는 99년도 설립했고 카카오톡은 2010년에 설립됐다. 하지만 2022년 1월 3일 기준 우리나라 기업 시가총액 순위를 보면 네이버가 3위, 카카오톡이 5위를 차지하고 있다.

불과 20여 년 전인 19세기 말로 돌아간다면 독자는 어떻게 해 경제적인 부를 이룰 것인지 생각해 본적 있는가? 아마도 IMF 직후이니 최대한의 돈을 마련해 헐값이 돼버린 부동산들을 줍줍했을 수도 있고, 거의 반액 세일을 하게 된 삼성전자 주식들을 구매하거나 아님 지금은 당연하지만 그때만 해도 이제 막 시작한 개념인 쿠팡, 배달의 민족 같은 유통관련 일들에 투자를 하거나 관련 창업을 했어도 대박이 났을 거라 확신한다.

하지만 그때 대부분의 사람들은 "이게 되겠어?", "이건 일시적인 유행일 거야.", "이건 검증되지 않은 분야야, 어떻게 될 줄 알고?", "이걸 지금 한다고? 완전 미친 거군"이라며 비웃거나 지인들 중 누군가가 도전한다면 뜯어 말리거나 했을 것이다.

이렇게 부동산, 주식관련 얘기를 먼저 한 것은 이유가 있다. 부동산투기를 하자는 것도 아니고 주식투자를 하자는 것도 당연히 아니다. 다만 지금까지의 기회들에 대해 무지했거나 두려워해서 기회를 놓친 아쉬움에 대한 얘기를 하는 것이다.

지금 이글을 읽고 있는 여러분께 묻고 싶다. 만약 이러한 기회들이 다시 온다면 어떻게 하겠느냐고. 아마도 열에 아홉은 그 기회를 잡겠다고 답을 할 것이다. 만약 진정 그러한 답을 하는 독자라면 오늘 필자의 글을 잘 읽어 주길 바란다.

새로운 기회 NFT에 관한 얘기이기 때문이다. 아직 코인이 무엇인지, 토큰이 무엇인지, NFT가 무엇인지 몰라 막연한 두려움이 있다면 걱정 마시라 하고 싶다. 짧은 글이지만 NFT의 개념과 코인과 토큰의 차이, 현재 활용이 어떻게 되고 있는지, 앞으로의 가능성은 무엇인지에 대해 가장 쉬운 글과 예를 들어 설명을 할 것이기 때문이다.

이글을 읽고 마음이 움직이면 좀 더 NFT에 대해 심도 있게 공부를 해 새로 올 기회를 나름 궁리하고 찾아내면 될 것 같다.

2) NFT는 무엇인가?

2019년 12월부터 오늘날까지 전 세계에 불어 닥친 코로나 상황은 우리의 삶을 대대적으로 변화시켰다. 그 와중에 각종 미디어와 매체를 통해 세상을 정말 떠들썩하게 했던 기사들 바로 메타버스, 비트코인, 블록체인, NFT 등의 단어들을 쉽게 자주 접하게 됐다. 어쩌면 코로나로 인해 언택트, 비대면이란 단어가 새로 생겨났고 기왕에 있었던 단어였지만 거의 쓰이지 않고 있다가 매일 사람들의 입에 오르게 됐다. NFT도 마찬가지인 것 같다.

이렇게 핫한 NFT얘기를 본격적으로 하기 전에 최근에 사례들을 몇 가지 살펴보고자 한다.

서울신문의 2021년 11월 4일자 기사를 보면 'BTS 굿즈를 디지털 자산으로…하이브, NFT 진출'이라는 제목으로 방탄소년단(BTS)의 소속사인 하이브가 블록체인 업체 두나무과 손잡고 합작법인을 설립해 NFT 사업에 진출한다는 얘기와 방탄소년단 외에도 세븐틴, 투모로우바이투게더 등 막강한 팬덤을 가진 아이돌 그룹들이 NFT 굿즈로 수익을 창출한다는 기사였다.

단순히 기사로만 볼 수 도 있지만 시사하는 바가 크다. 세계적으로 유명하고 파워풀한 BTS 팬클럽인 '아미(ARMY)'의 회원 입장에서 보면 그들의 우상이라 할 수 있는 BTS 멤버의 한정판 굿즈를 나만이 가질 수 있다면 아마도 경제적인 형편이 허락하는 한 가지려고 할 것이다. NFT가 걸린 굿즈는 진품여부를 고민할 필요가 없고 세상에 동일한 굿즈는 없을 것이므로 소장한다는 것이 아미로서 큰 의미를 가질 것이다.

또한 우리나라 베이징 동계올림픽 국가대표 선수인 남자 쇼트트랙 곽윤기, 여자 쇼트트랙 김아랑, 여자 컬링 김선영 등 60여명의 NFT가 출시된다는 기사가 매일경제신문에 났었다(출처: 매일경제신문 2022.1.12. 기사). NFT의 내용은 훈련과정과 성과들을 담은 영상, 이미지 등이 담긴다. PFP(프로필 사진 형태) NFT, 디지털 3D 큐브카드, 디지털 피규어, 디지털 아트 NFT 등을 선보일 예정이라고 밝혔다.

[그림7] 곽윤기 NFT 홍보사진(출처 : 매일경제신문 2022. 1. 12. 기사)

정말 다양한 분야에서 NFT와 관련된 내용이 소개됐는데 지난 2월 3일자 코인데스크 코리아 기사에 의하면 국회의 이광재 의원이 지난해 12월 30일 헌정사상 처음으로 가상자산 정치 후원금 모금을 선언했다고 한다. 역시 1월 15일 국회에서 K코인 발행 토론회가 열리는 등 사회적 이슈에 가장 민감한 정치권에서도 NFT와 가상자산에 대한 관심을 보이고 있다고 보도했다.

이렇게 핫한 메타버스와 NFT를 다양한 매체를 통해 접하다 보면 약간의 걱정이 들것도 같다. '진즉에 NFT를 했어야 하는 건 아닌가' 하는 생각 말이다.

물론 NFT를 시작했더라면 제일 좋았던 시기가 있었다. 2020년이다. 하지만 걱정하지 마시기 바란다. 맷 포트나우의 NFT 사용 설명서에 따르면 NFT의 용도와 사용처를 다 알아내지 못했음을 생각하면 지금도 NFT 시작은 충분히 빠르다 할 수 있고, '이번에도 나만 이미 늦은 것은 아닐까?' 하는 생각은 할 필요가 없다고 말하고 있다.

현재 세계 최대 NFT 마켓인 오픈시(OpenSea)의 주 고객의 숫자는 2021년 8월에 겨우 13만 명 정도였다. 전 세계 인터넷 사용인구가 얼마인지 아는가? 40억 명 정도로 추산한다. 대한민국의 경우 얼리어답터로 인터넷을 사용하던 때가 1995년부터이고 윈도우 환경이 활성화 된 게 2000년 이후이니 불과 20여년 만에 지금의 인터넷 환경이 만들어졌다.

지금까지 장황하게 아이폰이니 인터넷이니 윈도우 얘기를 한 것은 결국은 새로운 기회가 될 NFT에 대해 최소한의 이해라도 했으면 하는 바람에서 이다. 아직 시작하지도 않은 NFT의 미래는 예측하기 힘들 정도로 엄청날 것이며, 꼭 20년 뒤가 아니더라도 곧 후회할지 모를 기회가 지금 우리 앞에 있다.

요즘 누구나 한다는 코인은 암호화폐라고 불리며 비트코인과 이더리움 등 알트코인으로 크게 나눠진다. 이런 암호화폐에 사용된 기술이 블록체인 기술인데 거래내역을 검증할 수 있고 복제를 할 수 없어 그 가치를 가진다 할 수 있다. NFT는 이런 블록체인 기술을 사용한 디지털 파일인데 출처와 소유권이 명확히 기록되고 공개돼 네트워크에 영원히 존재할 수 있다는 특징을 갖는다.

NFT는 'Non Fungible Token'의 약자로 '대체불가능 토큰'을 의미한다. 조금 더 쉽게 얘길 하면 희소성이 있는 특정자산에 블록체인 기술을 적용한 디지털 파일이다. NFT는 무형, 유형, 디지털자산, 실물자산 모두에 적용가능하다. 현재까지는 주로 디지털 자산에 많이 사용됐으나 점점 실물자산 적용이 늘어나는 추세이다. 다시 정리하면 NFT는 희소성 있는 자산의 소유권과 거래내역을 블록체인 상에 기록·저장해 위·변조가 불가하게 만든 디지털 파일이다.

예를 들어 내가 디지털 그림을 한 장 만들거나, 사진 한 장을 촬영해 어떤 장소에 보관하는데 이 작품을 블록체인 상에 기록하면 아무도 복제할 수 없는 유일한 작품이 된다. 이 작품을 누군가가 사고 싶어 거래하게 되면 소유권과 함께 거래기록도 확인이 된다는 것이다.

기왕에 디지털 자산들은 복제가 너무 쉬워 희소성이나 소유권, 거래내역을 확인한다는 것이 사실상 불가능해 가치를 인정받기가 힘들었다. 하지만 NFT를 사용한다면 세상 어디에도 없는 유일한 디지털 자산을 만들고 유통하고 소유할 수 있다는 점에서 NFT는 충분한 가치를 갖는다.

3) 블록체인 기술

NFT의 핵심은 블록체인이다. 또 무엇인가? 궁금할 건데 블록체인의 개념을 간단하게 살펴보면 블록은 데이터 저장단위이고 하나씩의 거래장부로 볼 수 있다. 이러한 거래들을 계속적으로 이어주는 게 체인으로 계속 연결된 개념으로 생각할 수 있다. 결국에는 각각의 거래를 순차적으로 저장하고 확인할 수 있다는 개념이다.

그리고 매우 중요한 개념이 정보의 저장이 한곳에 이뤄지는 것이 아니고 탈중앙화 된 네트워크에 데이터가 저장·관리가 된다는 것이다. 한마디로 여러 대의 네트워크 컴퓨터에 분산·복제돼 데이터가 저장된 것으로 누구나 거래내역을 투명하게 열람할 수 있는 장부라 할 수 있다.

NFT를 처음 접하는 사람들의 대부분이 이 개념을 가장 힘들어 하는데 의외로 간단하다. [그림8] 처럼 하나의 거래가 발생할 때 여러 곳에 흩어져 있는 네트워크에 정보가 저장되고 또한 그곳에서 거래의 검증까지 완료하게 된다고 생각하면 된다. 이러한 하나하나의 네트워크를 '노드'라 부른다. 이러한 노드들이 많을수록 안전성과 검증능력이 좋아진다고 할 수 있다. 이렇게 거래마다 생성되는 블록이 체인처럼 계속적으로 연결돼 '블록체인'이라 부르는 것이다.

[그림8] NFT 네트워크(출처 : 캔바)

블록체인의 개념은 이처럼 생각보다 쉽다. 그리고 그 핵심이 복제방지와 해킹이 불가능하다는 개념인데 그 이유를 얘기하면 거래가 발생할 때마다 블록에 기록되고 이 기록은 흩어져 있는 네트워크인 노드들에 기록·검증 되는 것은 쉽다. 단순히 거래발생과 거래의 이상유무, 즉 검증만 하면 되는 것이기 때문이다. 그렇다면 복제와 해킹이 어렵다는 것은 왜일까?

[그림9] 블록체인(출처 : 캔바)

탈중앙화 된 네트워크 덕분이다. 한곳에 저장된 정보는 한 번의 해킹으로도 도난 되거나 복제될 수 있다. 하지만 블록체인 기술의 핵심인 탈중앙화 네트워크는 거래기록이 수백, 수천 개로 이뤄진 네트워크상에 기록되고 보관된다. 설사 네트워크 중 하나가 해킹되거나 파괴가 된다고 해도 나머지 네트워크상의 기록·검증은 유효한 상태로 있기 때문에 문제가 없는 것이다. 만약 해킹을 한다면 이 모든 네트워크에 동시에 진행해야 하는 것으로 그만큼 블록 생성보다 복제, 해킹은 거의 불가능한 것이라 말할 수 있다.

물감에 비유해 좀 더 쉽게 예를 들어 보겠다. 미술시간에 배웠던 내용인데 노란색 물감과 파란색 물감을 섞으면 녹색이 된다는 것이다. 이건 매우 쉽다. 훨씬 어려운 얘기를 하자면 녹색물감에서 파란색을 빼면 노란색이 된다. 이건 알지만 실제 해보라고 하면 이미 섞인 녹색 물감에서 파란색을 완전히 제거한다는 것은 사실상 불가능하다.

[그림10] 색 조합 이미지

블록체인의 해킹이 아마 이러할 것으로 생각하면 이해가 훨씬 쉬울 것이다. 하나의 거래 발생으로 블록에 기록되고, 네트워크인 노드로 저장·검증이 이뤄지는 것은 쉽다. 반대로 이 모든 네트워크를 동시에 해킹하고 복제하는 것은 녹색에서 파란색만을 완전히 추출하는 만큼 어렵다.

블록체인 기술이 너무 많이 사용되고 있지만 우리 주변에 가장 흔히 볼 수 있는 예를 들면 코로나19 예방접종 인증 시스템인 '쿠브(coov)'이다. 만약 종이로 증명서를 발급한다면 복사나 위조가 가능해 접종관련 증명을 손쉽게 만들어 낼 것이다. 이를 방지하기 위해 블록체인 기술을 사용해 어떤 기기에서도 동일한 증명을 확인할 수 있도록 한 것이다. 우리 주변 아주 가까이에도 이런 기술이 사용되고 있는 것이다.

[그림11] 쿠브 이미지(출처 : 질병관리청 홈페이지)

4) '코인'과 '토큰'의 차이점

일반적으로 화폐거래소에서 거래되는 것은 동일하다. 하지만 코인과 토큰은 두 가지 관점에서 차이가 나는데 첫 번째 코인은 대체가능한 지불수단에 가깝다. 반면에 토큰은 지불수단 외에도 소유권에 관련된 권리까지 포함된 개념으로 이해하면 좋을 것 같다.

그리고 두 번째는 독립된 블록체인 네트워크인 '메인 넷'을 갖고 있느냐, 없느냐의 차이이다. 독립된 블록체인 네트워크인 메인 넷을 소유한 경우는 코인이고, 그렇지 않은 경우는 토큰이 되는 것이다. 이 개념이 좀 더 일반적인 개념이다.

* 코인 : 자체 블록체인 네트워크 보유 *** 토큰 : 코인의 기존 네트워크 차용**

[그림12] 이더리움(출처 : 캔바)

[그림13] 이더리움 속 NFT(출처 : 캔바)

코인은 최초 체굴 과정과 수많은 거래, 거래 시 발생하는 검증 등으로 많은 시간과 노력이 들며 이러한 과정에서 네트워크를 구성하는 노드(거래 검증에 참여하는 네트워크로 폰, 노트북, 데스크탑 등의 사용유저)들이 늘어나게 되고 그 규모가 커질수록 안정성 있는 메인 넷을 가진 코인으로 비로소 완성된다. 외부의 영향 없이 네트워크에 참여한 유저들로만 거래와 운영이 가능한 경우에 코인이라 할 수 있다.

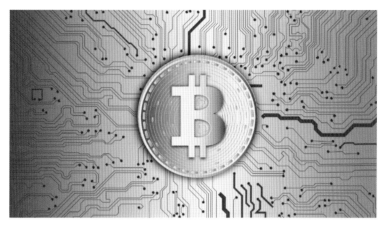

[그림14] 비트코인(출처 : 캔바)

반면에 토큰은 이러한 자체 네트워크(메인 넷)를 구축하는 어머 어마한 노력·시간 대신 코인이 구축한 블록체인 네트워크 사용료를 주고 사용한다고 이해하면 가장 쉬울 것 같다. 토큰으로부터 시작해 시간이 지남에 따라 자체 네트워크인 메인 넷을 구성하게 돼 코인으로 발전한 경우도 많이 있다.

예를 들어 대표적인 토큰 중 하나인 NFT도 이더리움 네트워크를 사용하는 토큰이다. 이러한 토큰들도 사용료 지불과 별도로 사용하는 네트워크인 이더리움의 사용규칙을 지켜 토큰을 만들어야 한다. 이더리움의 경우에 erc20이라 불리는 규칙이 표준으로 사용되고 있다.

좀 더 쉽게 얘기하면 '이더리움에 일정 네트워크를 임대해 이더리움 코인으로 사용료를 내고 이더리움의 네트워크를 이용하고, 이더리움 코인으로 장사도 하는데 토큰을 만드는 규칙은 이더리움의 규칙 erc20을 따른다'라고 이해하면 좋을 것 같다(erc20 : 이더리움 네트워크상에서 유통할 수 있는 토큰의 호환성을 보장하기 위한 표준 사양). 토큰에서 출발해서 코인이 된 대표적인 경우가 '이오스(eos), 퀀텀(Qtum)' 등이 있다.

이오스코인   퀀텀코인

[그림15] 이오스 코인과 퀀텀 코인(출처 : 캔바)

당연히 NFT도 토큰인 관계로 다른 코인의 메인 넷을 사용하고 있으며 알트코인의 대표인 이더리움의 메인 넷을 사용하고 있다. 그래서 거래 역시 이더리움 코인으로 하고 민팅 시 지불하는 가스비 역시 이더리움으로 결제를 하는 것이다.

② NFT 존재이유 희소성과 가치 ·······························

1) 희소성이 가치이다

(1) 모나리자

그림과 예술품 얘기를 좀 하려고 한다. 먼저 세상 최고의 그림이라는 찬사를 받는 모나리자다. 모나리자는 프랑스 루브르 박물관에 있다. 1500년대 초반에 그려졌다고 하는데 후원자였던 프랑스 국왕 프랑수아 1세가 소장하다가, 1797년부터 파리의 루브르 박물관에 상설 전시돼 있었다. 모나리자의 그림 가격을 추정하는 것은 별 의미가 없어 보이지만 나무위키에 따르면 경제적 가치가 무려 2조 3,000억에서 40조까지 예상한다고 한다.

[그림16] 모나리자(출처 : 나무위키)

그런데 모나리자 역시 도난 당한적도 있는데 1911년 아르헨티나의 사기꾼 발피에르노의 사주를 받은 이탈리아인 빈첸초 페루자(Vincenzo Peruggia)에 의해서 이뤄진 것으로 2년 뒤 진품이 다시 발견되기 전까지 6점의 위조 모라리자가 미국에서 유통됐다. 진품여부를 확인하기 위해 20세기 초부터 사용되기 시작한 수사기법인 지문감식으로 겨우 진품을 확인하고 다시 루브르 박물관에 소장이 돼 지금에 이르고 있다.

다행히 모나리자의 위조 문제는 더 이상 발생하지 않고 있다. 이유는 모나리자의 위치를 세상사람 모두가 알고 있고, 루브르 지하 관람관에 유일한 진본이 있단 걸 알기 때문이다.

(2) 국내 미술품

너무 많은 그림, 예술품에 대해 위조·위작 문제가 비일비재하다. 서양만 그럴까? 아니다. 우리나라 역시 마찬가지이다. 김홍도, 신윤복, 이중섭, 박수근, 천경자 이루 헤아릴 수 없을 정도이다.

1999년 7월 8일자 경향신문 기사에 따르면 국보급 포함 1,000여점을 위조하고 판매한 일당 15명을 검거했다는 기사를 실었다. 이들은 위조한 미술품과 문화재 가운데 50여점을 판매해 21억 원의 부당이득을 챙겼다고 검찰은 밝혔다.

단원, 혜원, 겸재등 조선시대 고서화부터 청전 이상범, 의재 허백련 등 근대화가의 동양화까지 닥치는 대로 위조했다. 적발된 위조품 1,000여점을 진품 시가로 환산하면 1000억 원대에 이른다고 발표했다.

[그림17] 경향신문기사(출처 : 1999년 7월 8일자)

또 중앙일보 2005년 10월 08일자 '위작 논란 이중섭·박수근 작품 58점 전문가 16명 전원 가짜 판정'이란 제목으로 기사가 났다. 내용에 따르면 서울중앙지검 형사7부는 7일 국립현대미술관에 의뢰해 두 화가의 작품 58점(이 화백 39점, 박 화백 19점)에 대해 안목(眼目) 감정을 실시한 결과 대학교수, 화가, 화랑대표 등 감정위원 16명 전원이 모두 위작으로 판단했다고 밝혔다.

또한 '가짜냐, 진짜냐'를 놓고 일곱 달 넘게 끌어온 화가 이중섭(1906~56)과 박수근(1914~65) 작품의 진위 공방이 결국 가짜로 결론 날 가능성이 커졌다. 한국 현대미술사상 최대의 위작 분쟁 사건으로 불리는 이중섭·박수근 유작 시비는 검찰 발표로 일단 마무리됐다고 밝혔다.

천경자 화백의 '미인도' 위작 논란 역시 유명한 사건 중 하나인데, 1991년 4월 국립현대미술관이 소장 중이던 천 화백의 '미인도'를 포스터용으로 대량복제해 판매하기 시작하면서 위작 시비가 일었고, 천 화백은 "내가 그린 그림이 아니다"라고 주장했으나 한국화랑협회는 진품 결론을 내렸다. 이에 천 화백은 "작가를 믿지 못하는 세태에 환멸을 느낀다"라며 절필 선언을 한 것으로 유명하다.

우리나라 위조 위작 사례를 몇 가지 예로 들었는데 과연 끝이 있을까 하는 정도로 많은 사건들이 있었다. 동서양을 막론하고 위조·위작 문제가 끊이지 않는 데는 이유가 있다. 한정된 예술작품의 희소성과 그에 따른 가치 때문일 것이다.

앞으로도 동서양을 막론하고 위조에 대한 문제는 계속될 것이다. 이유는 진품을 검증하는 방식이 지난 1000년간 동일했기 때문이다. 이러한 예술 작품의 진품여부는 일반인들이 판단하기가 쉽지 않다. 그러다보니 감정을 전문으로 하는 감정사의 감정을 기준으로 하는 경우가 대부분이다.

하지만 감정사의 감정 시 감정사별로 갖는 주관에 따라 진품여부가 달라질 수 있다. 결국 기준자체가 명쾌하거나 객관적이지 못하다보니 감정사의 주관과 비완벽성, 편견 등으로 얼마든지 진품 여부가 달라 질 수 있음은 물론이고, 작품 하나 당 수십억, 수백억이 왔다 갔다

하는 예술품 관련 시장에서 감정사를 포함한 부정행위가 발생한다면 얼마든지 위작이 유통될 가능성이 많이 있다고 할 것이다.

그런데 만약 이러한 미술품, 예술품, 골동품 등에 NFT 기술이 적용된다면 어떨까? 당연히 지금까지의 위조 논란은 사라질 것이고, 투명한 소유권 이전과 거래까지 완벽하게 보장될 수 있을 것이다.

거기다 최초의 저작권을 가진 작가에게 계속 거래 시마다 일정한 수수료를 지불할 수 있다면 이보다 더 나은 방법이 없을 것이다. 요즘에 창작된 디지털 아트들에는 NFT 기술이 심겨져 있어서 위조, 복제는 물론이고 최초의 원작자에게 거래 시마다 추가로 일정 요율의 수수료가 지급되고 있다. 앞으로의 예술품 창작과 거래는 NFT로 투명하게 이뤄질 것을 기대하게 된다.

(3) 손흥민 선수가 경기에서 입었던 유티폼

이번에는 조금 다른 얘기를 좀 해볼까한다.
한국이 낳은 최고의 축구스타는 '손흥민'이다. 시대에 따라 의견이 조금 달라지긴 하겠지만 2022년 현재를 놓고 보면 이견이 별로 없을 것이라 생각한다.

2021년 12월 23일자 조선일보에 손흥민 관련 '싼타 손흥민, 그라운드 난입한 어린이에게 유니폼 선물'이란 기사가 났다.

[그림18] 손흥민(출처 : 조선일보 2021년 12월 23일자 기사)

손흥민 선수의 유니폼은 토트넘 홋스퍼 사이트에 가면 언제든 11만 9,000원의 값을 지불하고 택배수수료만 내면 집 안방에서 2주 내에 받아 볼 수 있다. 그런데 조금 전 조선일보 기사에서 얘기한 손흥민 선수가 토트넘 구장에서 착용하고 경기에 뛰고, 골도 넣고 했던 유니폼은 어떨까? 그것도 경기 후 팬에게 선물한 유니폼이면 얘기가 달라진다. 물론 단순하게 가격으로 치면 11만 9,000원 짜리 토트넘 사이트에서 판매하고 있는 유니폼과 같을지 모른다. 아니 더 못할지도 모르겠다. 왜냐하면, 땀에 젖어 버려진 유니폼이니까.

다시 독자들에게 질문을 하고 싶다. 만약 손흥민 선수가 경기에서 골 넣을 때 실제 착용했던 유니폼과 토트넘 사이트에서 판매하는 새 유니폼 중 하나만 고르라면 답이 어떨까? 100% 장담하건데 손흥민 선수가 경기에서 입었던 유니폼을 선택할 것이다. 이유는 손흥민 선수가 경기에서 직접 착용하고 선물까지 한 세상의 단 하나뿐인 유니폼이기 때문이다. 모르긴 해도 어디에서라도 팔게 된다면 11만 9,000원 보다는 훨씬 더 가치가 있을 것임을 장담한다.

그런데 여기에도 문제가 있다. 좀 전에 얘기한 손흥민 선수가 착용한 유니폼이 진품인지를 증명하기가 쉽지 않다는 것이다. 미국의 스포츠 스타 용품 경매가 이뤄지고 가장 공신력 있는 '스타이너스포츠(auction.steinersports.com)'에서 판매되는 스포츠 스타 용품도 모조품, 위조품이 상당하다고 한다. 스포츠 스타들이 사용한 것처럼 땀을 흘린 흔적도 만들고, 용품도 스크래치를 내는 등 정말 교묘하게 모조품을 만들고, 하물며 스포츠 스타 자신이 이러한 모조품 만드는 범죄에 가담해 판매까지 한 사례도 있다. 결국에는 이러한 용품들에도 NFT가 적용돼 진품 보장은 물론 스포츠 스타의 싸인까지 덤으로 받을 수 있고, 투명한 거래까지 할 수 있는 환경이 만들어 지고 있다.

(4) 1센트짜리 구리동전

이번에는 돈 얘기를 해볼까? 미국의 1센트짜리 동전 얘기다. 2017년 4월 27일자 기사에는 미국에서 1943년 주조된 1센트짜리 구리 동전의 경매가격이 8만 5,000 달러(한화 약 9,600만 원)까지 치솟았다고 폭스뉴스가 26일(현지시간) 전했다.

1943년에 만들어진 1센트 동전은 '강철 페니' 또는 '전쟁 페니'로 불린다. 2차 세계대전 와중에 구리를 모조리 긁어 탄피 제작에 사용하다 보니 정작 1센트를 찍어낼 재료가 없어 강철에 아연을 도금했기 때문이다. 하지만 조폐창의 동전 주조 과정에서 실수로 일부에 소량의 구리가 섞이면서 1센트 구리 동전이 만들어졌다는 것. 이 1센트 구리 동전은 현재 12개가 남아 있을 것으로 추정된다.

지난 2010년에는 덴버 조폐창에서 주조된 1센트 구리 동전이 경매에 나와 170만 달러(한화 약 19억 원)에 판매된 바 있다. 당시 덴버 조폐창에서 만들어진 유일한 1센트 구리 동전이라는 점이 경매가격에 반영됐다.

[그림19] 1센트 동전(출처 : 연합뉴스 2017년 4월 27일 기사)

지금도 미국에서 사용되고 있는 1센트짜리 동전이지만 희소성에 있어서는 어마어마한 차이가 있다고 할 것이다. 1센트의 가치를 보면 2022년 2월 현재 1달러 환율을 확인해보니 1,200원으로 나온다. 1센트는 1달러의 100분의 1이니, 화폐의 가치만 놓고 본다면 12원 정도라고 할 수 있다.

하지만 액면 1센트에 희소성과 그에 따른 스토리와 세월이 합쳐지니 엄청난 새로운 가치가 생겼다고 얘기할 수 있다. 물론 이러한 희소성과 가치 있는 자산에 발생하는 문제인 위조품 유통 문제는 당연히 발생했다. 그 판별방법으로 1차로 자석을 대봐서 붙으면 짝퉁, 붙지 않으면 진짜로 보고 전문가에게 2차 감정을 의뢰하는 웃지 못 할 일이 벌어지고 있다고 한다.

(5) 명품가방

그림처럼 멋진 1,000만 원짜리 명품가방이 있다. 누구나 갖고 싶어 할 것이다. 하지만 몇 가지 조건에 따라 가치가 많이 달라 질 수도 있다.

첫 번째 조건은 이 명품 가방은 전 세계 어디서라도 명품매장에서 1,000만 원을 지불한다면 나의 것이 되는 경우이다. 다들 좋아라 할 것이지만 그 뿐이다. 집에 있는 여러 개의 명품 가방 중 하나가 될 것이기 때문이다. 새로운 명품을 구매한 자기만족과 다른 사람들에 대한 과시 욕구만 끝난다면 다른 아이들과 같이 옷 방에 나란히 놓일 운명인 것이다.

[그림20] 붉은 백(출처 : 캔바)

두 번째 조건은 이 명품 가방은 '리미티드 에디션(limited edition)', 즉 한정판인 경우이다. 같은 1,000만 원 짜리 가방이지만 전 세계 10개만 만들어진 한정판이라면 최초로 구입하려는 경쟁부터 어마어마할 것이다. 나름 셀럽이란 사람들은 모두 가지려고 구매버튼을 마구 누르며 복권당첨 같은 행운을 얻고자 할 것이다.

만약 이 한정판을 내가 구매할 수만 있다면 당장 시장에 다시 팔아도 최소 1,000만 원 보다는 많은 금액을 받을 수 있을 것이다. 이것이 한정판이 갖는 특권이다. 이러한 가격차별은 중고거래 시장에서도 역시 마찬가지 일 것이다. 첫 번째 경우처럼 명품 매장에서 구입한 경우는 시간의 지남과 사용정도, 제품의 보관 상태에 따라 중고가격이 형성될 것이 틀림없다. 두 번째 경우는 중고시장에서도 그 희소성 때문에 역시 높은 가격은 물론 어쩌면 중고지만 처음 가격인 1,000만 원보다 훨씬 더 많은 가격으로 매매가 가능할지도 모른다.

세 번째는 두 번째 케이스와 비슷한 점이 많은데 리미티드 에디션(limited edition) 이면서 씨리얼 넘버가 1번인 경우 나머지 한정판의 제품에 비해 훨씬 더 많은 가치로 평가받는다. 보통 한정판인 경우는 1번과 끝번이 상대적으로 높은 가격이 형성되며 특히 1번의 가격이 최고라고 할 수 있다. 결국은 희소성이 가치를 좌우한다고 말을 할 수 있다.

2) 희소성과 가치 결정 요인

　지금까지 여러 가지 사례를 통해 희소성과 가치에 대해 살펴보았다. 그런데 희소성과 가치를 결정하는 데는 여러 가지 요인들이 있다. 잠깐만 살펴보면 희소성이 있고 그로인한 가치가 생기는 구성요소들은 첫째가 원본임을 증명할 수 있느냐의 여부이다. 아무리 모나리자라도 만약 루브르에 있는 모나리자가 아니라면 그냥 모조 그림 한 장일 뿐일 것이니 가치를 논하기 어려울 것이다. 결국 원본임을 증명할 수 있고, 그 방법이 타당하다면 진본으로 인정받는 동시에 그 희소성으로 인해 가치까지 평가 받을 수 있는 것이다.

　둘째는 역사적 중요성이 있느냐의 여부이다. 같은 그림이든 예술 작품이든 스토리가 있다라는 것은 가치를 더해 주는 중요한 요소이다. 좀전 언급한 미국돈 1센트를 생각해보자. 2차 대전 중 구리의 필요성으로 1센트 동전의 주조 방법이 바뀌게 됐고, 또 실수로 인해 주조하게 돼 희귀본이란 역사적 사실이 이 동전의 가치를 더 돋보이게 했다. 2010년 경매에서 170만 달러에 경락된 1센트 동전은 그중에서도 덴버 주조창에서 만든 유일한 동전이란 이유로 같은 희귀 동전 중에서도 가치를 달리하게 된 것이다.

　세 번째는 정서적으로 수집가에게 의미가 있는가이다. 난 80년대에 중·고등학교를 다녔다. 그때는 지금의 아이돌과는 조금 달랐지만 나름 최초의 오빠 부대를 만든 이들의 세상이었다. 조용필의 세상이었고 전영록·이용의 세상이기도 했다. 그러한 향수가 있는 사람들, 그중에서도 조용필의 오빠 부대였던 이들에게 조용필의 굿즈는 남다른 의미로 다가 올 것이다. 지금의 BTS의 굿즈들도 아미들에겐 같은 의미가 있을 거라 생각한다.

　네 번째, 역시 매우 중요한데 일요일 오전 KBS의 대표적인 장수 프로그램 중 하나가 'TV쇼 진품명품'이다. 여기에 여러 가지 수집품, 골동품들이 많이 나와 평가를 받게 되는데 그 기준중의 하나가 희소성과 함께 보존상태이다. 보관상태에 좋았다면 얼마를 더 받았을 거란 얘기를 자주 들었던 것 같다. 물론 그럼에도 불구하고 세상에 하나 밖에 없다면 손상여부와 크게 상관없이 가치를 가지겠지만 여러 개가 존재한다면 보존 상태에 따라 가치를 달리하게 되는 것이다.

　마지막은 컬렉션의 완성 여부이다. 시리즈인 경우는 수집품이 세트로 완전한 상태일 때, 각 개별 수집품의 가치에 비해 월등히 평가를 높게 받는 다는 것이다. 시리즈인 경우 번호가 1번인 경우가 훨씬 높은 가치 평가를 받으며, 마지막 번호인 경우도 첫 번째 만큼은 아니어도 중간번호의 수집품보단 높게 평가를 받게 된다.

자, 지금까지 희소성과 가치를 판단하는 구성요소에 대해 얘길 했다. 하지만 모든 희소성과 가치평가의 근본 기준은 원본, 진품이어야 한다는 것이다. 그래서 NFT는 수집품의 희소성과 가치를 결정해주는 가장 중요한 요인이 될 것이다.

③ 분야별 NFT 적용

1) 명품분야

앞 장에서 명품가방에 대해 얘길 했었다. 명품을 구매하고 사용·소비하는 사람들의 가장 큰 염려(?)는 명품이 아닌 가품구매, 가품으로의 오해, 가품이 진품처럼 사용되면서 받게 되는 이미지 손해 등일 것이다. 나름 큰돈을 쓰고 구입한 명품인데 똑같이 생긴 제품들이 시중에 많이 돌아다니면 역시 희소성이 없는 물건이 돼 그 가치가 하락한다. 당연하지만 중요한 것은 그러한 명품들이 짝퉁인 경우가 많다보니 더욱 가품에 대한 고민을 많이 하게 되는 것이다.

[그림21] 루이비통(출처 : 캔바)

2021년 5월 1일자 중앙일보에 '루이비통·구찌가 블록체인에 관심 갖는 진짜 이유'라는 제목으로 기사가 났었다. 그 주된 내용은 짝퉁 방지를 위해 글로벌 명품회사인 루이비통, 까르띠에, 프라다가 블록체인 플랫폼인 '아우라(Aura)' 컨소시엄을 구축했다는 내용이다.

생산하는 명품들에 큐알코드 형태의 디지털코드를 심는다는 것인데 이 디지털코드에는 명품을 제조한 나라와 공장은 어디인지, 재료는 무엇인지, 유통과정과 윤리규정, 환경까지 잘 지켰는지 알 수 있음은 물론이고 소유권은 누구에게 넘어갔는지, 이후 중고거래가 될 경우에도 소유자의 변경내용까지 확인할 수 있는 등의 모든 정보가 담겨있는 일종의 '디지털 정품 인증서'인 셈이 되는 것이다. 아마도 NFT 기술 덕분에 명품 짝퉁을 더 이상 찾아보기 힘든 날이 곧 올 것 같다.

[그림22] 프라다(출처 : 캔바)

2) 디지털 아트 분야

현재 NFT가 가장 잘 활용되고 있는 핫한 분야가 미술 분야, 그중에서 디지털 아트 분야가 가장 활발히 NFT를 사용하고 있다.

'워 님프(War Nymph)'는 테슬라 일론 머스크의 전 애인 그라임즈의 디지털 아트 작품으로 2021년 3월 4일자 조선일보 기사에 의하면, 미국 경제매체 비즈니스 인사이더에서 그라임즈가 최근 자신의 디지털 컬렉션 '워 님프(War Nymph)'를 NFT(Non fungible Token·대체불가능토큰) 거래소 니프티 게이트웨이에 출시했다.

이 그림들은 20분 만에 도합 580만 달러(한화 약 65억 원)에 팔렸다고 한다. 또한 미 CNBC 방송은 NFT 기술이 적용된 디지털 수집품이 폭발적인 인기를 끌고 있다며 미술품에서 스포츠 카드에 이르기까지 사람들은 디지털 수집품에 수백만 달러를 쓰고 있다고 전했다.

암호화폐 예술품 데이터 분석 플랫폼 크립토아트에 따르면, NFT 토큰 기반으로 거래된 예술 작품의 총 액수는 4일(한국 시각) 기준으로 1억 9,740만 달러(한화 약 2,220억 원)다. 작품 수로는 10만13개라고 보도하고 있다.

[그림23] 그라임즈 디지털아트(출처 : 조선일보 2021. 3. 4.)

역시 디지털아트 작품인데 비플이 제작한 '날마다 : 첫 5천일'이란 이름의 작품으로 2021년 3월 크리스티 경매에서 6,930만 달러 우리 돈으로 무려 785억 원에 낙찰된바 있다. 이 결과로 NFT가 적용된 디지털 아트에 대한 사람들의 관심이 한층 커지게 됐다.

물론 한 작가가 5000일 동안 매일 작업해 만든 작품이니 가치가 많을 것이라 생각은 되지만 그래도 785억 원이란 돈은 참 상상하기가 쉬운 돈은 아닌 듯하다. NFT가 그 가치와 희소성을 보존해준다니 그것도 다행스럽기도 한 것 같다.

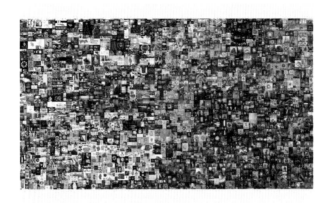

[그림24] 비플 '날마다 첫 5천일'(출처 : 비플/크리스티)

2021년 3월 22일자 로이터 통신에 따르면 잭 도시 트위터 CEO가 쓴 '지금 막 내 트위터 계정을 설정했다(just setting up my twttr)'는 그의 첫 트윗으로 이날 말레이시아 블록체인 기업인 브리지오라클의 시나 에스타비 CEO에게 290만 달러에 낙찰됐다고 전했다. 너무 많이 알려진 얘기인데 NFT가 거래에 따라서는 엄청난 수익을 가져올 수 있다는 사실을 보여준 사례로 NFT열풍의 기폭제 역할을 한 사건이기도 하다.

어떤 사람들은 "뭐 저런 걸 저런 엄청난 돈을 들여 살까?"라고 할 수도 있지만 첫 번째의 희소성을 인정하는, 그래서 그 가치를 믿는 사람들에게는 기꺼이 투자할 대상으로 생각될 수 있다는 사례이다. 그 유일성과 진본을 입증할 NFT의 역할을 확인해 준 것이라 할 수 있다.

[그림25] 잭도시 첫 트윗(출처 : 머니투데이 2021. 3. 21.)

이번에는 우리나라 사례를 보려고 한다. 아티스트인데 나이가 어린 중학생이다. 2021년 4월부터 디지털 아트 NFT를 판매했는데 수익이 1,200만원에 이르는 청소년 NFT아티스트 '아트띠프'란 작가의 얘기다.

전북 군산의 이 작가는 유치원 다닐 때부터 이것저것 그림그리기를 좋아했는데 2021년 3월 아버지를 통해 NFT라는 것을 알고 본인의 창작물을 NFT로 민팅 해 판매를 시작했고 반응이 좋아 계속 작업을 하고 있다는 얘기다.

[그림26] 아뜨띠프 '모니터헤드'(출처 : 어린이조선일보 2022. 1. 14.)

사례에서 보다시피 나이, 직업, 국적 등 이전에 예술가로 활동하기 위한 제약으로 작용했던 조건들이 지금은 의미가 없다. 다만 누군가에게 멋지게 보이고 느껴질 창작물을 만들 수만 있다면 그래서 NFT로 만들어 유통할 수 있기만 하다면 세상이 인정하는 아티스트가 될 수 있다.

어떤 이들은 아이폰을 갖고 있는 시대를 말한다. 즉 아이폰이 없었던 시대와 그 이후 시대로 말이다. 아마도 앞으로 NFT 이전 시대와 이후 시대를 사람들이 얘기할 날이 머지않았단 생각이다.

3) 여러 가지 NFT 시장

이번에는 수집품 시장에 관해 살펴보고자 한다. 앞에서 소개한 몇 개의 기사들을 다시 상기해보자. 2022년 베이징 동계올림픽 선수들의 NFT 발행과, 한국의 스포츠 스타들의 NFT

발행, 그리고 BTS 굿즈 NFT 발행 등 외국의 사례들을 굳이 언급하지 않아도 너무 많은 사례들이 있다.

[그림27] 300핏 스포츠 스타 NFT(출처 : 이데일리 2021. 11. 19.)

모두가 NFT 수집품이다. 수집가들에게는 또 다른 기회인 셈이다. 물론 분야별 스타들을 좋아하는 팬들은 조금 다른 차원에서 NFT를 소장하고자 하겠지만, 수집가들에겐 투자 가치가 있는 투자처가 된다. 특히나 컬렉션의 경우는 좀 더 그렇다. 시리즈의 모든 품목들을 소유하고 싶어 하는 것이다.

게임분야도 NFT 열풍이다. 1,500억 달러 규모의 게임시장에서 1/3이 게임 아이템이라 할 수 있다. 이와 관련된 아이템을 NFT로 제작하고 유통하는 시장이 급격히 늘어나고 있는 추세이다. 게임 아이템 NFT는 프리투 게임에서 주로 적용하고 있는데 NFT 게임 아이템을 소유하고 NFT가 호환되는 여러 게임에 사용한다. 또한 다양한 메타버스 플랫폼에 사용도 하는 등 활용도가 점점 올라가고 있다. 이러한 NFT 게임 아이템은 마켓플레이스에서 사고 팔며 가치를 더할 수도 있어 게임 유저들로부터 각광을 받고 있다.

음악분야를 잠깐 살펴보면 다들 아시다시피 음원시장의 고질적인 문제는 소유권과 로열티를 제대로 보장 받을 수 없다는데 있다. 즉 너무 쉬운 복제와 유통으로 인해 정작 저작권자가 누려야할 정당한 권리를 거의 누리지 못하는데 있다는 것이다.

짝퉁의 천국이라 불리는 중국의 예를 들지 않더라도 지금까지 우리나라도 대부분 정당한 저작권료를 지불하지 않은 불법 다운로드를 통해 음원을 사용하고 유통한 게 사실이다. 지금까지의 이러한 문제들도 NFT로 음원을 제작해서 유통한다면 해결될 것이 분명하다. 확실한 저작권과 유통까지 거기다 소유권이 바뀔 때마다 추가의 로열티를 받을 수 있도록 할 것이니 아티스트와 팬들조차 만족할 수 있는 방향으로 갈 수 있다. 아티스트와 저작권자의 정당한 권리를 보호해 주고 팬들이 좋아하는 아이돌의 저작물을 소유하는 것은 물론이고 투자까지 가능해 지는 것이다.

디센트럴랜드란 단어를 들어본 적이 있는가? 있다면 코인에 관심이 많거나 아니면 현재 코인 시장에서 사고팔고를 하고 있는 유저거나 그것도 아니라면 가상부동산에 대해 알고 있는 사람일 것이다. 처음 가상 부동산에 대한 개념에 대해 얘기가 나왔을 때 사람들은 의아해 한 경우가 많았다. 현실의 부동산이 아닌 가상의 부동산을 실제 돈을 주고 산다는 개념이 너무 터무니없다는 생각이 들었기 때문일 것이다. 그런데 지난 2021년 6월 기준으로 디센트럴랜드 내 가상부동산 거래규모가 6,300만 달러, 우리 돈으로 700억 원 가까이 됐다. 가상 부동산을 사고판다는 개념에 대해 터무니없다고 생각했는데 이쯤 되면 관심을 넘어 투자의 욕구까지 생기게 된다.

왜 이런 일들이 벌어지는 걸까? 가상 부동산은 무엇이기에 사람들이 관심을 갖고 투자를 하는 것일까? 궁금할 것이다. 디센트럴랜드의 가상 부동산에 대해 잠깐 살펴보면 현실 부동산과 거의 같다. '마나(MANA)'라는 화폐를 사용하며 부동산을 사고파는 것은 물론이고 게다가 목이 좋은 곳은 가격이 비싸다. 목이 좋다는 개념은 현실 토지가 유한하듯 가상의 공간이지만 토지가 한정돼 있고 자연스럽게 통행량이 많은 지역은 목이 좋다는 개념과 함께 비싸게 거래되기 때문이다. 더욱 중요한 것은 현실 세계의 글로벌 기업들조차 디센트럴랜드에 가상 매장을 열고 그곳에서 고객들을 대상으로 현실과 같은 마케팅 활동을 하고 있다는 것이다.

지난 2022년 1월 7일자 아주경제 기사에 따르면 글로벌 기업 삼성전자가 암호화폐 이더리움 기반 메타버스 플랫폼 '디센트럴랜드'에 가상 플래그십 매장을 열고 색다른 경험으로 소비자들을 끌어들여 마케팅·홍보효과를 극대화하는 게 목표라고 밝혔다. 또한 삼성전자 미국법인은 6일(현지시간) 홈페이지 뉴스룸 게시글을 통해 가상 매장 '삼성 837X'를 개점했다고 발표했다.

미국 뉴욕 맨해튼에 위치한 실제 매장이 모델이 됐고 또한 회사 측은 게시글에서 "고객들은 기술과 예술·패션·음악·지속가능성이 결합하는 새로운 여정을 시작하게 될 것"이라며 "이곳에서 판타지와 현실이 만나게 되며, 삼성의 기술을 통해 사용자들은 이 같은 경험을 할 수 있다"고 밝혔다.

[그림28] 디센트럴랜드 삼성매장(출처 : 아주경제 2022. 1. 7.)

디센트럴랜드와는 조금 성격이 다르지만 네이버의 제페토 역시 가상공간 속의 부동산과 밀접한 관계가 있다. 제페토 공간 내의 이디야 커피숍이나, CU 한강점 등 빠르게 가상공간 속의 부동산에 현실세계의 기업들이 속속 진출하며 홍보, 마케팅은 물론이고 그 공간의 가치를 올리는 역할까지 하고 있는 것이다.

[그림29] 제페토 CU한강점(출처 : 아주경제 2021. 8. 11.)

2021년 5월 제페토와 샌드박스(THE SANDBOX)와 업무협약을 통해 제페토의 월드에 샌드박스 공간을 만들고 샌드박스에도 제페토 월드를 만들어 유저들로 해금 서로의 플랫폼을 느껴볼 수 있도록 했다. 최초의 NFT가 주로 디지털 아트에 적용되기 시작했다면 불과 몇 년 사이에 그 적용과 활용분야가 다양하게 늘어나고 있어 앞으로 NFT 분야에 한계가 없어질 듯하다.

4 NFT의 미래 ····································

1) 미래의 NFT

2021년 9월 5일자 서울신문 기사를 보면 NFT 시장규모와 관련해 2019년에는 1억 4,156만 달러였던 NFT 시장 크기가 지난해에는 3억 3,804억 달러로 약 2.4배 커졌다고 했고 2030년에는 1,000조원이 넘을 것으로 예측된다고 했다.

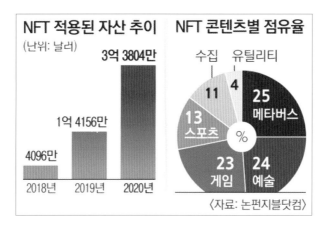

[그림30] NFT 자산추이(출처 : 서울신문 2021. 9. 5.)

또한 지금까지 NFT는 메타버스, 디지털 아트, 게임분야에서 대부분 발행됐다. 하지만 향후 NFT 시장은 그 분야가 지식재산권, 비담보자산 등으로 훨씬 다양해질 예정이다. 미래를 예측하는 사람들 중에서는 NFT를 한때의 유행으로 "곧 이 광풍이 지나갈 것이다"라 말들을 하지만 NFT의 기술과 응용 가능성을 조금만 주의 깊게 살펴본다면 절대 그렇지 않을 거라 단언할 수 있다.

메타버스 영화는 메트릭스, 아바타, 써로게이트, 프리가이 등 많은 작품들이 있으나 가장 상징적으로 메타버스를 잘 나타낸 영화가 2018년 스티븐스필버그 감독의 영화 '레디플레이어 원'이다.

[그림31] 레디플레이어원(출처 : 다음 영화)

2045년 지구의 미래인 디스토피아를 배경으로 하는 영화로 주인공은 VR을 착용하고 가상현실 세계인 오아시스에서 학교도 가고, 게임도 하고, 운동도 하며 하루의 대부분을 보내게 되면서 펼쳐지는 모험에 관한 영화이다. 영화 속에서처럼 가상공간 상의 거래수단인 코인 그리고 사용하는 무기, 자동차 등은 현실세계에 구현된 메타버스 공간과 게임 내에서도 거의 같은 방법으로 사용된다.

제페토 월드 안에서 나의 아바타를 꾸미기 위해 젬이라는 제페토 화폐를 실물화폐인 현금으로 구입해 아바타를 꾸미고, 월드 안에 있는 이디야에서 커피를 구매하고, CU한강점에서 바나나 우유를 구매하는 등 현실세계처럼 가상세계도 운영하고 있으며 게임 세상은 더욱 그러하다.

[그림32] 마인크래프트(출처 : 위키백과)

대표적인 메타버스 게임인 로블록스, 마인크래프트, 세컨드라이프, 샌드박스 등 이루 헤아릴 수 없을 정도로 많은 게임들이 메타버스 형태로 구현돼 있다. 게임 속에서 사용되는 아이템 즉 아바타 꾸미기와 각종 무기, 추가생명은 지금 현실 세계에서노 레벨을 높이기 위해 유저들이 만나 현금거래를 하고 있다. 그러므로 당연히 NFT로 소유권은 물론 정당한 가격으로 마켓플레이스에서 매매하는 일상을 볼 수 있을 것이다.

2) 담보가능자산과 비 담보가능자산의 활용

(1) 담보가능자산

APT를 구매할 때, 담보대출을 할 때, 자동차 대출을 할 때 등 매매 또는 대출시 기준이 되는 가격이 존재한다. 물론 영원한 것은 아니고 일정 시점 기준, 예를 들어 2022년 1월 기준 가격 등으로 객관화된 가격자료가 존재한다. 이러한 기준가격에 실제 사고팔거나 대출할 물건의 조건과 특성에 따라 가감을 하게 되고, 그러한 수정가격을 기준으로 사고팔거나 대출을 하게 된다. 이런 가격자료와 정보가 존재하는 경우 은행은 담보로 근저당권을 설정하는 방법으로 대출을 해준다. 다시 말해 이런 자산들이 '담보가능자산'이다.

예를 들면 강남 대치동 포스코더샵 63평의 경우 국민은행 가격자료인 KB부동산시세 기준 2022년 1월 평균가가 40억 원이라고 나온다. 이 경우 1금융권은 60%까지 대출이 가능하므로 24억 원이 대출된다고 누구나 가격확인을 할 수 있고 대출 금액까지 손쉽게 알 수 있다.

(2) 비 담보가능자산

반대로 '비 담보가능자산'은 어떤 것일까? 조건이 몇 가지 있다. 첫째, 객관적인 가격 자료가 없다. 둘째, 전문가의 평가와 중개인이 필요하다. 셋째, 시장이 존재하지 않는다. 넷째, 큰 자금이 필요하다.

다이아몬드를 예를 들면 시장에서 흔히 사고파는 단위인 1부, 2부는 시세가격이 형성돼 있다. 2022년 1월 기준 1캐럿이 700만 원 정도이니 0.1캐럿인 1부는 70만 원이고 2부는 140만 원 정도 될 것이다. 하지만 캐럿이 커질수록 가격은 기하급수적으로 올라가고 일정 수준이 넘으면 가격은 형성되지 않고 경매에서 매매되는 경우가 많다.

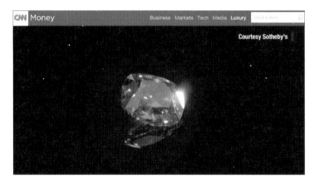

[그림33] 블루문 다이아몬드(출처 : 머니투데이 2015. 11. 21.)

2015년 11월 21일자 머니투데이에 따르면 홍콩의 한 부동산 재벌 조셉 라우(Joseph Lau·64)가 세계에서 가장 비싼 다이아몬드로 알려진 '블루문(Blue moon)'을 4,840만 달러(한화 약 560억 원)에 사들였는데 CNN 머니 등 외신에 따르면 조셉은 11일(현지시간) 스위스 제네바에서 열린 소더비즈 경매에서 '블루문'이라 불리는 12.03 캐럿짜리 블루 다이아몬드를 4,840만 달러에 샀다고 한다. 일반인들은 상상도 할 수 없는 금액이다.

이런 고가의 다이아몬드나 인상파그림, 특허권, 한정판 명품핸드백, 한정판 롤스로이스 등은 일정한 가격기준이 존재하지 않고, 거래를 하는 시장조차 없는 경우가 대부분이고, 전문가의 감정과 중개인을 필요로 하고, 일시에 큰 금액의 돈이 오가게 된다.

은행은 대출해준 이후 이자를 연체하거나 대출기한이 만료된 경우 원금과 이자를 청구하는데 정상적인 회수가 어려울 경우 담보를 매각해서 채권을 충당하게 된다. 하지만 방금 얘기한 그러한 자산들은 바로 현금화가 어렵기 때문에 담보를 잡지 못하는 것이다.

쉽게 말해 그림의 떡처럼 느껴지던 '비 담보가능자산'의 소유주가 될 수 있는 방법이 생겼다. 물론 돈을 많이 벌어 구매를 하면 되겠지만 현실적인 얘기는 아니다. 하지만 이런 고가의 비 담보 가능자산을 NFT로 토큰 화 시킨다면 얼마든지 소유와 유통에 참여할 수 있다.

앞에서 다이아몬드의 예를 다시 들어보겠다. 블루문 다이아몬드의 가격이 560억 원이라고 했었다. 현실 세계에서 이 다이아몬드를 살 사람은 몇 없을 것이다. 하지만 이 다이아몬드를 토큰 화 시켜 NFT를 발행한다면 그것도 100만개를 발행한다면 1개당 가격은 5만 6,000원이나. 560억 원짜리 나이아몬드를 살수 없어노 5만 6,000원 짜리 '블루분 다이아몬드 NFT'는 꽤 많은 사람들이 구매할 수 있을 것이다.

이 순간 블루문 다이아몬드는 더 이상 비 담보가능자산이 아니다. 언제라도 현금화 시킬 수 있으며 수용에 따라 시세를 가질 것이고, 그로 인한 객관적인 기준가격이 형성될 것이다. 물론 담보가능자산도 될 수 있는 것이다. 어쩌면 인상파 거장 모네의 '해돋이 인상'의 소유주가 될 수 있을지 모르겠다. 나아가 서초 삼성사옥도 가능할 것이고, 여러 가지 특허권, 한정판 명품 핸드백의 주인이 될 수도 있을 것이다.

 2021년 12월 13일자 동아닷컴의 기사에 안철수 국민의당 대표 얘기가 실렸다. 내용은 10년 전 로블록스에 2,000만원을 투자했는데 지금 250억 원이 됐다는 얘기였고 그분은 "국민연금이 그렇게 투자했다면 좋았을 것이다"라고 말했던 내용이다. 하지만 내가 생각하는 이 기사는 국민연금의 투자처 얘기가 아니다. 2,000만원이 10년 사이 250억 원, 1,287배 넘게 올랐단 사실이다.

 이글 모두에 강남 부동산 얘기, 아마존, 구글, 네이버 얘기를 했었다. 우리가 잃어버린 기회와 관련된 얘기였다. 어쩌면 그 때 잃어버린 기회처럼 다시 그 이상의 기회가 찾아왔다고 말하고 싶다. 또 주저하고 망설이며 기회를 잃어버린다면 우리의 아이들도 10년 뒤쯤 우리 얘길 하면서 안타까워 할 지도 모르겠다.

 새로운 기회 NFT. 지금은 공부하고 나만의 기회를 찾을 때이다. 아직 NFT의 용도가 다 정해지지 않아서 정말 다행이다.

영화로 배우는
메타버스 정복기

김 동 욱

영화로 배우는 메타버스 정복기

Prologue

2022년 요즘 SF영화라고 하면 다 메타버스란 단어를 떠올리며 영화를 보지만 시대별 모든 SF영화가 다 메타버스 세계관을 표현하지는 않는다.

메타버스란 용어는 1992년 닐 스티븐스의 소설 스노우 크래쉬에 처음 등장하는 용어로 가상, 초월을 뜻하는 메타(META)와 우주, 가상세계를 의미하는 유니버스(UNIVERSE)의 합성어이다. 21세기 전까진 모든 SF영화에서 메타버스란 용어를 쓰는 대신 미래세계, 가상현실세계, 증강현실세계 등의 용어들이 등장했다. 또한 앞으로 다가올 메타버스 세계를 암시하며 조금씩 상상에 실현을 영상에 담았는데 이는 메타버스가 크게 4가지에 종류로 분류되기 때문이다.

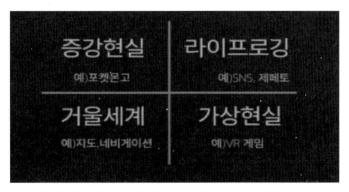

[그림1] 메타버스의 4세계(출처 : 메타버스연구소 이미지)

먼저 홀로그램적용 홀로렌즈 영상을 통해 모니터 없이 가상화면에 손가락 터치로 화면을 움직이면서 미래 살인용의자를 찾아 사고를 미연에 방지하는 증강현실세계(AR)를 보여준 '마이너리티 리포트(2002년)', '써로 게이트(2009년)'. 그리고 삶을 기록한다는 뜻에 애플워치나 SNS를 수집하는 라이프로깅 세계가 나오는 '아논(2018년)', 거울세계(미러월드)에 대표적인 영화인 '프리가이(2021년)'. 또한 가상현실세계(VR)영화로 '아바타(2019년)', '아바타2(2022년)', '매트릭스1(1999년)', '매트릭스2(2003년)', '매트릭스3(2003년)', '매트릭스4(2021년)', '레디 플레이어원(2018년)' 등이 대표적인 메타버스 세계를 표현한 영화들이다.

이렇듯 SF 영화는 시대를 이어가며 몇 년 동안 로봇들이 SF 영화의 주인공으로 나오고 그 다음해는 우주전쟁과 우주괴물인 에어리언이 주인공으로 묘사되기도 했다. SF 작가들의 시나리오는 그 시대의 이슈들이 작가들의 상상력과 결합돼 나오기에 시대의 변화는 영화 속 세상을 바뀌게 하는데 밀레니엄 시대를 거쳐 21세기 시나리오 작가들의 상상력 속에 가상공간의 세계를 각자의 방식으로 표현하고 있는 것이다.

특히 2022년 오늘은 과거 로버트 저매 키스 감독이 만든 **빽 튜 더 퓨쳐(1987년)**의 미래시대(2015년)보다 7년이나 지났고, 2020년대 SF 영화 속 미래시대와 불과 10년 내외로 지금의 과학 기술은 앞으로 10년 내 어떻게 변해있을지 알 수가 없다. 하지만 분명한건 영화 속 내용들을 잘 살펴보면 어느 순간 현재 우리가 사용하고, 체감하며, 익숙해진 모습들을 발견할 수 있을 것이다. 그래서 미래를 알려면 SF 영화를 만드는 거장 감독들의 영화 속 메타버스의 세계가 어떻게 표현되는지를 잘 살펴봐야 할 이유이기도 하다.

SF 영화를 통해 메타버스에 세계를 상상한다면 보는 내내 더 즐거운 것 같다. 스토리 전개상 영화들의 어떤 부분을 중점적으로 봐야 메타버스 세상을 이해할 수 있는지 영화별 대략적인 스포 글을 줄거리 형식으로 첨부했으니 참고해 주기 바란다. 이제 SF 감독들의 상상력이 과학기술이 돼서 새로운 메타버스 세상을 보여주듯이 단순히 영화를 보고 즐기는 게 아닌 영화를 통해 새로운 메타버스 세상을 접하는 시간들이 되기를 바라며 영화 속 메타버스 세상으로 출발한다.

■ 증강현실의 세계를 리얼하게 보여준 '마이너리티 리포트'

【제목】마이너리티 리포트(2002년 7월 26일 개봉)

【원작】필립 K. 딕의 단편 SF 소설(1956년)

【감독】스티븐 스필버그

【배우】톰 크루즈(존 앤더튼), 콜린 파렐(대니 위트워), 사만다 모튼(아가사)

【장르】범죄, 액션, 스릴러

【등급】15세 관람가

[그림2] 해외 마이너리티 리포트 포스터 　[그림3] 국내 마이너리티 리포트 포스터

　　(출처 : 네이버)　　　　　　　　　　(출처 : 네이버)

1) 줄거리 : 영화의 배경은 2054년도의 워싱턴DC

현재보다 32년이나 지난 미래의 발전상은 범죄 예방 관리국의 프리 크라임(Pre-Crime), 범죄율 차단시스템이 강화된 치안이 보장된 사회상을 보여준다. 최첨단 치안시스템을 갖춘 범죄 예방 관리국 프리 크라임(Pre-Crime)은 미래예지능력이 있는 3명의 초능력자를 통

해 범죄가 일어나기 전 범죄를 사전 예측해서 범죄자를 구속하며, 시민들의 안전을 지켜주는 존재로 인식된다.

여기서 주목할 메타버스 세상은 홀로그램을 적용한 홀로렌즈 영상 모니터를 통해 미래 범죄가 발생할 위치정보를 탐색해 범죄가 일어날 시간과 장소, 범인까지 사전에 미리 예측해서 특수경찰인 주인공 존 앤더튼(톰 크루즈)이 미래의 범죄자들을 색출해서 체포한다는 것이다.

[그림4] 3명의 예지능력을 갖고 있는 초능력자들(출처 : 네이버)

존 앤더튼(톰 크루즈)은 프리 크라임 팀장으로 앞으로 일어날 범죄자를 추적해내는 탁월한 능력을 갖고 있는데 그가 범죄자를 끈질기게 찾아다니는 열정은 6년 전 자신의 아들을 잃은 아픈 기억을 다른 사람에게만은 되풀이하게 하고 싶지 않기 때문이다. 이런 아픔 때문인지 퇴근 후 과거의 아픔을 홀로그램 영상 속 아내와 아들 숀과의 행복했던 시절을 그리며 마약에 빠져 지내기도 하는데….

[그림5] 홀로그램 속 모니터를 검색하는 장면(출처 : 네이버)

그러나 영화의 반전을 암시하는 사건이 벌어지는데 프리 크라임 감사를 위해 연방정보국에서 파견된 대니 워트워(콜린 파렐)와 시스템에 관한 의견차이로 사사건건 대치하는 가운데 프리 크라임 시스템은 믿을 수 없는 살인을 예견한다.

그것은 바로 주인공인 앤더튼이 리오 크로우라는 사람을 살해하는 범행 장면. 이제 프리 크라임의 모든 시스템이 앤더튼을 추격하기 시작하고, 주인공인 앤더튼은 이런 음모를 파헤치기 위해 자신의 미래를 바꾸기로 결심하고 직접 미래의 피살자를 찾아 나선다. 그러나 자신이 저지를 범죄 현장에 한 발짝씩 다가갈수록 앤더튼 앞에는 믿을 수 없는 사실들이 드러난다. 앤더튼의 의지와는 상관없이 예견된 희생자가 나오게 되는데 과연 존 앤더튼은 미래를 되돌리며 영화가 끝날지 영화를 끝까지 보며 즐기시기 바란다.

[그림6] 앤더튼이 리오 크로우라는 사람을 살해하는 범행 장면(출처 : 네이버)

[그림7] 앤더튼이 범행 현장을 설명하는 장면(출처 : 네이버)

2) 이 영화에서 메타버스 세상 찾기 팁

허공에 떠있는 모니터를 손가락 터치형식의 기반을 둔 시스템으로 모든 정보를 찾아내는 증강현실세계에서 메타버스 세계관을 찾아보는 재미와 함께 영화 속 범죄현장을 찾는 장면, 프리 크라임의 모든 시스템이 앤더튼을 추격하는 장면 그리고 앤버튼이 탈출에 성공하며 문제를 해결하는 장면들 속에 메타버스 속 세상들이 눈앞에 다가옴을 느끼며 영화를 감상하기 바란다.

② 증강현실과 가상세계의 대작 '매트릭스' 시리즈

【제목】매트릭스 1(1999년 5월 15일 개봉), 매트릭스 2 리로디드(2003년 5월 23일 개봉), 매트릭스 3 레볼루션(2003년 12월 29일 개봉), 매트릭스 4 리저렉션(부활)(2021년 12월 22일 개봉)

【감독】나위쇼스키, 릴리위쇼스키 감독

【배우】키아누리브스(네오 토마스 엔더슨 역), 로렌스 피시번(모피어스 역), 캐리 앤모스(트리니티 역) 휴고 위빙(스미스요원 역)

【장르】액션/SF

【등급】15세 이상 관람가

1) 매트릭스 1, 2, 3, 4 줄거리

영화 속 매트릭스의 배경은 2199년. 대기업의 프로그래머인 닉은 네오란 닉네임에 해커로서 친구들에게 해킹 프로그램을 넘겨주며 부수입도 챙기는 생활을 하고 있다. 어느 날 네오는 해커들 사이에서 전설적인 인물로 통하는 모피어스를 찾으러 술집에 갔다가 운명의 연인인 트리니티를 만난다.

[그림8] 매트릭스 포스터(출처 : 네이버)

[그림9] 매트릭스 포스터(출처 : 네이버)

그러나 트리니티의 설명에도 현실을 인식하지 못한 네오는 스미스 요원에게 잡혀 감시대상이 되고 모든 게 꿈이었던 것처럼 다시 잠에서 깨어난다. 다시 네오를 찾은 모피어스를 만나 각성한 네오는 자신이 살아가는 세계가 가상세계인 매트릭스 속 세상이란 걸 알게 되는데.

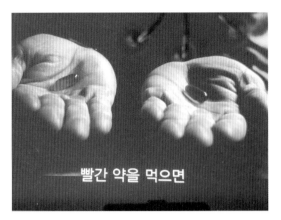

[그림10] 매트릭스에 대한 상황설명(출처 : 영화 내용 사진촬영)

　가상세계 매트릭스가 아닌 현실세계는 인간 몸에서 나오는 생체전기를 통해 기계들의 주 연료인 전력을 얻는 생체전력 발전소이다. 또한 매트릭스는 인류를 사육하기 위해 기계가 만든 세계로 실제 인간사회와 분간할 수 없을 만큼 정교한 가상현실 프로그램 속 식물인간 의 형태로 숨만 쉬고 살아가고 있음을 알게 된다.

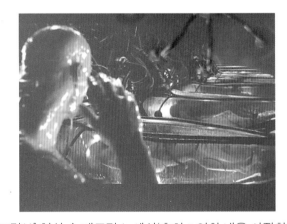

[그림11] 현실 속 매트릭스 세상(출처 : 영화 내용 사진촬영)

한편 각성한 인간 반란군과 기계간의 치열한 싸움이 벌어지고 있다는 것을 알게 된 네오는 현실을 받아들이고 모피어스는 네오가 인류의 구원자라고 믿는 '그'의 적임자로 전사로서 훈련을 시킨다.

[그림12] 모피어스와 대련을 통해 훈련하는 네오(출처 : 영화 내용 사진촬영)

2003년에 개봉한 '매트릭스 2 : 리로디드'와 '매트릭스 3 : 레볼루션'은 인류를 구원해야 하는 자신의 운명을 받아들이는 네오의 활약상을 보여주고 있다. 1편과 달리 한층 각성된 네오의 액션연기가 압권으로 슈퍼맨처럼 비행능력까지 갖춘 네오가 컴퓨터 군단에게 장악될 위기에 처한 시온을 구하기 위해 분투하는 모습을 보여준다.

오라클의 예언대로 전쟁이 끝날 것이라는 모피어스의 신념 속에 네오에게 모든 희망과 기대를 걸어보며, 네오와 트리니티는 모피어스와 함께 매트릭스로 돌아가는데, 매트릭스의 심장부로 그들을 안내할 키메이커와 함께 매트릭스 안으로 들어간다.

마침내 심장부에 도달한 네오는 매트릭스의 창조주인 아키텍트와 대면하게 되고, 각성 도중 혼수상태에 빠져 현실과 가상세계의 중간 계를 맴돌게 되는데, 트리니티와 모피어스는 중간계의 지배자 메로빈지언 일당으로부터 가까스로 네오를 구출하지만, 1편과 2편을 거쳐, 버그가 된 스미스 요원이 매트릭스를 지배하려 한다.

[그림13] 매트리스 속에 들어와 있는 네오와 트리니티(출처 : 네이버)

결론부에 센티널 군대에 총공세를 맞아 마지막 사투가 시작되고 네오는 인공지능의 지배자인 데우스 엑스 마키나를 만나 생존을 위한 협상을 하게 된다. 인간의 기억마저 AI에 의해 입력되고 삭제되는 진짜보다 더 진짜 같은 가상현실 세상. 매트릭스 속 진정한 현실을 인식할 수 없게 재배되는 인간들 그리고 매트릭스를 빠져 나오면서 AI와 맞서 싸우는 인간들과 인류를 구할 마지막 영웅 네오의 숨 막히는 메타버스 영화 매트릭스는 과연 새로운 세상은 만들어질까?

2) 이 영화에서 메타버스 세상 찾기 팁

Matrix의 'Mater(자궁, 어머니)'란 어원 즉 '모체, 기반'이란 뜻에 수학적 의미로 행렬을 뜻하는데 현실세계로 알고 살아왔던 모든 세상이 사실은 AI 숫자의 조합으로 통제되는 가상세계를 그리고 있다. 영화를 보는 내내 매트릭스 세상에 대한 의문점을 남기며, 많은 팬심을 갖고 있는 영화 매트릭스!

이 영화의 매력은 네오가 매트릭스 속으로 들어갔다 나오며 보여주는 증강현실세계와 가상현실세계 그리고 공간이동 간 변화들을 전화와 게이트를 통해 이동하는데, 순간순간 이동하며 열리는 메타버스 세상을 찾아보는 재미를 느끼며 감상하기를 추천한다.

3) 함께 보면 좋을 영화

영화 제목이 '13층'이란(1999년, 조셉 루스낵 감독) 작품으로 대니얼 갤로이의 원작인 '시뮬

라크론 3'을 각색한 내용이다. 살인혐의를 쓴 주인공이 현실과 가상세계를 오가며 결백을 증명하기 위해 필사적으로 사건을 해결하는 내용이다. 현실과 똑 같이 만들어진 가상세계에서 살아가는 사람들의 존재론적인 의문점이 영화 매트릭스와 비슷한 의문점을 남기는 작품이다. 하지만 1999년도에 만든 저예산 영화다보니 영상미나 메타버스 세상을 표현하는 방식이 매트릭스 보단 많이 뒤쳐졌지만 음악적 효과음이 보는 내내 긴장감을 더해 나름 추천해본다.

❸ 가상세계의 모습을 완벽하다 못해 아름답게 보여준 '아바타'

【제목】아바타 1(2009년 12월 17일 개봉), 아바타 2(2022년 12월 개봉예정)

【감독】제임스 카메룬 감독

【배우】샘 워싱턴(제이크 설리 역), 조 샐다나(니이티리 역), 시고니 위버(그레이스 박사 역), 스티븐 랭(마일즈 쿼리치 대령 역)

【장르】SF, 모험, 액션, 전쟁

【등급】12세 관람가

[그림14] 아바타 포스터(출처 : 네이버)　　[그림15] 아바타 포스터(출처 : 네이버)

1) 줄거리

과학자였던 쌍둥이 형 설리T와 해병대에서 다리를 다쳐 휠체어를 타야 이동이 가능한 제이크 설리! 영화의 시작은 다리가 불편한 주인공 제이크 설리가 과학자로 판도라행성에서 아바타 프로그램에 참석하다 불의에 사고로 죽은 형을 대신해(형과 DNA가 비슷) 판도라 행성에 아바타 프로그램에 참석하면서 시작된다.

지구엔 더 이상 에너지가 없어 고갈 문제를 해결하기 위해 판도라 행성에서만 생성되는 언옵타늄을 채굴하기 위해 판도라행성의 원주민인 나비족과 대립하게 된다.

[그림16] 자신의 아바타를 바라보는 제이크 설리(출처 : 네이버)

제이크 설리(샘 워싱턴)는 자신의 아바타(두발로 걸을 수 있는)가 너무 좋아 이리저리 돌아다니다 운명의 연인인 나비족의 니이티리(조 샐다나)를 만나 나비족의 중심으로 들어가게 된다. 인간과 나비족의 DNA를 결합해 만들어진 제이크 설리가 판도라행성을 구할 전설이 되기까지 판도라행성을 파괴하며 언옵타늄 채굴에 혈안인 군인들과 사투를 벌인다는 이야기다.

[그림17] 서로를 신뢰하게 된 제이크 설리와 니이티리(출처 : 네이버)

영화 아바타는 우리나라에서 천만 관객을 넘는 영화 중 단연 영상미나 촬영기술, 색채 그리고 CG 등이 10여년이 지나도 전혀 뒤처지지 않는 영화이다. 필자는 이 책을 쓰면서 이 영화를 3번을 돌려봐도 판도라행성의 아름다운 하늘 섬은 다시 봐도 멋진 곳이다.

영화의 주 무대인 판도라행성은 한번쯤 가보고 싶은 곳으로 뇌리의 남는 영화인데, 사실 메타버스 속 세상이 가상공간이다보니 어떻게 보면 메타버스 영화론 최고의 공간을 만든 거 같다는 생각을 해본다.

[그림18] 판도라행성의 환상의 하늘 섬(출처 : 네이버)

2022년 12월 쯤 기다리던 아바타 2가 5편의 시리즈로 제작돼 해마다 돌아온다고 하니 제임스카메룬 감독이 그릴 새로운 메타버스 세상을 기대해본다.

2) 이 영화에서 메타버스 세상 찾기 팁

영화 아바타에선 주인공 제이크 설리가 나비 족 아바타와 접속하기 위해 캡슐에 들어가 누워서 아바타와 접속하는 장면이 나온다. 즉, 메타버스 세상의 부캐인 캐릭터 아바타와 본캐인 나를 연결해 판도라행성에서 나비 족으로 바뀌는 장면이다.

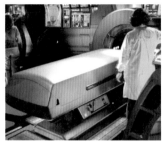  

[그림19, 20, 21] 나비 족 아바타 접속 장면(출처 : 영화 촬영 이미지)

영화 아바타에서도 나오지만 헬기를 타고 기지를 빠져나와 아바타와 접속할 수 있는 캡슐을 산속에 숨겨둔 채 나비 족 아바타로 싸우는 동안 외부로 노출된 캡슐이 스티븐 랭(마일즈 쿼리치 대령 역)에게 발견돼 생명의 위험에 직면하는 장면에서 다시 한 번 아바타에 접속한 인간의 안전성을 어떻게 해소해야 할 지 문제의식들을 생각해 보며 영화를 보면 더 재미있을 것 같다.

4 지구 인구의 98%가 찬성한 대체 로봇 아바타 시대를 표현한 '써로게이트'

【제목】 써로게이트(2009년 10월 1일 개봉)

【감독】 조나단 모스토우 감독

【배우】 브루스 윌리스(FBI요원 그리어 역), 라다 미첼(FBI요원 제니퍼 피터스 역),
로자먼드 파이크(메기 그리어 역), 보리스 코조(FBI요원 스톤 역)

【장르】 SF, 액션, 스릴러

【등급】 15세 관람가

[그림22] 써로게이트 포스터(출처 : 네이버) [그림23] 써로게이트 포스터(출처 : 네이버)

1) 줄거리

〈연도를 알 수 없는 근 미래〉

이 영화에 시작은 사건이 일어나기 14년 전의 이야기를 내레이션으로 보여주면서 시작된다. 써로게이트 창시자인 라이오넬 켄터 박사는 전신마비 환자도 뇌파로 일상생활에서 움직이며 살 수 있게 해주고 싶다고 말한다. 또한 인간의 뇌파와 기계를 연결해 사물을 인식하고 움직이며 활동하는 연구를 발전시켜 나간다.

시간이 흘러 11년 전 기술에 발전을 거듭하며 사람모습의 로봇을 만들게 되고, 이런 사람형상의 로봇을 통해 제2의 부캐인 로봇아바타로 살아가는 세상을 써로게이트라 부르며 급기야 써로게이트 일상화가 대법원에서 통과된다.

써로게이트를 인류 진화에 한 과정으로 표현하며, 모든 사회문제를 해결 할 수 있어 폭력과 코로나 같은 전염병으로부터 해방되며, 성별을 떠나 자신이 원하는 신체를 얻어 활동하니 세상은 이에 열광하게 된다.

[그림24] 써로게이트관련법 통과   [그림25] 써로게이트를 인류 진화에 과정으로 표현
(출처 : 영화 촬영 이미지)   (출처 : 영화 촬영 이미지)

    특히 로봇인 써로게이트는 망가지면 부품을 새로 갈면 되기에, 써로게이트에 선두주자인 VSI는 인간을 대체할 인간형 로봇을 만들며 인간의 모든 활동분야에서 인간을 대체하고 생활하게 된다. 단지 인간들은 편안한 쿠션의자에 누워있고 인간의 뇌파에 접속해 움직이는 로봇아바타들이 일상생활 전반에 걸쳐 활동하는 시대가 온 것이다.

[그림26] 인간형 로봇   [그림27] 써로게이트에 접속하는 모습
(출처 : 영화 촬영 이미지)   (출처 : 영화 촬영 이미지)

하지만 사건 발생 3년 전부터 써로게이트에 반대파인 드로드에 지도자 자이로 파월이 걸어다니는 기계는 거짓이라는 예언을 하게 된다. 세상이 기계에 침략 당했다는 것을 시작으로 써로게이트에 사용을 반대하며 급기야 사람들만 사는 구역이 정해진다.

[그림28] 드로드에 지도자 자이로 파월
(출처 : 영화 촬영 이미지)

[그림29] 써로게이트 반대시위
(출처 : 영화 촬영 이미지)

〈현재〉

인간들은 범죄율 저하와 안전을 위해 VSI에 최신모델들이 인류의 98%를 대체한 써로게이트를 통해 자신의 아바타로 생활하며 살아가고 있다. 써로게이트는 대리, 대행자 등의 사전적 의미를 가진 말로 인간의 존엄성과 기계의 무한한 능력을 결합해 발명한 대리 로봇인 써로게이트가 공격을 당해 사용자가 죽음을 당하는 전례 없는 사건이 발생하게 된다.

이 사건을 해결하는 주인공 FBI 요원 그리어(브루스 윌리스 분)가 써로게이트 사건의 전말을 조사하며 미궁의 빠진 사건의 피해자를 찾는 과정에서 써로게이트와 인간까지 전멸의 상태로 빠뜨릴 치명적 무기가 존재한다는 것을 알게 된다.

써로게이트의 육체가 실제 사용자의 육체에까지 영향을 끼치는 사건은 처음 일어난 일이다. 기존에는 써로게이트가 망가져도 그 사용자에게 아무런 영향을 미치지 않았지만, 시간이 지나면서 써로게이트에 공격을 가하면 이를 사용하고 있는 사용자의 생명까지 즉시 위협이 미치는 무기가 발명되게 된 것이다. 이때부터 세상은 또 다른 전환국면을 맞이하게 된다.

2) 이 영화에서 메타버스 세상 찾기 팁

어떤 형태로든 접속하는 순간 아바타는 인간들의 제2의 분신이 된다. 아바타에게 명령을 내림으로써 아바타가 모든 일을 수행하게 되는데 이 영화에선 아바타와 함께 인간이 죽는 사건을 묘사하며 아바타에 대한 생활의 편리성보단 인간본연의 자세를 일깨우는 영화로 비쳐지고 있다. 진짜 육체는 집에만 있어 점점 나약하고 늙어가지만 인간의 뇌세포에 접속해 움직이는 로봇 써로게이트는 아픔을 느끼지 않고, 망가지면 부품을 교환하며, 평생 젊음을 유지한 채로 사는 것처럼 묘사된다. 그러나 결국 인간의 한계를 보여주는 영화로 뇌파로 이어지는 안경을 쓰면 아바타와 연결되는데 기본 신체기능에 얼굴모습까지 업그레이드가 가능하다는 설정이 재미를 더해준다.

⑤ 꿈이라는 주제로 상상 이상의 메타버스 속 세상을 보여준 '인셉션'

【제목】인셉션 (2010년 7월 21일 개봉)

【감독】크리스토퍼 놀란

【배우】레오나르도 디카프리오(돔 코브역), 와타나베 켄(사이토 역), 조셉 고든 레빗(아서역) 마리옹 꼬띠아르(맬 역), 앨렌 페이지(애리어든 역), 톰 하디(임스 역), 킬리언 머피(피셔 역), 베린져(피터 브로닝 역)

【등급】12세 관람가

【장르】액션, SF, 모험, 스릴러

【국가】미국

 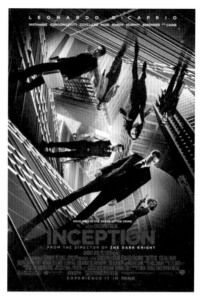

[그림30] 인셉션 포스터(출처 : 네이버)   [그림31] 인셉션 포스터(출처 : 네이버)

1) 줄거리

해변의 떠내려 온 주인공 돔 코브(레오나르도 디카프리오)는 나이 많은 일본 기업인 회장 사이토(와타나베 켄)와 대면하는데 이것도 꿈일까?

[그림32] 사이토(와타나베 켄) 회장과 대면(출처 : 영화 촬영 이미지)

주인공 돔 코브는 일본인 기업가 사이토로부터 거절 할 수 없는 거래를 제안 받는다. 제안 내용은 돔 코브를 미국으로 데려가는 것. 사실 돔 코브는 아내 맬(마리옹 꼬띠아르)을 죽인 살인자라는 누명을 쓰고 도망자 신분이라 아이들이 있는 미국으론 돌아 갈 수 없는 처지에 놓여있으며 이런 상태에서 사이토의 제안을 받아들인다.

사이토의 제안은 유산을 상속받게 된 라이벌 기업 사장 아들 피셔(킬리언 머피)의 시장 독점 계약의 꿈을 인셉션(꿈의 무의식상태에서 생각을 주입하는 것)해서 막아달라는 것이다.

[그림33] 아내 맬에게 설명하는 코브　　　[그림34] 어든에게 꿈에 대해 설명하는 코브
　　　(출처 : 영화 촬영 이미지)　　　　　　　(출처 : 영화 촬영 이미지)

인셉션은 드림머신이라는 기계를 이용해 꿈에 들어가 대상자에게 들키지 않고 무의식 속의 정보를 빼오는 것이다. 돔 코브는 피셔의 의식을 조작하기 위해 멤버들을 조직하고 꿈의 설계를 시작한다. 현실에선 5분이 꿈속에선 1시간 동안 이어지고 꿈에서 깨기 위해선 음악이나 자신만이 알 수 있는 킥이라는 장치를 활용해야 된다. 멤버들과 함께 꿈을 공유하며 성공적으로 임무를 인수할 수 있을지 스릴이 넘친다.

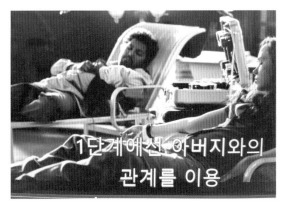

[그림35] 드림머신을 통해 꿈속으로
(출처 : 영화 촬영 이미지)

[그림36] 코브의 킥
(출처 : 영화 촬영 이미지)

2) 이 영화에서 메타버스 세상 찾기 팁

2010년 인셉션이 나올 당시만 해도 영화에 꿈이라는 가상공간을 이렇게 표현하는 영화는 없었을 정도로 크리스토퍼 놀란 감독의 창의력이 돋보였던 영화이다. 10년이 지나 2020년 8월에 재개봉 당시 용산CGV에서 다시 본 영화로 책을 쓰면서 감회가 새롭다. 시대가 지나도 내용이나 표현 그리고 설정이 오히려 메타버스 영화로 각인 될 정도로 잘 연출된 영화이다. 꿈 속 상상 속에 만들어진 도로와 굴곡진 꿈의 가상세계는 다시 봐도 명장면이다.

[그림37] 꿈 속 건물 만들기
(출처 : 영화 촬영 이미지)

[그림38] 꿈에서 깨어나는 상황
(출처 : 영화 촬영 이미지)

⑥ 거대 로봇과 한 몸이 되어 우주괴물 카이주를 물리치는 '퍼시픽 림'

【제목】퍼시픽 림 1(2013년 7월 11일 개봉), 퍼시픽 림 2 업라이징(2018년 3월 28일 개봉)

【감독】퍼시픽 림(길예르모 델 토로) / 퍼시픽 림 2(스티븐 S.드나이트)

【배우】롤리 버켓역(찰리 허냄), 마코 모리역(키쿠치 린코), 스태거 펜테코스트역(이드리스 엘바), 허먼 가틀립 박사 역(번 고먼), 뉴턴 가이즐러 박사 역(찰리 데이)

【등급】12세 관람가

【장르】액션, SF, 로봇

【국가】미국

[그림39] 퍼시픽림 1 포스터(출처 : 네이버) [그림40] 퍼시픽림2 업라이징 포스터(출처 : 네이버)

1) 줄거리 : 2025년 지금부터 3년 뒤 미래

〈지금도 로봇개발이 한창인데 3년 뒤 거대 로봇에 시대 상상이 가나요?〉

영화의 시작은 태평양 한 가운데 심해에 우주와 지구를 연결하는 통로인 포털이 생성되며 고질라 크기에 우주괴물(이 영화에선 카이주라 부르는데 일본어로 괴수란 뜻을 갖고 있음)이 지구를 습격한다.

위기에 빠진 지구를 구하기 위해 전 세계는 머리를 맞대고 연구한 결과 카이주 크기와 맞먹는 거대로봇 예거를 만들게 된다(예거는 독일어로 '사냥꾼'이란 뜻). 예거는 드리프트라는 접속방법으로 혼자선 방사능 피해가 커서 조종이 힘들기에 2인 1조가 돼서 서로에 뇌파를 연결해 조종을 하는 로봇이다. 주인공 롤리는 형과 함께 집시 데인저 예거를 조종하며 카이주를 처치하고 승승장구하던 중 5번째 전투에서 형을 잃게 된다.

[그림41] 주인공 롤리 버켓역(찰리 허냄)과 형의 드리프트 후 조정 모습(출처 : 네이버)

형을 잃고 실의에 빠져 5년간 칩거하는 사이 카이주의 공격은 점점 더 거세지는데, 다시 돌아온 롤리는 위기에 빠진 지구를 구할 수 있을지.

[그림42] 주인공 롤리 버켓역(찰리 허냄)과 마코 모리역(키쿠치 린코)에 전투 후 복귀 모습
(출처 : 네이버)

사실 같은 로봇영화인 '트랜스포머' 보다 사실감은 떨어지지만 드리프트라는 접속방법으로 2인 1조가 돼서 서로에 뇌파를 연결해 조종하는 로봇이라는 점에서 로봇을 아바타로 조정하는 설정이 매우 현실감 있게 다가왔던 영화이다. 퍼시픽 림은 5년이 지나 2편인 '퍼시픽 림 2 업라이징'이 나왔지만 주요 내용은 1편과 큰 차이가 없는 내용으로 2021년 애니메이션으로 '퍼시픽 림 어둠의 시간'이 넷플릭스로 방송되고 있다.

[그림43] 주인공 롤리 버켓
(출처 : 네이버)

[그림44] 주인공 롤리 버켓이 조정하는 예거
(출처 : 네이버)

2) 이 영화에서 메타버스 세상 찾기 팁

조종사 2명이 드리프트라는 접속방법으로 2인 1조가 돼서 서로에 뇌파를 연결해 로봇을 조정하는 장면. 카이주를 연구하며 전체 예거들을 통제하는 상황실에서 홀로그램을 통해 포털의 상황을 보여주는 증강현실 장면들이 무척 인상 깊었던 장면들이다. 영화의 시대가 2025년으로 설정됐다는 점에서 2013년에 영화를 봤던 때와 달리 선진국들이 로봇개발 사업에 아낌없는 투자를 하는 시점에서 실제 로봇을 타고 다니며 조종하는 상상을 해보며 메타버스 세상이 더 가깝게 느껴지는 영화이다.

▊7 과거와 미래, 리얼과 픽션을 넘나드는 새로운 세계 '어쌔신 크리드'

【제목】어쌔신 크리드(2017년 1월 11일 개봉)

【감독】저스틴 커젤

【원작】어쌔신 크리드(게임)

【배우】마이클 패스벤더(칼럼 린치 / 아퀼라 역), 마리옹 꼬띠아르(소피아 라이킨 역),
    제레미 아이언스(앨런 라이킨 역)

【등급】15세 관람가

【장르】액션, 중세

【국가】미국

[그림45] 어쌔신 크리드 포스터(출처 : 네이버) [그림46] 어쌔신 크리드 포스터(출처 : 네이버)

1) 줄거리

주인공 칼럼 린치는 어린 시절 아버지가 엄마를 죽이는 모습에 충격을 받아 암흑 속의 삶을 살다 급기야 살인을 저질러 사형수가 돼서 사형이 집행된다. 눈을 뜬 칼럼 린치(마이클 패스벤더 분)는 의문의 조직, 앱스테르고의 과학자 소피아(마리옹 꼬띠아르)에 의해 교도소에서 이곳으로 왔고, 자신의 신원은 이제 죽은 자로 됐다는 설명을 듣게 되며 자신이 왜 이곳에 왔는지를 설명 듣게 된다.

칼럼 린치는 어쌔신의 후손이자 템플 기사단이 쫓는 에덴의 선악과를 찾는 단서를 가진 인물로 유전자 속 숨어 있는 기억을 찾아주는 최첨단 장비인 애니머스를 통해 자신이 암살단 일원인 아귈라르의 후손인 걸 알게 된다. 또한 가상의 세계인 15세기에 살았던 조상 아귈라의 모습으로 변해 템플 기사단으로부터 선악과를 지키는 사명을 받았음을 알게 된다.

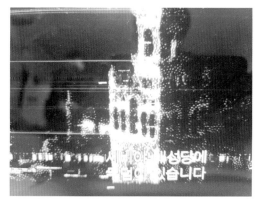

[그림47] 홀로그램 속 콜롬버스의 무덤
(출처 : 영화 촬영 이미지)

[그림48] 선악과
(출처 : 영화 촬영 이미지)

2) 이 영화에서 메타버스 세상 찾기 팁

사실 영화 '어쌔신 크리드'는 유비소프트가 2007년에 출시한 암살 액션 게임 '어쌔신 크리드'가 원작으로 '어쌔신 크리드'는 시리즈를 지칭하는 타이틀이다.

[그림49] 어쌔신 크리드 게임 속 이미지(출처 : 네이버)

    암살단과 템플 기사단 이 두 집단의 갈등은 영화 속 스토리의 주축이 되며 수천 년간 서로 다른 이념으로 대립해왔고, 모든 역사적 사건에 개입해왔다. 영화 속 암살단(하사신)의 어원은 인류의 자유의지를 믿고 부당한 억압으로부터 인간들을 수호하는 수호자 집단으로 묘사되고 있다. 영화 속 주축이 되는 두 집단 가운데 하나인 템플 기사단은 인간의 자유 의지를 없애고 통제와 질서를 통해 평화로운 세상을 구축하려는 조직으로 묘사되며 서로 대립하게 된다.

[그림50] 암살단(출처 : 네이버)

[그림51] 템플 기사단(출처 : 네이버)

주인공 칼럼 린치는 유전자 정보를 연결해주는 애니머스란 기계를 통해 가상의 세계로 들어가 자신의 과거 조상들의 암살자로서 기억을 되찾는다. 이어 템플 기사단과의 대립과 신념을 쫓아 과거의 역사적 사건들 사이로 비집고 들어가 암살자가 돼 박진감 넘치는 액션을 펼치는 게 주요 내용이다.

8 스티븐스필버그 감독의 메타버스 속 세상을 다 보여준 '레디플레이어 원'

【제목】레디플레이어 원(2018년 3월 28일 개봉)
【원작】어니스트 클라인 SF 소설(1956)
【감독】스티븐 스필버그
【배우】타이 쉐리던(웨이드 오웬 와츠 역), 올리비아 쿡(사만다 에벨린 역), 벤 멘델슨
　　　(놀란 소렌토 역), 마크 라이런스(제임스 도노반 할리데이 역)
【장르】액션, SF, 모험
【등급】12세 관람가

[그림52] 레디플레이어 원 포스터(출처 : 네이버) [그림53] 레디플레이어 원 포스터(출처 : 네이버)

1) 줄거리 : 이 영화에 배경은 2045년!

대부분의 사람들이 가상현실 세계인 '오아시스'라는 게임 속에서 살아간다는 세계관을 갖고 있다. 사람들은 오아시스 내에서 자신의 본 모습이 아닌 아바타로 살아간다.

[그림54] 레디플레이어 원에 나오는 다양한 게임 속 캐릭터들(출처 : 네이버)

주인공인 웨이드 오웬 와츠(타이 쉐리던)도 퍼시벌이란 아바타로 살고 있는데 유일한 낙은 대부분의 사람들이 하루를 보내는 오아시스 속 세계인 메타버스에 접속하는 것이다.

[그림55] 오아시스로 들어가는 오웬 와츠
(출처 : 영화촬영 이미지)

[그림56] 오아시스 속 세상
(출처 : 영화촬영 이미지)

가상현실세계인 오아시스(OASIS)에선 2022년 현재 출시되는 오큘러스 퀘스트2의 업그레이드 버전인 고글을 쓰고, 자신이 좋아하는 아바타로 어디든지 갈 수 있고, 뭐든지 할 수 있고, 상상하는 모든 걸 이루며 살고 있다. 주인공은 오아시스에 접속해서 게임을 하며 가상화폐를 획득하는데 가상화폐 없이는 오아시스에선 아이템을 살수가 없고, 희귀아이템을 얻으면 곧바로 현실세계에서 배송을 받게 된다.

[그림57, 58, 59] 오아시스에서 얻게 되는 코인. 코인으로 아이템을 살수도 있고,
아이템을 직접 득템 할 수도 있음(출처 : 영화촬영 이미지)

그리고 현실 세계에서는 한 번도 만나본 적은 없지만 오아시스 안에서는 각자의 개성을 표현하며 여러 아바타 친구들도 사귀는데 이들은 함께 팀이 돼 오아시스의 창시자인 제임스 할리데이가 숨겨 놓은 3개의 열쇠를 찾아 '이스트 에그' 찾기 미션을 수행하는 모험을 그리는 게 이 영화의 주된 내용이다.

[그림60, 61] 오아시스 속 최고 미션 열쇠 찾기와 상금에 열광하는 사람들(출처 : 영화촬영 이미지)

이 영화 속 메타버스 세상은 앞으로 우리가 바뀔 세상을 미리 보여주는 것 같은데 영화의 배경은 2045년이지만 23년이 지난 먼 미래의 이야기가 아니라 '현재 기술력이면 5년에서 10년 안에 메타버스 세상을 공유하고 있지 않을까?'라는 질문을 던져본다. 그 시대에 뒤쳐지지 않으려면 어떻게 메타버스를 응용할지 생각해 보면서 영화를 보면 더 재미있을 것 같다.

2) 이 영화에서 메타버스 세상 찾기 팁

최초의 가상현실 블록버스터로 소개되며 메타버스의 세계를 현실감 있게 그린 레디플레이어 원. 레디플레이어 원은 소설가 어니스트 클라인의 동명소설을 원작으로 스티븐 스필버그 감독이 연출한 작품이다. 2018년에 상영할 때만 하더라도 메타버스란 용어는 무척 생소해 포스터 상단에 '최초의 가상현실 블록버스터'란 표현을 쓴 게임 관련 공상과학 영화 정도로 치부됐었다.

최근 메타버스가 화두가 되면서 이 영화는 메타버스란 세계를 가장 현실감 있게 잘 표현한 대표영화로 인식되며 이 영화가 2022년에 개봉 했다면 포스터 상단에 '최초의 메타버스 블록버스터'라고 써 있을 것이다. 증강현실, 가상현실, 거울세계의 모든 메타버스 세계관을 보여준다.

9 눈을 통해 VR을 착용하고 돌아다니는 것처럼 새로운 메타버스 세상을 연출한 영화 '아논'

【제목】아논(2018년 넷플릭스 개봉)
【감독】앤드류 니콜
【배우】클라이브 오웬(살 프라이랜드 1급 형사 역), 아만다 사이프리드(아논 해커 역), 콜므 포어(1급 형사반장 역)
【장르】SF, 범죄, 판타지, 스릴러
【등급】청소년 관람불가

[그림62] 아 논 포스터(출처 : 네이버) [그림63] 아 논 포스터(출처 : 네이버)

1) 줄거리

영화 '아논(anonymous)'은 말 그대로 익명이라는 뜻으로 정확히 년도를 알 수 없는 가까운 미래 시대가 배경이다. 주인공 살(클라이브 오웬)이 경찰서로 가는 길목 내 시선이 가는 모든 사물과 인물에 대한 정보가 눈을 통해 데이터화 돼서 인식된다.

 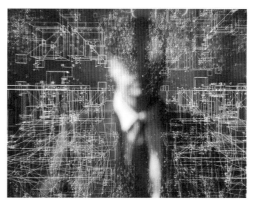

[그림64] 살의 눈의 인식되는 정보들   [그림65] 눈으로 데이터를 찾아가는 장면
　　　(출처 : 영화 촬영 이미지)   　　　(출처 : 영화 촬영 이미지)

한 익명의 여인(아만다 사이프리드)과 스쳐 지나며 정보가 등록되지 않은 점에 의문을 갖고 살펴보던 중 그녀와 만난 데이터까지 지워진 것을 발견하게 된다. 한편 경찰서에선 살인자의 시선에서 정보가 저장된 최초의 살인사건이 발생하게 되고, 연이은 연쇄 살인사건이 발생한다. 사실 형사들에겐 용의자나 목격자의 기억 데이터를 통해 사건을 해결하도록 인식된 권한이 있어 빠르고, 신속하고, 정확하게 범인을 색출하는 시스템이다.

[그림66] 살의 기억을 지운 아논
(출처 : 영화 촬영 이미지)

[그림67] 자신의 흔적을 지워야 하는 이유
(출처 : 영화 촬영 이미지)

하지만 범인의 시선에서 살인사건이 나고, 해커로 인한 데이터가 조작되는 사건은 처음 있는 일이다. 사건을 조작하고, 기억을 지우는 해커를 잡기 위해 주인공 살은 위장 의뢰를 하기로 한다. 주인공 살은 직감으로 거리에서 우연히 만난 여인을 의심하며 쫓게 되는데 살은 사건을 해결 할 수 있을까?

[그림68] 살의 취조과정 중 눈의 나타나는 데이터 　[그림69] 사진 이미지와 데이터 정보를 찾는 과정
(출처 : 영화 촬영 이미지) 　　　　　　　　　(출처 : 영화 촬영 이미지)

메타버스 관련 영화를 쓰면서 여러 영화를 찾아보다가 영화가 끝날 때까지 몰입해서 봤던 영화로 앞으로 가까운 미래 이런 세상도 올 수 있겠다는 생각을 하며 몰입해서 봤던 영화로 참 많은 생각을 하게 하는 영화였다.

기억을 지워주는 직업을 가진 해커(아논)를 찾기 위해 기획수사를 하면서 주인공 살의 눈이 해킹 당해 사물의 기억과 방향성을 잃고 재대로 통제를 못해 힘들어 하는 모습. 오히려 자신의 눈을 감고 해킹당하지 않으려는 주인공 살의 행동들을 보며 눈이라는 인체이식 정보가 주는 편리함 뒤에 해킹 당했을 때를 상상하니 모든 정보를 보는 것도 좋은 건 아니라는 생각을 해보며 범인을 잡으려면 눈에 보이는 것을 믿지 말라는 대사가 인상적이다.

2) 이 영화에서 메타버스 세상 찾기 팁

영화 초반 주인공 살의 눈을 통해 보이는 사물의 데이터 정보들과 형사들 간 대화 없이 데이터를 주고받는 장면들. 그리고 여주인공 아론의 입장에서 신경을 통해 모든 기억 데이터를 확인하고, 수정하고, 지우고, 조작하는 장면들은 증강현실의 형태를 여과 없이 보여주는 장면들로 마치 VR을 쓰고 돌아다니는 것과 같은 착각을 일으키는 스토리 전개가 압권인 영화이다.

⑩ 게임 속과 현실세계를 넘나들며, 다이나믹하게 그린 영화 '프리가이'

【제목】 프리가이(2021년 8월 11일 개봉)

【감독】 숀 레비

【배우】 가이 역(라이언 레이놀즈), 밀리 역(조디 코머), 키스 역(조 키리)

【등급】 12세 관람가

【장르】 액션, 모험

【국가】 미국

【러닝타임】 115분

[그림70] 프리가이 포스터(출처 : 네이버)   [그림71] 프리가이 포스터(출처 : 네이버)

1) 줄거리

영화 '프리가이'는 프리시티라는 가상세계 속에 살고 있는 인물로 주인공 가이 자체가 가상인물이다. 본인이 게임속 보조역할로 나오는 NPC지만 우연한 계기로 몰로 토프걸 '밀리'를 만나면서 게임 속 유저들이 조작하는 선글라스(VR)를 쓰게 된다. 이로써 본인의 정체성을 각성하게 되고 NPC 역할에서 벗어나게 된다는 내용이다.

[이 영화의 이해를 돕기 위해 게임 속 주인공의 캐릭터인 NPC에 대해 알아보면, NPC(NON PLAYER CHARACTER) 캐릭터는 게임에서 사람이 직접 조작하지 않는 캐릭터를 말한다. 게임 속에선 은행원, 행인, 상인, 지나가는 시민 1, 2, 3, 구경꾼, 또는 동료나 적일수도 있다. 미션임무를 주거나 또는 아이템을 주는 인물 즉, 게임을 주도하는 주인공이 아닌 대사가 몇 개 없는 보조역할(엑스트라)로 게임 속 유저들이 조작하는 캐릭터는 선글라스(VR)를 쓰지만 NPC는 선글라스를 쓰지 않는다.]

프리시티라는 게임 속 NPC 가이(라이언 레이놀즈)는 매일 같은 날들을 살아가는 은행원으로 동료인 은행 경비원 버디(릴 렐 하워리)와 다니는데, 여자 캐릭터 몰로토프걸 밀리(조디 코머)를 만나 선글라스를 쓰게 되고 NPC때 보지 못한 새로운 세상을 경험하게 된다.

[그림72] 선글라스를 쓰고 메타버스 속 새로운 세상을 경험하는 중(출처 : 네이버)

현실세계 속 주인공인 밀리는 게임코드 복제 관련 프리 시티를 서비스하는 회사를 상대로 조사하고 있던 중 게임 속 각성한 NPC 가이를 만나고 게임 속의 세상에서 증거를 찾아가는 게 주요 내용이다.

2018년에 개봉한 '레디플레이어 원'이 메타버스 속 가상현실 세계를 게임 화면 같은 CG로 촬영하며 재미를 준 반면, 2021년 최근에 개봉한 '프리가이'는 실시처리 된 게임 속의 화면이 무너지는 장면을 CG로 구현하며 마치 게임 속에 들어와 있는 것 같은 가상현실 체험이 흥미를 유발한다.

[그림73] 실제 도시가 무너져 내리는 화면(출처 : 네이버)

2) 이 영화에서 메타버스 세상 찾기 팁

NPC 가이의 모습을 통해 보는 게임 세상과 각성한 가이를 통해 보는 게임 세상이 어떻게 다른지 거울세계에서 메타버스 세계관을 찾아보면 더 재미있게 감상할 수 있다.

Epilogue

필자는 밀레니엄 이전 시대인 60년도에 태어나 청소년기인 70~80년대와 성인이 된 90년부터 현재까지 특히 SF 영화를 즐겨 봤다. 당시를 회상하면 막연한 공상과학 영화로 생각하며 꿈을 키워 왔던 것 같다.

그러나 앞자리가 바뀐 2000년에 와선 SF 영화를 단순 공상과학 영화로만 보며 흘려버리지 않고, 앞으로 바뀔 미래에 대한 기대감을 갖고 영화를 봤다. 또 다시 22년이 지난 현재 대다수의 SF 영화들은 메타버스 세상을 영화로 표현하고 있다. 그만큼 메타버스 세상은 우리에게 현실로 다가왔음을 증명하고 있다.

이젠 일상이 돼버렸다고까지 표현하긴 이르지만 청소년들 사이에서 인기 있었던 아바타 놀이가 이젠 성인들의 놀이로 자리매김하고 있다. 어쩌면 모든 산업, 경제, 정치, 문화 전반에 걸쳐 아바타가 등장하는 시대를 살고 있기에 현실감이 더 와 닿는 것이다.

그러나 SF 영화 속 한 가지 염려스러운 건 아바타가 나오는 대부분의 메타버스 영화들은 아바타에 접속하면 새로운 세상을 경험하게 된다. 하지만 사실 인간은 정해진 공간과 정해진 기계에 의존해 아바타와 접속하다보니 활동이 제한되고 외부 충격으로부터 매우 불안전한 모습들을 보여준다.

앞으로 기술이 발전돼서 외부충격으로부터 인간들이 보호받는 시스템이 SF 영화에서 먼저 만나 볼 수 있기를 기대한다. 새로운 세상을 경험하고, 느끼고, 살아가는 세상에 대한 모든 것들을 메타버스 영화로 나마 먼저 만나봐서 좋은 것 같다.

이 책에 쓴 SF 영화들은 밀레니엄 이후 시대인 2002년 '마이너리티 리포트'를 시작으로 연도순으로 2021년 상영한 '프리가이' 까지 총 10편의 영화를 살펴봤다. 시간의 흐름 속에서 SF 영화 속 메타버스 세상을 어떻게 그려냈는지를 표현해보고 싶었다. SF 영화를 만드는 거장 감독들의 메타버스 세상을 최대한 표현하려고 했다.

SF 영화를 만드는 거장 감독들의 상상 속 메타버스 세상은 단순히 꿈이 아니었다. 공상과학도 아닌 우리들의 미래이고 우리가 만들어갈 세상 이라는 걸 인식하고 앞으로 SF 영화를 통해 좀 더 깊이 있게 다가올 메타버스 세상 속으로 빠져보기를 기대해 본다.

Chapter **3**

메타버스
교육용 저작도구

최 주 형

메타버스 교육용 저작도구

Prologue

코로나19(COVID-19)는 교육 분야도 많은 변화를 시키고 있다. 2년 동안 비대면 수업이 지속되면서 온라인수업, 블랜디드러닝(대면과 비대면 혼합형) 수업형태로 변화됐다. 교육콘텐츠도 다양하게 생성되면서 온라인 수업에 용이한 환경으로 점차 변화되고 있다. 하지만 온라인 수업이 지속되면서 교수자와 학습자간의 부족한 상호작용과 소통 부재로 흥미와 집중이 떨어지고 이러한 문제로 학력 격차까지 우려하고 있다.

한국교육학술정보원(2020)에서 실시한 설문조사에 따르면 초등학생들은 원격수업의 어려운 점으로 집중력 저하(34.03%), 소통 부족(32.57%)이 크게 차지했다. 이러한 문제점을 극복하고자 교수자들은 학습자의 교육몰입을 위해 실시간 상호작용이 가능한 제페토, 게더타운 같은 메타버스 플랫폼 등을 이용해 대화, 설명, 토론, 체험 등 능동적인 활동을 이끌면서 비대면 교육 활동영역으로 발전시키고 있다.

하지만 여기에 또 다른 문제점은 메타버스 플랫폼은 국경 없이 전 세계인들과 만나기 때문에 청소년 디지털 성범죄, 개인정보 유출, 지나친 엔터테인먼트 요소로 인한 학습효과 저하가 우려된다. 또한 메타버스 플랫폼 간의 사용 연령기준이 모두 상이하고 관련 규정이나 지침이 미약하다는 게 문제이다. 특히 게더타운의 경우 최근 사용 연령제한이 14세 이상으로 바뀌면서 기존 교수자들이 교육용 메타버스 플랫폼으로 갈아타고자 이농하고 있다.

[그림1] 메타버스 플랫폼별 연령 제한

「메타버스 교육용 저작도구 편」에서는 메타버스 교육을 시도하고자 하는 교사, 강사 선생들을 위해 교육용 저작도구 툴을 몇 가지 소개하며 기능과 교육활용 예시를 보여주고 수업에 활용할 수 있도록 구성했다.

1 VRWARE Edu School

'VRWARE Edu School'은 가상현실 저작 소프트웨어로 제공되는 지형과 다양한 오브젝트, 캐릭터 등 여러 도구로 자기만의 가상공간을 직접 꾸밀 수 있다. OX 퀴즈, 유튜브 영상 링크, 이미지, 포탈, 구글 스트리트 뷰 등 이벤트를 넣어 인터랙티브한 공간(Map)을 만들 수 있다. 뿐만 아니라 나의 공간을 친구들에게 공유해 초대하고 함께 활동할 수 있고 안드로이드 앱을 통해 내가 만든 공간을 VR기기로 플레이 할 수 있다.

[그림2] VRWARE Edu School 프로그램 메인 화면   [그림3] 다운로드 연결

    사용자 유형별(학생, 선생님, 일반)로 회원가입이 가능하기 때문에 초등학생도 쉽게 회원 가입을 할 수 있다.

[그림4] 회원가입 유형(출처 : VRWARE School)

PC용 전용 프로그램은 설치가 쉽고 프로그램이 가볍다. 시스템 별 권장 사항은 [그림5]
와 같다.

시스템 최소/권장사양 안내		
구분	최소사양	권장사양
프로세서(CPU)	Intel® Core™ i3 또는 AMD Phenom™ X3 8650	Intel® Core™ i5 또는 AMD Phenom™ II X3 또는 그 이상
메모리(RAM)	4 GB RAM	6 GB RAM
그래픽카드(VGA)	NVIDIA® GeForce® GTX 460, ATI Radeon™ HD 4850, 또는 Intel® HD Graphics 4400	NVIDIA® GeForce® GTX 660 또는 AMD Radeon™ HD 7950 또는 그 이상
하드디스크(HDD)	30 GB 이상의 하드 드라이브 여유 공간	
운영체제(OS)	Windows® 7 / Windows® 8 / Windows® 10 64-bit	

[그림5] 프로그램 설치 권장 사양 안내(출처 : VRWARE School)

학습자에게는 계정관리 시스템이 제공되며 학습자는 학급코드를 통해 교수자(선생님)가
개설한 반에 가입도 가능하다.

[그림6] 학급관리 기능(출처 : VRWARE School)

1) 주요 상호작용 기능

(1) OX퀴즈

이미지와 텍스트를 넣을 수 있고 여러 개의 문항을 넣어 OX 퀴즈를 만들 수 있다.

[그림7] VRware school OX퀴즈 적용예시(출처 : VRWARE School)

(2) 전광판

동영상, 이미지, URL 방식으로 삽입한 후 체험 맵에서 확인할 수 있다.

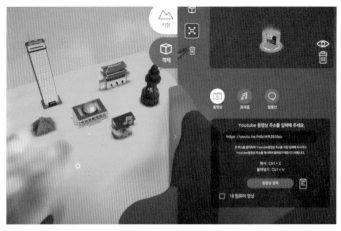

[그림8] VRware school-전광판기능(출처 : VRWARE School)

(3) 구글 스트리트뷰

구글지도를 이용해 웹페이지를 연결한다.

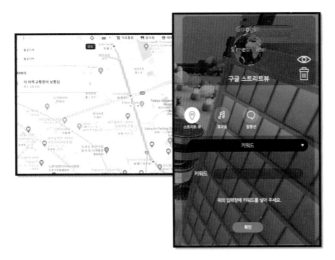

[그림9] VRware school-구글스트리트뷰 기능(출처 : VRWARE School)

(4) 포 탈

내가 만든 다른 맵(공간)으로 이동한다.

[그림10] VRware school-포탈기능(출처 : VRWARE School)

(5) 360도 영상

내 PC, 유튜브 영상 중 360도 영상을 찾아 선택해 삽입할 수 있다.

[그림11] VRware school-360도영상 삽입기능(출처 : VRWARE School)

2) 12종 테마맵과 다양한 오브젝트

농장, 우주, 사막, 공룡시대, 미래도시 등 기본 템플릿과 오브젝트로 구성돼 있다.

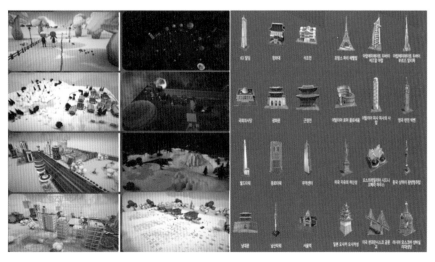

[그림12] VRware school-12종 테마맵과 오브젝트(출처 : VRWARE School)

3) VR 교육활동

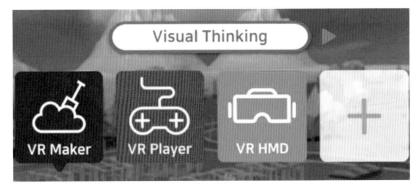

[그림13] VRware school-엑티비티한 교육활동 서비스(출처 : VRWARE School)

(1) VR Maker

제공된 템플릿을 이용해 가상공간(VR)을 직접 만들 수 있다.

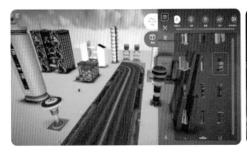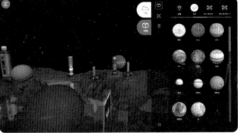

[그림14] VRware school-VR Maker(출처 : VRWARE School)

(2) VR Player

자신이 만든 가상공간(map)을 직접 체험할 수 있다. 플레이모드로 변경해 나의 아바타로 테스트할 수 있다.

[그림15] VRware school-VR Player(출처 : VRWARE School)

(3) VR HMD

자신이 만든 가상공간을 HMD(Head Mounted Display)로 체험할 수 있다(단 안드로이드폰에 별도 app 설치 후 이용 가능).

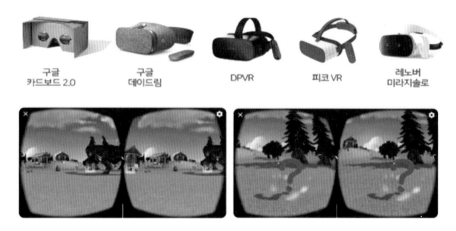

[그림16] VRware school-VR HMD(출처 : VRWARE School)

(4) Meta Player

자신이 만든 가상공간에 친구들을 초대해 함께 map투어 할 수 있다.

[그림17] VRware school-Meta Player(출처 : VRWARE School)

4) 디자인 씽킹

그림판 3D와 연동해 오브젝트를 창작해 삽입할 수 있다.

[그림18] VRware school-디자인 씽킹(출처 : VRWARE School)

(1) 3D 오브젝트

그림판 3D 프로그램을 호출해 오브젝트를 만들고 내가 만든 공간에 추가할 수 있다.

[그림19] VRware school-그림판3D와 연동(출처 : VRWARE School)

(2) 3D Builder

3D 빌더에서 다양한 도구를 사용해 직접 3D 오브젝트를 기획하고 만들 수 있다.

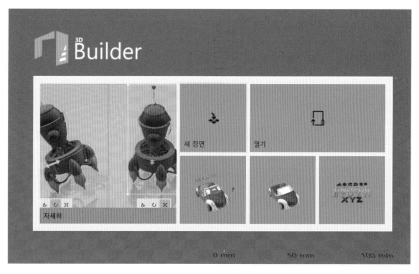

[그림20] VRware school-3D Builder연동(출처 : VRWARE School)

(3) 3D Download

VRWARE School에 있는 오브젝트를 → 내 컴퓨터에 다운 받은 후 그림판 3D에서 수정할 수 있다.

[그림21] VRware school-제공된 오브젝트 다운로드 가능(출처 : VRWARE School)

5) SW 교육활동

VR coding, 피지컬 교구와 연동해 코딩교육으로 확장할 수 있다.

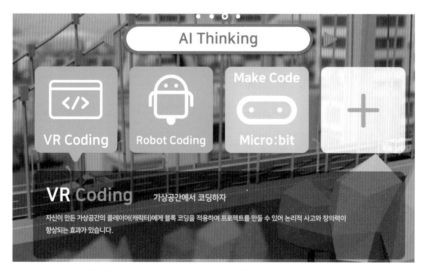

[그림22] VRware school-코딩(출처 : VRWARE School)

(1) VR Coding

플레이어에게 블록 코딩을 적용해 동작시킨다.

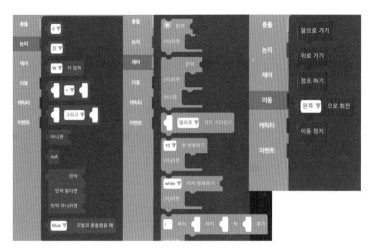

[그림23] VRware school-VR Coding(출처 : VRWARE School)

(2) Robot Coding / Make code

지니봇과 마이크로 비트를 연계한 로봇코딩이다.

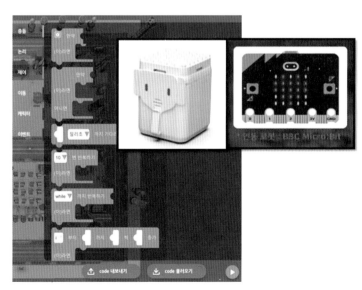

[그림24] VRware school-Robot Coding(출처 : VRWARE School)

6) 메타버스 교실

가상교실에서 선생님과 친구들과 함께 수업을 진행할 수 있다.

[그림25] VRware school-Meta classroom(출처 : VRWARE School)

[그림26] VRware school-Meta classroom 예시(출처 : VRWARE School)

※ 현재 교실만 오픈됨(농장, 병원, 실험실, 강당, 축구장, 초등학교 등 준비 중)

7) VRware School 활용사례 및 학생작품

VRware School을 활용한 교육 예시로는 세계랜드마크, 유네스코문화유산, 과거도시 VS 미래도시 조상들의 삶 엿보기, 미래 스마트팜, 넌센스 방 탈출게임, 우리 반 작품전시회, 우주태양계, 조선왕조계보, 가상 전시실, 가상 세미나 등이 있다.

(1) 학생작품

<작품명 : 휴일섬>   <작품명 : 문화재 시티>

<작품명 : 랜드마크 섬>   <작품명 : 광화문>

[그림27] VRware School-학생들 작품

[그림28] 학생작품1   [그림29] 학생작품2   [그림30] 학생작품3

8) 라이센스 가격

구분	Lite (Free)	Home (개인)	Tutor (강사전용)	Lab (학원 및 연구소)	Class (학교)
가격	1주일 무료	1인 9,900원/월 56,000원/년	강사1인+ 학생30인 30만원/년	강사2인+ PC10대 5만원/월 50만원/년	교사1인+ PC30대 280만원대/년

혜택	• 지형제작
	• 기본 오브젝트
	• VR체험 기능지원
	• 블록 코딩 학습
	• 로봇 코딩 연동
		+
		• 이벤트 기능추가
		• 블록 코딩 연동
		• 로봇 코딩 연동
			+
			• 이벤트 기능추가
			• 블록 코딩 연동
			• 로봇 코딩 연동
			• 학생계정관리
			  시스템제공
				+
				• 이벤트 기능추가
				• 블록 코딩 연동
				• 로봇 코딩 연동
				• 담당자 무료계정
				  및 관리시스템
					+
					• 이벤트 기능추가
					• 블록 코딩 연동
					• 로봇 코딩 연동
					• 담당자 무료계정
					  및 관리시스템

[표1] VRware School-라이센스 비용

2 artsteps

계정만 있으면 별도의 프로그램 설치 없이 크롬 브라우저를 통해 쉽게 접근할 수 있다. 아티스트 개인작품 전시회부터 졸업 작품전시회, 기관예술행사, 기업브랜드 홍보 등 다양하게 활용된다. 프리미엄 유료서비스 기능을 이용하면 개인 전시회를 브랜딩화 할 수 있는 유연한 활동들이 제공되지만 교육용 도구로 활용할 경우 무료 서비스만으로도 충분하다.

[그림31] artseps-가상 전시회(출처 : 저자가 만든 공간) [그림32] artseps 홈페이지

1) 전시 템플릿 제공

4가지 공간 템플릿을 이용해 디자인할 수 있다.

[그림33] artseps-기본 템플릿(출처 : artseps 홈페이지)

2) 직접 디자인

벽을 원하는 형태로 간단히 세우고 바닥, 벽의 색을 바꿀 수 있다.

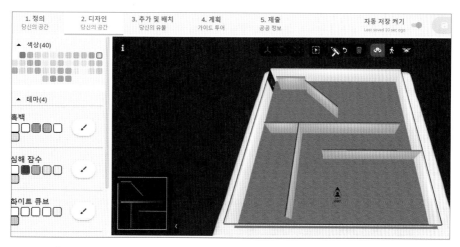

[그림34] artseps-가상전시회 공간 디자인(출처 : artseps 홈페이지)

(1) 전시 공간 디자인(배치)하기

이미지, 동영상, 3D개체를 업로드 또는 링크할 수 있다.

[그림35] artseps-전시 작품업로드(출처 : artseps 홈페이지)

(2) 가이드 투어

원하는 포인트에 음원파일 또는 URL로 가이드 소리 추가가 가능하다.

[그림36] artseps-가이드투어 음원 삽입(출처 : artseps 홈페이지)

(3) artsteps 활용사례 및 학생작품

　artsteps를 이용한 활용예시로는 가이드 투어를 연결한 스토리텔링, 우리 반 작품전시회, 시대별 유물 및 의상 전시회, 학생 개인전시관, 성장일기, 여행지 안내, 탐구조사발표 등이 있다.

[그림37] artseps 활용사례(출처 : artseps 홈페이지)

[그림38] artseps 학생작품1　[그림39] artseps 학생작품2

3 픽셀아트(Pixilart)

'픽셀아트(Pixilart)'는 초보자도 쉽게 2D 픽셀형태로 디지털 작품을 만들 수 있는 그리기 무료 플랫폼이다. 픽셀아트, 게임아이템, GIF 애니메이션까지 초급에서 고퀄리티 작품까지 만들 수 있다. SNS 또는 구글 계정만 있으면 쉽게 회원가입이 되고 계정이 없는 학생들은 비회원으로 그냥 이용하면 된다. 단, 도안 저장은 불가능하다.

♥ PIXILART

[그림40] Pixilart-그리기 저작 도구   [그림41] Pixilart-홈페이지 바로가기

[그림42] Pixilart-화면 UI가 크고 직관적이다(출처 : pixilart홈페이지)

최근 NFT 시장에서 고액으로 판매된 '크립토펑크'도 역시 픽셀아트 작품이다. NFT 디지털 아트 열풍으로 픽셀아트 플랫폼이 인기가 많다.

[그림43] 위-크립토펑크(출처 : 크립토펑크 홈페이지)
아래-픽셀아티스트 쿠키님의 작품(출처 : pixilart홈페이지)

Pixilart활용 사례로는 NFT 크리에이터 체험, 디지털 아트 만들기 등이 있다.

[그림44] 픽셀아트 작품 보기

(주)앤닷라이트에서 개발한 초보자를 위한 3D모델링 소프트웨어 '엔닷캐드'는 UI가 쉽고 직관적인 기능으로 빠르고 쉽게 모델링이 가능하다. 유니티, 언리얼 엔진, 로블록스, 제페토, 마인크래프트 등 다양한 메타버스 플랫폼에서 활용할 수 있는 3D콘텐츠 저작도구이다.

멤버십에 따라 라이센스 비용과 제공되는 기능이 다르게 구분되지만 무료버전의 기본 기능만으로도 충분히 교육용으로 활용이 가능하다. 또한 교육에 필요한 교안과 튜토리얼 영상을 누구나 무료로 사용할 수 있다.

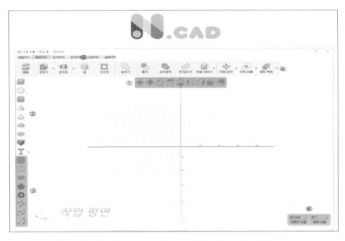

[그림45] 앤닷캐드 홈 화면(출처 : 앤닷캐드)

[그림46] 앤닷캐드로 구현한 메타버스 공간   [그림47] 앤닷캐드 다운로드 바로가기

(출처 : 앤닷라이트)

1) 기본 템플릿으로 모델링

기본적으로 플랫폼에서 주어지는 템플릿만으로도 모델링이 가능하다.

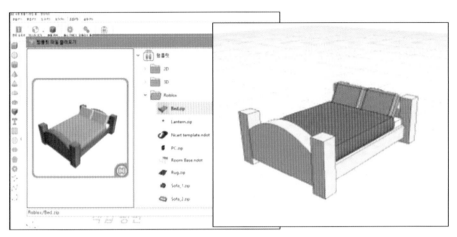

[그림48] 앤닷캐드-제공 템플릿으로 디자인하기(출처 : 앤닷캐드)

2) 캐릭터, 제품 모델링

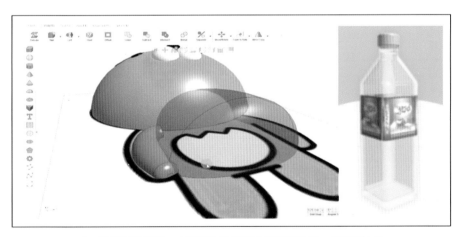

[그림49] 앤닷캐드-캐릭터와 제품모델링(출처 : 앤닷캐드)

3) 공간 모델링

예시) 나만의 방을 모델링 한 후 메타버스 플랫폼에 업로드

[그림50] 앤닷캐드-공간 모델링(출처 : 앤닷캐드)

4) 아이템 모델링

예시) 아이템 제작 후 메타버스 플랫폼으로 업로드

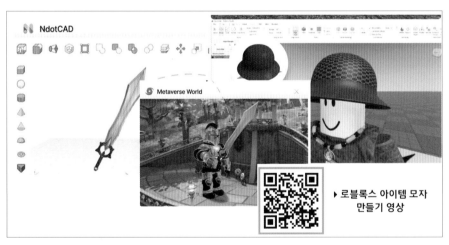

[그림51] 앤닷캐드-게임 아이템 또는 아바타 소품제작(출처 : 앤닷캐드)

5) 앤닷캐드 활용 사례

(1) 메타버스 공간제작으로 활용

모델링을 통해 제작한 것을 메타버스 공간으로 옮겨 공간제작을 할 수 있다.

[그림52] 앤닷캐드-로블록스 공간에 업로드(출처 : 앤닷캐드)

(2) 게임 아이템으로 활용

아이들의 흥미와 참여도를 높일 수 있는 게임 아이템으로도 활용이 가능하다.

[그림53] 앤닷캐드-로블록스 게임 맵에 업로드(출처 : 앤닷캐드) [그림54] 레이싱카 만들기 수업

6) 라이센스(멤버십) 비용

구 분	베이직	스탠다드 (개인)	교육용 (교육 및 공공기관)	네트워크용 (교육기관 및 기업)
가 격	무료	월 13,900원 1년 이용권 9,900원/월	1년 이용권 220,000원	1년 이용권 275,000원
혜 택	• 기본 기능	+ • 광고 제거 • 유료 3D템플릿 • 기타 전문 기능	+ • 광고 제거 • 유료 3D템플릿 • 교육용 교안 • 기타 전문기능	+ • 최소 수량 10개 • 광고 제거 • 유료 3D템플릿 • 교육용 교안 • 기타 전문기능

[표2] 앤닷캐드 멥버십 비용(출처 : 앤닷캐드]

5 ZEP Edu

젭 에듀(ZEP Edu)는 메타버스 플랫폼 'ZEP'과 네이버의 에듀테크 플랫폼 '웨일 스페이스'가 협력해 출시한 교육용 메타버스 플랫폼이다. 학생과 교사는 웨일 스페이스 계정을 갖고 있다면 시간과 장소 제약 없이 무료로 ZEP Edu를 이용해 가상 학급에서 수업을 진행하거나 상호작용할 수 있다. 수업에서 활용할 프로그램과 홈페이지를 선생님이 미리 설정해 두면 학생들은 별도의 프로그램 설치 없이 동일 환경을 경험할 수 있다.

아바타 형성과 미니 게임, 이모티콘 사용 등을 통해 수업의 흥미와 집중도를 높일 수 있고 영상, 이미지 상호작용을 통해 비대면 커뮤니케이션이 가능하다.

또한 같은 공간에 최대 5만명까지 접속이 가능하고 모바일 어플리케이션을 출시하여 접근성과 활용도까지 끌어 올렸다. 참고로 젭(ZEP)에듀 버전은 에셋스토어 기능은 제공하지 않는다. 국내파인 '젭(ZEP)'과 해외파인 '게더타운' 이 두 플랫폼이 당분간은 각축전을 벌일 것으로 예상이 된다.

[그림55] ZEP Edu-가상교실(출처 : 웨일스페이스)

1) 영상, 이미지 공유 가능

영상이나 이미지 공유가 가능하다.

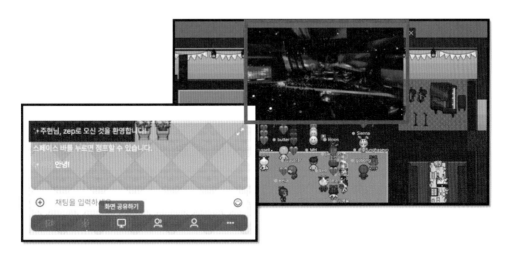

[그림56] ZEP Edu-영상공유(출처 : 웨일스페이스)

2) 오디오, 비디오를 통해 참가자 확인

같은 방에 있는 참여자들과 오디오, 비디오, 채팅을 통해 ZOOM처럼 소통이 가능하다.

[그림57] ZEP Edu-참가자 확인(출처 : 웨일스페이스)

3) 개인 아바타 설정

개인의 아바타를 이름이나 현재의 상태, 피부, 얼굴, 헤어, 의류 등 다양하게 꾸밀 수 있다.

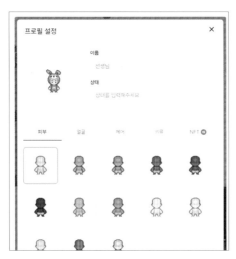

[그림58] ZEP Edu-나의 아바타 꾸미기(출처 : 웨일스페이스)

4) 맵 에디터

나만의 공간도 직접 꾸밀 수 있다.

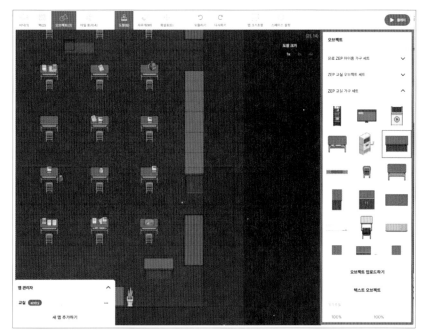

[그림59] ZEP Edu-맵 에디터(출처 : 웨일스페이스)

5) 기타 유용한 기능

수업에 활용할 수 있는 유용한 도구들을 제공 한다.

(1) 유튜브 : 유튜브 주소를 붙여 넣으면 아바타가 있는 장소에 유튜브 영상이 활성화 된다.

(2) 이미지 : 내하드 드라이브에 있는 이미지를 선택 삽입 하면 함께 공유하여 볼 수 있다.

(3) 파일 : 내하드 드라이브에 있는 파일(PPT, HWP)을 선택 삽입하면 다른 사람이 다운 받을 수 있다.

(4) 화이트보드 : 도형과 텍스트, 이미지를 삽입하고 그림도 직접 그릴 수 있는 빈 메모장 이 나타난다. 화이트보드 기능을 이용하여 다른 사람에게 아이디어를 공유하고 설명 할 수 있다.

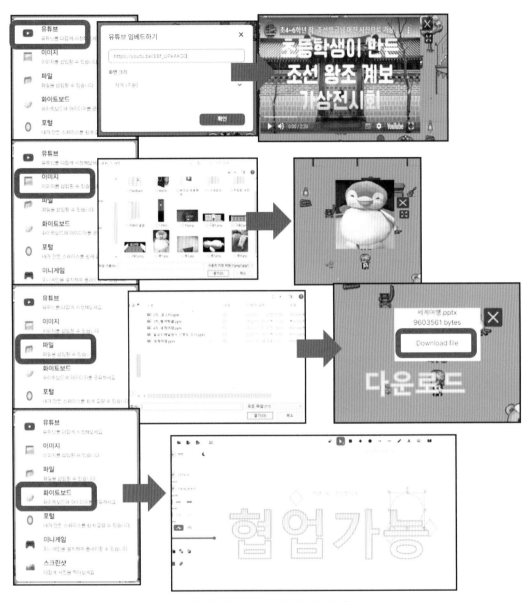

[그림60] ZEP Edu 기타 유용한 기능

6) ZEP Edu 신청방법

웨일 스페이스 도입을 희망하는 학교들은 각 소속 교육청 또는 시도 담당자의 가이드에 따라 생성을 진행한 후 학교 관리자가 교사·학생계정을 직접 생성하고 관리할 수 있다.

〈각 시도 교육청 별 웨일 스페이스 담당 부서 및 학교 지원 가이드〉

[그림61] ZEP Edu 학교 신청가이드(출처 : 웨일스페이스)

⑥ 기타 플랫폼 ·····················

1) 모질라 허

가상 협업 플랫폼으로 자신이 그린 그림이나 제작한 영상을 갤러리 형태로 전시하고 친구들을 초대해 같은 공간 안에서 아바타가 돌아다니면서 감상하며 대화할 수 있다. 같은 공간에서 서로 작품을 업로드하며 피드백을 주고받을 수 있는 커뮤니티형이기도 하다.

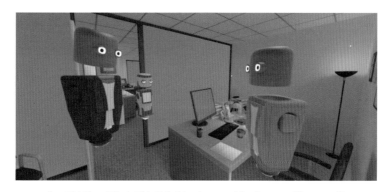

[그림62] 모질라 허브(출처 : https://hubs.mozilla.com/)

2) 코스페이스 에듀

3D 객체 및 Camara 제어를 통한 AR/VR 공간을 구축할 수 있다.

[그림63] 코스페이스 에듀(출처 : https://cospaces.io/edu/)

3) 스페이셜 (https://spatial.io/)

3D입체 공간의 플랫폼으로 최근 크리에이터와 NFT아티스트 중심으로 사용되고 있다. 원래 스페이셜은 회의나 협업을 위한 플랫폼으로 시작했기 때문에 대화, 작업 공유는 기본이고, 웹브라우저 검색, 그림 및 메모, 스크린 공유, 구글 드라이브, MS오피스365 등 외부 앱도 연동 된다.

또한 사용자의 사진으로 15초만에 꼭 닮은 실감나는 아바타를 만들고 URL 주소 링크만으로 웹과 모바일에서 쉽게 접근이 가능하며 '제네시스 드롭'을 통해 아티스트가 만든 작품을 NFT(대체불가능토큰) 형태로 판매할 수 있다. 한 공간에 최대 50명 (무료버전) 까지 입장 가능하며 작품 전시회, 동아리, 소그룹 등 다양한 활동 공간으로 사용할 수 있다.

[그림64] 스페이셜 플랫폼(출처:스페이셜 홈페이지)

Epilogue

지금의 메타버스는 발전 초기 단계라 '메타버스는 이것이다. 이것이 맞다'라고 정의할 순 없다. 하지만 중요한 것은 가상세계는 하나가 아니라 다양한 가상세계가 존재하며 사람들은 디지털식으로 상호작용을 통해 문화와 커뮤니케이션을 형성하고 있다는 것이다.

현실에서만 활동했던 사회·경제 활동들이 가상공간에서도 똑같이 이뤄지고, 그 영역이 확장되고, 참여율이 높아지면서 이제는 가상세계를 단순히 이해하는 것을 넘어 적극적으로 활용하고 활동해야 한다.

그 이유는 코로나19라는 팬데믹 상황에 의해 반강제로 시작된 온라인 수업은 시간과 공간의 한계를 넘어서 가상세계와 만나면서 또 다른 가치와 문화를 창조하고 있고 인류의 삶을 보다 풍요롭고 편리하게 만들어 주기 때문이다.

첫째 메타버스 특성을 적극 활용해 학생들의 능동적이고 주체적인 활동을 가능케 했다. 가상세계라 할지라도 실제와 같이 구현된 장소에 찾아가서 보고, 듣고, 배우는 시간을 보낼 수도 있기 때문에 몰입도 높은 학습효과를 극대화 할 수 있다. 이제 메타버스 플랫폼은 단순히 게임이나 커뮤니티용만이 아닌 미래교육 활동의 중요한 도구가 된 것이다.

둘째 메타버스는 새로운 직업군을 만들고 있다. VR기기와 메타버스를 구현한 관련기술이 무서운 속도로 발달함에 따라 메타버스 공간디자이너, 아바타 디자이너, 메타버스 크레이터, 3D콘텐츠 디자이너, VR콘텐츠 관련직업, 브이튜버(버츄얼유튜버) 등 다양한 직업들이 생기고 있다.

메타버스 활용교육은 새로운 직업에 대한 이해와 체험을 제공하고 주입식 교육이 아닌 자기 주도적 학습을 제공하기도 하며 협업과 공유를 통해 새로운 사회적 소통 공간임을 보여줬다. 메타버스의 교육적 활용가치를 제대로 이해하고 반대로 법과 규제가 마련되지 않은 위험한 상황을 인지해 부작용을 최소화한 잘 설계된 수업을 제공해야 한다.

그래서 그동안 제가 연구하고 실제 수업에 활용했던 사례들 몇 가지를 공유하고 소개함으로써 교육기관과 학생들 대상 강의를 준비하신 여러 강사님들에게 조금이나마 도움이 되길 바라는 마음으로 교육용 저작 도구(플랫폼)을 안내한다.

메타버스 타고
변화하는 교육

이 지 현

메타버스 타고 변화하는 교육

Prologue ···

학교는 변화의 속도가 느리다. 새로운 시대의 기술이 나타나면 한참 뒤에야 교실 속으로 들어오는 편이다. 집마다 놓여 있던 전화기도 교실마다 들어가기까지 오랜 시간이 걸렸다. 2000년대가 되고서야 컴퓨터도 교실마다 배치되었다. 하지만 코로나-19를 맞이하면서 거북이였던 학교를 빠르게 변화하라고 떠밀어 버린 듯하다. 대면 수업이 곧 교육이라고 믿는 학교 교육의 고정 관념을 송두리째 바꿔 버렸다. 만날 수 없으니 온라인으로 수업을 이어 나갔다. Zoom이라는 새로운 시대의 기술은 획기적인 방법이다. 하지만 어떤 기술이든 단점은 있기 마련이다. MZ세대의 생기발랄함을 따라잡으려면 학교도 시대에 따라 변해야 한다. Zoom을 활용한 수업이 처음에는 교실이라는 공간을 벗어나 신선하게 다가왔다. 하지만 다양한 활동 없이 교사가 제시하는 자료를 수동적으로 지켜봐야 하는 학생에게는 지루함을 주기도 한다. 이런 단점에 적극성을 부여할 수 있는 도움을 메타버스에서 찾을 수 있는데, 메타버스의 어떤 매력이 MZ세대의 학생들을 능동적으로 움직이게 하는지 알아봐야 겠다.

1 메타버스와 교육 ··

교사와 학습자가 물리적인 공간에 모여 학습 활동을 해야 제대로 된 교육이 이뤄지는 것이라고 믿는 경향이 강했다. 그런 교육 현장이 MZ세대의 자유로운 사고방식에 발맞춰 나가려고 하는 듯 메타버스와 결합하여 가상세계 안으로 옮겨진 새로운 모습을 보여주고 있다. 이런 학습 환경 변화의 흐름은 지금까지 보여 왔던 변화 속도와는 비교할 수 없을 만큼 빠르다. 오히려 열광적이기까지 하다.

메타버스의 4가지 유형 중 사회·경제·문화 활동을 현실 세계와 같은 모습으로 이뤄지게 할 수 있는 가상세계 속의 메타버스가 교육과 만나게 된 결정적인 이유는 무엇일까? 물리적 공간에서 교사와 학습자가 함께여야 한다는 교육 현장이 빠른 속도로 변화하게 된 원인은 어디에 있는 것일까?

코로나-19 상황이 교육 현장의 변화를 가속화 했다는 데 반대 의견을 내놓을 사람은 없을 것이다. 코로나-19는 사회 전체를 뒤흔들어 같은 공간에서 대화할 수 없게 했다. 교실이라는 공간에서 서로 얼굴을 맞대며 학습할 수 없는 상황을 만들어 버린 것이다. 영상이나 학습지를 보며 혼자 학습하는 것은 학교나 교육 현장의 의무가 아니라며 교사와 학습자가 상호 작용하며 학습하는 대처 방안을 요구하는 목소리가 높아졌다. '줌(Zoom)'을 활용한 수업이 대안으로 떠올랐다.

'줌'(Zoom)에서 학습자가 교사와 얼굴을 맞대며 학습 활동을 하는 것을 보면서 영상이나 학습지를 활용한 개별 학습보다 훨씬 효율적인 방법이라며 환영했다. 시간이 지나면서 정말로 학습은 효율적으로 이뤄졌을까? 물론 좀 더 재미있는 '줌(Zoom)' 수업을 진행하기 위한 교사들의 다양한 적용 방법 연구도 많이 나타났다. 하지만 그런 노력에도 불구하고 학습자의 자발적인 참여, 흥미, 적극성, 교육목적 달성 등에 '줌(Zoom)'이 가진 한계성은 분명히 있었다.

'줌(Zoom)'을 활용한 수업이 진행되고 있는 교실이다. 교사의 진행에 따라 열심히 학습하는 학생들과 달리 다른 표정을 짓는 학생이 보인다. '줌(Zoom)'의 단점을 확인할 수 있는 장면이다. 교사와 학생이 얼굴을 마주하고 있는 것은 맞다. 하지만 학생들을 제한된 화면 속에서만 확인할 수 있기에 어떤 환경에서 학습하고 있는지, 학습을 이해하면서 진도를 나가고 있는지, 학생의 컴퓨터에 다른 화면도 띄워져 있는지 등의 확인이 어렵다. 반대로 360도의 환경에 둘러싸인 것이 아니라, TV를 보듯 컴퓨터 화면만 바라보며 수업을 이해해야 하는 학생의 입장은 얼마나 재미가 없을까? 컴퓨터가 도입되기 전 주입식 교육 현장에서 칠판 가득 채웠던 판서만 없을 뿐 별로 다르게 보이지 않는다.

[그림1] 줌(Zoom)을 활용한 수업

코로나-19 상황은 쉽게 끝나지 않을 듯하다. 사회도 예전의 모습으로 복귀하기 어렵다고들 한다. 교육 현장 역시 다르지 않을 것이다. '줌(Zoom)'을 활용한 수업이 진리가 될 수는 없다면 단점들을 극복할 수 있는 대책 방안이 필요하다. 이런 요구에 따라 교육이 새로운 방안인 메타버스 속으로 자연스럽게 스며드는 일은 어찌 보면 당연해 보인다. 메타버스 활용 교육이 환영받는 이유는 무엇일까? 메타버스가 교육에 활용되는 모습을 자세히 알아보면 이유를 쉽게 이해할 수 있을 것이다.

② 메타버스 유형별 교육

교육이 메타버스 세계에 접속하려면 두 세계를 연결해주는 다리가 필요하다. 그 다리를 플랫폼(Platform)이라 부르는데, 종류가 다양하다. 메타버스의 4가지 유형으로 나누어 플랫폼의 다양성을 알아보자.

1) 증강현실

현실 공간에 가상의 사물이나 정보 등이 겹쳐서 상호작용하는 환경을 말한다. 증강현실은 다른 말로 'AR'이라고 하는데, 실제로 접하기 어려운 내용을 학습하는 데에 많이 이용하고 있다. 예를 들면, 개구리를 해부하는 수업에서는 살아있는 개구리를 구하기 어렵다. 또 생명 존중 측면에서 생명을 빼앗는 일은 비도덕적이다. 이 상황에서 AR을 접목한 학습은 매우 효과적이다. 실제 사람의 몸을 해부해야 하는 의대에서 인체 해부도를 공부하거나 값비싼 항공기를 분해해야 하는 항공 정비기술을 가르치는 현장에도 효율적으로 이용되고 있다.

[그림2] 포켓몬 Go

(출처 : KBS)

[그림3] 웅진 씽크빅의 AR피디아

(출처 : 메트로신문)

2) 라이프로깅

사물과 사람에 대해서 일상적인 경험과 정보를 일기나 메모 등 아날로그 방식으로 기록을 남기거나, 카카오톡이나 블로그처럼 기기에 기록해 재현하거나 공유하는 활동이다.

[그림4] 인스타그램 & 블로그 & 밴드 & 카카오톡

학습 내용을 노트에 적는 아날로그 방식에서 벗어나 밴드나 블로그 등 나만의 저장 공간을 마련해 학습 결과를 기록하고 다른 사람들과 공유해 피드백도 받을 수 있다. 학급이나 모임마다 네이버 밴드(Naver Band) 등을 개설해 그날의 학습 결과를 사진 등 기록으로 남겨 서로 피드백을 주고받는다.

[그림5] 밴드를 활용한 학급 운영

3) 가상현실

디지털 데이터로 구현된 가짜 세계로 나를 대신하는 아바타를 원하는 모습으로 바꾸고 꾸미며 가상세계 속에서 활동하게 한다.

[그림6] 제페토(ZEPETO)

[그림7] 이프랜드(ifland)

[그림8] 게더타운(Gather Town)

[그림9] 젭(ZEP)

가상현실 플랫폼은 교실이나 회의실 만들기가 가능하다. 공간을 구축해 여러 학습 목표에 맞는 교실을 마련하거나 인원 제한에 맞는 회의를 주최할 수 있다. 하지만 플랫폼마다 이용 가능한 나이 제한과 유료 결제 등의 조건이 있으니 교육 현장에 적용하기 전 확인이 필요하다.

(1) 제페토(ZEPETO)

2021년 8월 기준으로 2억 명이 넘는 사람들이 이용하는 제페토는 월드라는 활동 공간이 마련되어 있어 사람들과 만남을 가질 수 있다. 내 맘대로 꾸밀 수 있는 아바타가 커다란 매력 요소다. 월드에는 최대 16명까지 동시 접속할 수 있다. 캠핑, 한강공원, 가든웨딩(낮/밤), 교실은 최대 25명까지 입장이 가능하다. 더 많은 사람을 참여시키고 싶다면 관전 모드를 이용해 초대할 수 있다.

관전 모드로 참여하면 월드를 직접 돌아다니지 않고 참가자들을 구경할 수 있다. 방 참여인원 외에 최대 60명까지 관전할 수 있다. 월드에서 채팅 기능을 활용하여 사람들과 대화를 나눌 수도 있다. 하지만 문서나 파일을 업로드 기능은 없어 수업이나 회의 등을 진행하기에는 제약이 있다. 학습을 위한 교실 운영보다는 단순한 친목 소모임이나 행사를 진행하는 경우가 많다.

하지만 제페토에는 사용자가 크리에이터로서 아이템이나 월드를 직접 제작하여 판매할 수 있다. 크리에이터에 도전하는 사람들을 위한 교육이 활발히 이뤄지고 있고 인기가 높다.

[그림10] 제페토 월드

(2) 이프랜드(ifland)

SK에서 만든 플랫폼으로 스마트폰 환경에 최적화되어 있다. 이프랜드(ifland)도 나를 대신하여 다양한 아바타로 바꾸거나 꾸밀 수 있지만, 제페토처럼 사용자가 아이템을 제작해 다른 사용자들에게 판매할 수 있는 시스템이 아니어서 개수가 한정적이고 다양성이 떨어진다. 제페토에 비해 아바타를 바꾸고 꾸미는 재미는 덜 하지만, 전체적으로 사용법이 어렵지 않아서 다양한 연령층에서 사용할 수 있다.

공간에는 최대 121명까지 입장할 수 있다. 30명이 넘으면 고스트(Ghost) 모드로 참여할 수 있다. 이프랜드는 제페토처럼 공간 안에서 참여자들과 채팅을 통해 대화를 나눌 수 있다. 영상(MP4)과 PDF 파일 업로드도 가능해서 여러 자료들을 제공할 수 있는 강연이나 강좌 등을 개설할 수 있고 다양한 모임과 콘퍼런스, 행사, 전시회, 영화 감상실 등을 운영할 수 있다.

[그림11] 이프랜드 교실

[그림12] PDF 및 MP4 자료 공유 가능

(3) 게더타운(Gather Town)

2020년 5월 서비스를 시작한 게더타운은 웹(Web)과 클라우드(Cloud)를 기반으로 한다. 현실 세계의 물리적 제약 없이 일하고 배울 수 있는 가상공간을 직접 제작해 현실과 가상을 연결하는 플랫폼이다.

게더타운도 나를 대신하는 아바타가 있다. 2D 기반의 작고 귀여운 아바타는 제페토나 이프랜드의 3D 아바타에 비하면 조잡한 편이고 꾸미는 재미도 덜하다. 하지만 게더타운은 공간 제작하는 방법이 어렵지 않아 누구나 쉽게 원하는 공간인 맵(Map)을 만들어 낼 수 있어 수업에 적용하기 편리하다.

문서, MP4, 영상 등 다양한 자료 업로드가 가능해서 교육 활동이 수월하다. 게임 맵 제작을 덧붙인다면 학습자가 재미있게 활동할 수도 있다. 현재 학교나 많은 교육 현장에서 게더타운을 활용한 수업 사례를 쉽게 찾아볼 수 있다.

게더타운은 카메라와 마이크 기능이 있어 줌(Zoom)처럼 공간에 참여한 사람들의 얼굴을 직접 대면하면서 활동할 수 있다는 장점도 지니고 있다. 게더타운이 수업에 많이 활용되는 이유는 다양한 자료의 공유와 줌(Zoom) 기능에 있어 다른 플랫폼들과 차별성이 있기 때문이다.

무료로 사용할 수 있는 제페토나 이프랜드와는 달리 게더타운은 접속 인원이 25명이 넘으면 유료로 전환해야 한다. 요금제에 따라 결제하면 최대 500명까지 참여할 수 있다. 학교나 대학교 등 게더타운을 활용한 학습 활동을 계획하는 교육 기관은 요금제에 대한 계획도 필요하다.

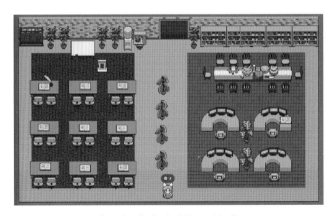

[그림13] 게더타운 교실 맵

(4) 젭(ZEP)

웹(Web)에서만 사용할 수 있는 젭(ZEP)은 다운로드와 설치 등의 과정을 거치지 않고 URL 클릭 한 번으로 빠르게 접속할 수 있다. 게임과 영상 등을 즐기면서 업무와 회의를 비롯한 각종 모임을 풍성하고 재미있게 만들어주는 오픈형 메타버스 플랫폼을 지향하고 있다.

공간을 구성하는 제작 툴(Tool)이나 오브젝트(Object) 등은 게더타운과 거의 같지만, 오브젝트의 종류는 아직 게더타운 만큼 풍부하지는 않다. 최근 새롭게 업데이트 된 에셋스토어는 제페토처럼 참여자가 크리에이터로서 맵과 오브젝트를 직접 제작해 올릴 수 있다. 게더타운과 마찬가지로 카메라 기능이 있어 얼굴을 직접 보면서 활동할 수 있고 여러 가지 자료(유튜브, 사진, 문서, MP4 등)를 공간 안에서 즉시 업로드로 활용할 수 있다.

[그림14] 젭(zep) 사무실

이 외에도 오비스(OVICE), 한컴타운(Hancom Town) 등 다양한 플랫폼들이 출시되었고 다양한 플랫폼들이 계속 쏟아져 나올 예정이라고 하니 기대가 된다.

4) 거울세계

실제 세계의 모습을 그대로 가상세계로 옮겨와 만들어 놓은 세계이다. 실제 모습에 더 많은 정보를 추가해 놓았기 때문에 확장된 정보로 건축 시뮬레이션이나 정보학습에 유용하다.

[그림15] 네이버 길 찾기

[그림16] 천재교육 3-1 사회 교과서

[그림17] 디지털 영상 지도 활용하기

❸ 다양한 형태로 교육 현장에 적용되는 메타버스 ·····················

메타버스의 성장은 MZ 세대가 중심이다. 밀레니얼 세대(1980~1995년 태생)와 Z 세대(1990년 중반~2000년 초반 태생)들은 스마트폰, 온라인 플랫폼, 게임 등 최첨단 기기에 친숙할 뿐만 아니라 능숙하게 다룰 수도 있다. 현재 초등학교와 대학교에 다니고 있는 학생들은 모두 MZ 세대다. 이런 MZ 세대들을 바르게 성장시켜야 하는 책임을 진 학교와 교사들이 그들의 성향을 따라가지 못한다고 하면 제대로 된 교육은 이뤄질 수 없을 것이다. 시대의 흐름에 맞춰 메타버스를 교육과 융합하여 학습 계획을 세우는 일은 당연하다고 하겠다.

지역 교육청마다 시대 흐름에 따라 메타버스 교육체계를 먼저 수립하려고 노력과 지원을 아끼지 않고 있다. 다양한 메타버스 연수 등을 개설해 교사들의 능력개발에 박차를 가하고 있고 이를 통한 교사들의 메타버스 수업 사례들도 발표되고 있다.

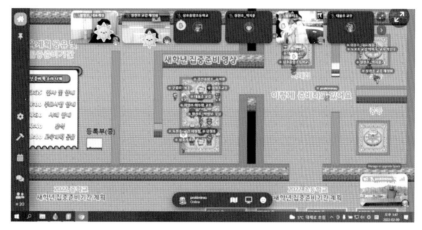

[그림18] 영암교육지원청 새 학기 교사 연수

[그림19] 부산교육청 메타버스 사업 추진

[그림20] 경상북도 교육청 초등수업 나눔 축제

대학교도 신입생을 위한 캠퍼스 투어나 학교 설명회, 학과소개, 오리엔테이션 등에 메타버스를 활발히 활용하고 있다. 코로나19로 인한 비대면 시대에 직접 학교를 방문하지 않아도 학교에 대한 자세한 정보를 얻을 수 있어 매우 효율이기 때문이다. 아바타를 통해 참여하는 학생들도 호기심을 갖고 적극적으로 참여할 수 있다. 코로나19로 인해 많은 사람이 모이는 시상식이나 졸업식도 할 수 없게 됐다. 하지만 메타버스 공간 안에서는 감염의 걱정 없이 얼마든지 어떤 행사든 개최할 수 있다.

[그림21] 세종사이버대학교 오리엔테이션

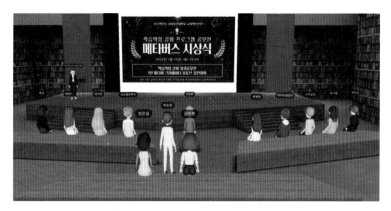

[그림22] 삼육보건대학교 시상식

[그림23] 인공지능을 활용한 콘텐츠 제작 전시회

(출처 : 성균관대학교 인공지능혁신공유대학사업단)

실습이 요구되는 교육 현장에서는 코로나19로 인한 피해가 컸다. 메타버스를 활용한 교육은 이런 문제에 대한 해결 열쇠를 제공한다. AR을 활용해 실제와 같은 실습√활동을 할 수 있다. 여러 사람이 모여 관찰해야 할 연구실의 실험내용을 메타버스를 통해 경험한다.

 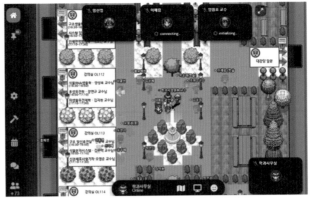

[그림24] 의료방사선 실습교육 - 대구보건대학교 　[그림25] 오픈랩(Open Lab) - 연세대학교

▣ 학습에 활용할 수 있는 메타버스 플랫폼 ·······················

1) 게더타운(Gather Town)

　게더타운은 학습 활동에 가장 많이 활용되는 플랫폼으로 줌(Zoom) 기능을 병행할 수 있어 필요한 경우 서로 얼굴을 확인하면서 수업을 진행할 수 있다. 학생들이 학습 활동을 통해 얻어야 하는 학습정보와 지식은 강의를 통해 직접 전달할 수도 있지만, 오브젝트 (Object)에 다양한 자료를 업로드 시켜 학생이 주도적으로 학습하는 교실 구성이 가능하다. 게임 기능도 얼마든지 첨가할 수 있어 흥미롭고 다양한 학습 활동이 가능하다. 학습 목표 달성에 필요한 다양한 시청각 자료들(영상, MP4, 음악, 문서 등)을 활용할 수 있다는 점이 게더타운의 장점이다.

　개인 공간 설정 기능도 있어서 소그룹 학습이 가능하다. 맵 제작 툴(Tool)에는 포털 (Protal) 기능도 있는데, 이를 잘 활용하면 학생들이 교실 안에서만 활동하는 것이 아니라 다른 공간으로도 이동할 수 있어 분위기를 전환 시키거나 학습에 필요한 보충학습 기회도 제공할 수 있다. 이런 포털 기능을 활용해서 게임을 활용한 학습 활동도 제공할 수 있다.

　직접 자료를 찾아서 학습할 수 있는 상호작용 오브젝트나 포털 기능을 활용한 공간 구성, 게임 등은 학생들에게 흥미를 부여하고 적극적으로 참여하게 유도하기 때문에 주도적 학습이 가능하다. 게더타운은 개인이 지닌 창의성에 따라 얼마든지 다양하고 재미있는 학습공간 창조가 가능한 플랫폼이다. 이런 이유로 게더타운을 활용한 강의 활동이 활발하게 진행되고 있다.

게더타운 맵(Map) 제작 방법은 어렵지 않아서 학생들이 직접 참여할 수도 있다. 학습 결과를 확인하는 맵을 제작해 친구들과 공유하여 피드백을 주고받을 수도 있다. 참여하는 데 어려움이 없고 효율적인 기능 덕분에 게더타운이 여러 플랫폼 중 교육 현장에서 많이 활용되는 듯하다.

(1) 교실 맵(Map)

[그림26]에서는 교실의 모습을 구현해 놓았다. 노란색 테두리로 나타나는 오브젝트는 어떤 정보를 담고 있다고 뜻이다. 학습자가 오브젝트 옆으로 지나면 클릭하라는 메시지가 뜬다. 음식이 놓여있는 책상을 지나면 포털 기능이 숨어있어 다른 공간으로 이동한다.

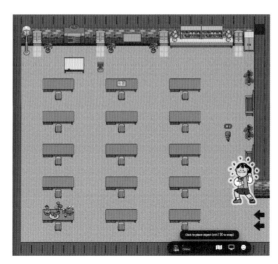

[그림26] 교실 맵

공간의 구성은 교실뿐 아니라 만드는 사람이 창의성을 발휘하면 얼마든지 다양하게 꾸밀수 있다. 포털 기능을 활용해 학습 목표에 부합하는 게임도 제작할 수 있다. 아래 [그림27] '교사 연수 장소 맵'에서는 메타버스 교사연수를 가정해 공간을 제작했고, 휴게실과 도서실 그리고 오징어 게임을 할 수 있는 공간도 마련되어 있다.

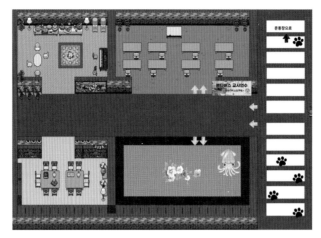

[그림27] 교사 연수를 위한 공간 맵

(2) 게임 맵(Map)

[그림27] 아래쪽에 영화로 인기 있는 '오징어 게임'을 즐길 수 있는 공간을 만들어 두었다. 화살표에 아바타가 올라서면 아래 [그림28]의 오징어 게임 공간으로 이동한다. 게임 맵을 제작할 때는 포털을 통해 이동해야 할 공간이 여러 개 필요한데, 그만큼 맵을 제작하는 시간도 오래 걸린다. 포털 기능을 잘 익혀둬야 한다. 게임은 대면 수업에서처럼 학습 분위기를 활동적이고 적극적으로 만들어서 학습자의 집중력 향상에 도움을 준다. 게임을 제작하는 사람의 창의성을 마음껏 발휘한다면 강력한 흡입력을 지닌 학습 도구가 될 것이다.

[그림28] 오징어 게임 맵

(3) 오징어 게임 속 벌칙 공간

[그림28]의 오징어 게임 속에는 다른 공간으로 이동시키는 함정이 곳곳에 숨어있어 흥미롭다. 일종의 벌칙으로 함정에 빠지면 [그림29]처럼 다양한 방으로 이동해 각각 주어진 미션을 해결해야 다시 본 게임으로 돌아오게 만들어 놓았다. 미션에는 다양한 학습 요소를 첨가해서 학습 목표에 부합하는 문제해결 능력을 신장시킬 수 있다.

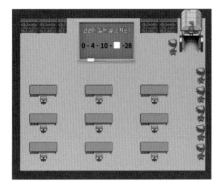

[그림29] 게임 속에서 다른 게임으로 포털 이동

2) 제페토(Zepeto)

제페토는 '제페토 빌드잇(Zepeto Build It)'이라는 별도의 공간 제작 프로그램으로 학습 목표나 모임 목적에 알맞은 공간을 창조할 수 있다. 하지만 자료를 올리는 기능은 게더타운에 비교하면 굉장히 제한적이고 거의 없다고 볼 수 있어서 학습을 목표로 하는 공간보다는 모임이나 시상식, 발표회, 상담√교실 운영 등 구성원 간의 의사소통을 주로 하는 활동에 적합하고 실제 그런 예로 많이 사용되고 있다.

발표회나 상담 등에 적용했을 때 참가자들이 적극성을 띨 수 있는 이유는 아바타를 직접 선택하고 꾸밀 수 있기 때문이다. 보통은 사람들 앞에 나가 발표하는 상황이 무척 긴장되고 스트레스를 받는다. 사람들의 시선을 피부로 직접 느낄 수 있기 때문이다. 하지만 실제 내가 아닌 아바타를 대신 앞으로 내세워 말할 때는 직접 시선을 느끼지 않아도 되어서 덜 부끄럽게 느껴진다. 카톡 할 때의 느낌을 떠올리면 될듯하다. 말하는 건 나지만 직접 얼굴을 보이지 않았을뿐더러 스마트 폰 뒤에 숨어있다는 안도감도 느껴진다. 가상공간인 제페토 안에서도 마찬가지로 실제 내 모습을 보이지 않으면서 원하는 모습으로 꾸민 아바타가 대신해 내 메시지를 전달하면 부끄러움보다는 자신감이 생겨 적극적으로 행동하게 된다. 또 현실에 있는 자신보다 예쁘고 멋있게 바꾼 아바타는 남들에게 보여주고픈 만족감도 느끼게 할 것이다. 이런 덕분에 가상공간에서 학습자는 더 활동적이고 적극적으로 참여하게 된다.

[그림30] 제페토 빌드잇 공간

3) 이프랜드(ifland)

이프랜드도 제페토처럼 다양하지는 않으나 아바타를 선택하고 꾸밀 수 있다. 게더타운과 같은 자료 공유 기능도 있다. 영상과 PDF 파일로 제한돼 있지만, 발표회나 콘퍼런스, 음악 경연대회 등을 개최할 수도 있다.

자료 공유 기능을 잘 활용하여 학습공간을 계획적으로 구성한다면 학습자들이 제페토의 가상세계에서처럼 직접 선택하고 꾸민 아바타로 적극적으로 참여할 수 있을 것이다.

[그림31] 임인년 호랑이 展

AR 기반인 '점프(Jump)'와 '점프 스튜디오(Jump Studio)'는 새롭게 추가된 프로그램으로 Jump는 내가 좋아하는 연예인을 선택해 우리 집이나 책상 위에서 춤추게 만들 수 있다. Jump Studio는 아시아 최초의 '혼합현실 캡처 스튜디오'로 마이크로소프트의 볼륨 메트릭 캡처 시스템과 함께한다. Jump는 [그림32]처럼 다양한 캐릭터를 AR로 불러올 수 있는데, 동영상과 사진 촬영이 가능하니 학습 내용에 적절히 활용한다면 학습자의 폭발적인 흥미를 불러일으킬 수 있을 것이다.

[그림32] Jump에서 불러낸 다양한 캐릭터

4) 젭(Zep)

복잡한 절차 없이 URL 클릭 한 번으로 접속할 수 있어 편리하다. 게더타운과 유사한 점이 상당히 많다. 게더타운처럼 학습 목표에 적합한 공간을 직접 제작할 수 있지만 오브젝트가 다양하지는 않다. 제페토처럼 오브젝트와 맵을 크리에이터로서 제작 판매할 수 있다. 참여 인원에 따른 사용료가 없어 무료다.

아바타도 게더타운의 2D 아바타와 비슷하지만 조금 더 크다. 화면공유 기능을 통해 원하는 자료를 실시간으로 확인할 수 있다. 4가지 게임이 제공되어 학습 활동에 재미있게 활용할 수 있어 집중력 향상 및 학습 효율성을 증진에 도움이 된다.

게더타운처럼 학습자가 직접 찾아서 자료를 확인할 수 있는 기능을 오브젝트에 부여하여 다양한 자료를 확인할 수 있다. 포털 기능도 있어서 게임 제작으로 학습 흥미도를 높일 수 있다.

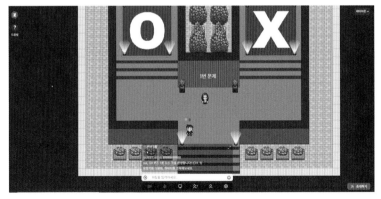

[그림33~35] TV드라마 기상청 사람들 전시 공간

5) 오비스(Ovice)

가상 오피스 공간으로 200가지가 넘는 공간 디자인을 제공하는 오비스도 활용해 볼 만하다. URL을 통해서 바로 접속, 참여가 가능하고 동그란 단추 모양의 아바타도 있다. 아바타가 마우스 클릭 등으로 입장한 사람들 가까이 다가가면 소통을 할 수 있는데 단체 대화도 가능하다. 공간 안에서 자료는 실시간으로 바로 공유할 수 있어 실시간 유튜브나 음악 감상이 가능하다.

줌(Zoom)처럼 카메라와 마이크를 끄고 켤 수 있어 화상수업도 가능하다. 1:1 대화 공간을 설정해 비밀상담 및 소그룹 활동이 가능하다. 다양한 표정 스티커를 제공하고 있어서 대화를 풍부하게 해준다. 임베디드 기능으로 교실 공간에 학습 결과물을 전시하고 참가 학생들의 출석 체크까지 할 수 있어 편리하다. 하지만 한 달간의 무료√사용 기간이 끝나면 유료로 결제해야 사용할 수 있다. 오비스 직원이 항상 대기하고 있어 사용하다가 문제가 생겼거나 문의할 사항이 있을 때 편리하게 도움을 요청할 수도 있다.

[그림36~38]의 플랫폼 외에도 3D 가상공간인 모질라 허브(Mozilla Hub), 게임 기반의 로블록스(Roblox), 마인크래프트(Mincraft) 등 다양하게 있다. 학습을 위한 메타버스를 계획한다면 각 플랫폼의 특징을 분석해서 적용해야 할 것이다.

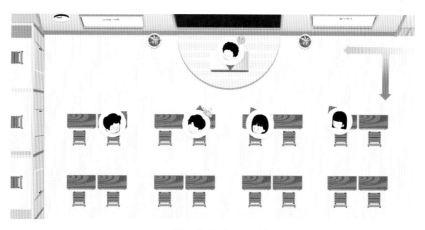

[그림36] 오비스 교실

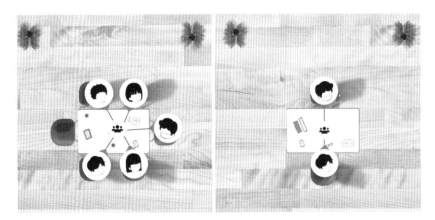

[그림37] 1:1 대화 및 소그룹 활동

[그림38] 유튜브 등 실시간 자료 공유

5 메타버스 활용 교육에 몰입하는 이유 ·····························

MZ 세대는 이미 온라인에 익숙하다. 코로나19로 인해 활동 범위의 제약을 받는 지금, 다양한 공간에서 친구들과 자유롭게 소통하게 해주는 메타버스는 매력이 크다. 나만의 아바타로 소통하기 때문에 자신감도 자연스럽게 생긴다. 이런 특징들을 활용한 메타버스 교육은 평소 수줍어 발표하기를 주저했던 학생들도 자신감이 생겨 나를 적극적으로 표현하게 되고 활동적으로 참여하게 된다.

교육도 변화하는 시대에 발맞춰 발전해야 한다. 코로나19 상황 덕분에 빠른 속도로 변화를 겪고 있지만, 비대면 수업이라는 문제해결과 학생들의 능동적인 수업√참여라는 장점들은 변화를 겪어도 버겁지 않고 흥미롭다.

1) 흥미도와 몰입도

모두 똑같은 교복을 입고 학교라는 획일적인 공간에서 공부하던 학생들에게 메타버스를 통한 학습은 게임을 하듯 흥미로운 경험을 제공한다. 내가 선택하고 꾸민 아바타로 친구들과 다양한 가상공간에서 소통하는 경험은 흥미로울 수밖에 없을 것이다. 학습에 흥미를 느꼈다면 모든 활동에서 적극적인 태도로 보일 것이고 몰입도도 올라간다. 적극적인 몰입으로 참여하는 학습의 결과는 당연히 좋을 것이다.

2) 자신감

실제의 나를 대신하는 아바타를 통해 소통할 때는 부끄러움이나 두려움이 덜하다. 일단 나를 뒤로 감추기 때문에 그렇다. 오히려 멋지게 꾸민 아바타는 돋보이고 싶은 욕구가 들게도 한다. 이러한 자신감은 학습자가 적극적으로 참여하게 해주어 자기 주도적 학습이 가능하게 한다.

3) 효율성

메타버스를 활용한 교육에서 아바타를 통해 자신 있고 적극적인 태도로 학습에 몰입하는 학습자는 자기 주도적 학습이 가능해진다. 자기 주도적이라는 것은 교사가 이끌기보다 학습자가 주체가 되어 목표에 도달하는 학습 방법이다. 스스로 터득한 지식은 오래간다. 교사의 일방적인 지도에 따르는 학습과 자기 주도적 학습 중 어떤 것이 스스로 터득한 지식인지는 명백하다. 메타버스를 통한 교육이 효율적인 이유는 바로 여기에 있다.

[그림39] 다양하게 꾸민 아바타

4) 새로운 학습의 장 마련

교육✓방법의 새로운 고찰과 시도는 항상 이뤄져 왔다. 변화는 더뎠지만 새롭고 효율적인 방법을 찾으려는 적극적인 교사들과 연구자들에 의해 다양한 시도들이 나타났다. 덕분에 속도는 느릴지라도 열린교육, 자기 주도적 학습 등 여러 가지 교육 시도들이 나타났다가 사라졌다. MZ 세대가 교육대상이라는 특성으로 서서히 변화하던 교육은 코로나-19로 그 모습을 많이 바꿔 버렸다. 코로나-19 상황이 끝나도 다시 예전으로 돌아갈 수는 없다. 이미 자신 있게 나를 표현할 수 있는 학습을 맛보았는데 다시 교사만 따라야 하는 수동적인 학습으로 돌아갈 수 있을까? 교육 현장에서는 이런 변화에 발맞춰 다양한 메타버스 플랫폼을 활용한 교육 연구가 이뤄져야 할 것이다.

⑥ 메타버스를 활용한 교육이 바람직하기만 할까? ·················

메타버스 플랫폼을 활용한 교육이 많은 관심을 받고 있다. 분명 흥미롭고 몰입도가 높은, 시대 흐름에 알맞은 혁신적인 교육 방법이다. 현실 세계보다 확장된 정보가 들어있는 가상 세계 등은 책으로만 접하던 지식보다 학습자가 폭넓게 습득할 수 있게 도울 수 있다.

하지만 메타버스만이 새로운 시대를 대비하는 효율적인 교육도구일까? 메타버스를 활용한 교육이 가진 효과적인 면과 생각해야 할 문제들을 비교해서 살펴보면 [그림40, 41]과 같다.

메타버스 활용 교육의 장점

1. 흥미와 높은 몰입도
2. 아바타를 통한 자신감
3. 학습자의 적극성
4. 다수와의 소통
5. 공간의 다양성
6. 다양한 플랫폼 활용

[그림40] 메타버스 활용 교육의 장점

생각할 문제

1. 너무 재미만 추구하지 않는가?
2. 적절한 연령인가?
3. 악의적인 접근은 없을까?
4. 소통에서의 도덕적인 문제?
5. 학습 공간 준비에 요구되는 시간?
   (맵 제작 등에 걸리는 시간)

[그림41] 생각할 문제

앞으로 메타버스 세계는 우리 생활의 일부가 될 것이다. 피해갈 수 없는 시대가 되었다면 메타버스를 효율적으로 잘 활용해야 하지 않을까? 위에 제시한 메타버스 활용 교육이 가진 문제점들을 극복할 방안들을 연구하여 적용한다면 빠르게 변화하는 시대에 교육도 발맞춰 발전할 수 있을 것이다. 메타버스가 무엇인지 제대로 파악하여 교육 현장에 올바르게 적용한다면 새롭고 훌륭한 학습 도구가 분명히 탄생할 것이다.

Epilogue

메타버스가 교육 현장에 빠르게 흡수되어 다양한 수업이 가능하게 했다. 메타버스의 4가지 유형 중 학생들이 가장 즐거워하고 재밌어하는 것은 가상세계다. 나를 닮은 아바타로 친구들과 소통하며 학습하는 활동은 새로운 자극이 되어 적극적으로 참여하게 한다. 교육에서 높은 효과를 내려면 학습자의 적극성이 필요하다. Zoom을 활용한 수업에서는 적극성이 부족한 면이 있었다. 이런 단점을 훌륭하게 보완해주는 도구가 바로 메타버스다. 그래서 교사들은 다양한 메타버스 플랫폼들을 연구하고 수업에 적용한다. 앞에 소개한 플랫폼의 적용 사례들은 현재 쏟아져 나오는 플랫폼에 비추어 보면 맛보기 체험에 불과하다 할 수 있다. 앞으로는 다양한 플랫폼들이 교육 현장에 다양한 모습으로 활용되어 MZ세대인 학습자들과 발맞추어 발전해 나갔으면 한다.

Chapter 5

메타버스와 마케팅

유 정 화

메타버스와 마케팅

Prologue

메타버스는 꼭 탑승해야 할까? 꼭 탑승해야 한다면 지금이어야 할까? 왜 메타버스, 메타버스하며 언론과 각 기업들은 앞 다퉈 서로 투자한다고 난리일까? 최근 들어 메타버스는 이제 대한민국만의 관심사가 아니다. 전 세계적으로 메타버스에 시간과 돈과 인력을 투자하고 있다. 팬데믹으로 전 세계 사람들이 죽음과 삶의 기로에 놓여 있음에도 메타버스는 오히려 이 비대면 시대에 가장 빛을 발하고 있다.

메타버스로 인류의 삶이 편해지고 있고, 과학이 발전하고, 의학이 발전하고, 국방이 든든해지며, 사회가 발전하고 있다. 비대면으로 인해 우리 삶속에 더 깊숙이 파고들어 왔다. 팬데믹으로 세계 경제가 바닥으로 치닫고 있을 때 메타버스는 고공행진을 시작했다.

자, 이쯤 됐으면 메타버스가 무엇인지, 그 매력이 무엇인지, 어떻게 활용해야 그 가치를 오롯이 나의 것이 될 수 있을지 필자와 함께 알아보기로 하자.

▣ 메타버스가 뭐야? ·······················

처음 메타버스란 용어를 듣고는 '어디 가는 버스야?'라고 혼자 생각한 적도 있었다. 이렇듯 생소하고 낯설었던 단어가 우리 일상에서 계속 들리기 시작했다. 단순히 '나랑은 상관없어'라고 무관심으로 일관하기에는 너무 많이 들린다는 것이 문제이다.

요즘 같은 추세라면 메타버스에 관심이 없던 사람도 "메타버스 그게 뭐야?"라는 호기심이 생기기에 충분하다. 연일 뉴스면 뉴스, 유튜브면 유튜브 메타버스와 관련된 이야기들로 도배 중이기 때문이다. 왠지 어려울 것 같고 나와는 다른 세계 이야기 같다고 치부해버리면 영원히 우리는 메타버스와 멀어지게 될지도 모른다. 세계의 언론과 투자업계를 뜨겁게 달구는 메타버스에 귀도 열고 마음도 열어서 뭔데 그렇게 핫한 건지, 내가 하고 있는 일과는 어떤 연관이 있는지 알아볼 필요가 있다.

메타버스란 1992년 '스노우 크래쉬' 라는 소설에 처음 등장했으며 메타버스는 '초월, 이상' 이란 의미의 접두어 메타 (META)와 '우주, 세계'라는 의미의 유니버스(UNIVERSE)라는 단어의 합성어로 '현실을 초월한 세상', '현실 이상의 세계'라는 의미를 가지고 있다.

'스노우 크래시'라는 소설의 저자 닐 스티븐스는 자신의 작품에서 사람들이 각자가 원하는 모습의 아바타로 접속해 가상세계에서 직업, 나이와 무관하게 스스로가 원하는 모습으로 살아가는 세상을 그렸다. 벌써 30년 전에 현실을 초월한 세계에 가상의 우주가 공존하는 상상을 했다는 것도 놀라운데 30년이 지난 지금, 우리가 살고 있는 현실에서 조금씩 구현되고 있는 것은 더욱 놀라운 일이다.

각종 영화와 게임 속에서는 많은 가상세계를 경험해 왔다. 하지만 실생활 속에서 가상세계가 공존하며 살아간다는 것은 현실적으로 실감이 나지를 않는다. 하지만 닐 스티븐스의 상상 그 이상의 세계가 우리를 기다리고 있을지 모른다.

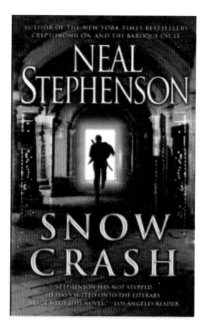

[그림1] 닐 스티븐스의 스노우 크래시

　분명한 것은 우리가 예상했던 속도보다 빠르게 넓고 다양한 분야에서 접목하고자하는 노력을 보이며 확산돼 간다는 데 있다. 우리 곁으로 바짝 다가왔다는 메타버스가 무엇이고 우리생활에 어떤 영향을 줄 것인지 알아보아야겠다.

　인터넷이 도입되기 전 우리는 인터넷이 우리 생활에 어떤 영향을 줄지 예상하지 못했다. 해를 거듭할수록 발전돼가는 영향력에 감탄하며 편리함에 적응돼 이제는 그것이 없는 세상은 상상이 불가능하다.

　1990년대 초창기에는 컴퓨터와 인터넷이 생겼으나 기술의 초기단계로 최소한의 정보를 얻는 통로 역할로 사용됐다. 전화선에 의존한 통신으로 네트워크의 접속이 어려웠다. 시간이 지남에 따라 중앙처리장치와 네트워크의 발달로 온라인이 확장돼 정보의 교환이 활발해지고 각종 콘텐츠를 소비할 수 있게 됐다. 정보교환의 속도가 점차 빨라지고 습득을 위한 시간과 노력이 줄어들게 돼 시간과 비용을 절약하고, 편리성이 증가돼 일의 효율이 증가되는 효과를 가져왔다.

스마트폰의 등장으로 시간과 장소에 구애받지 않고 각종 정보와 콘텐츠를 주고받게 됨으로 편리성은 증대되고 정보들이 빠르게 교환됨으로써 정보의 신뢰성이 높아져 사용자들이 늘어나고 온라인 세계의 확장과 더 많은 사람들의 다양한 활동이 이어지게 됐다.

2020년대 이후 현실과 가상을 융합하는 메타버스의 세상이 시작됐다. 물리적 시간과 공간의 한계를 극복하고, 현실감 있는 가상세계에서 무제한의 데이터와 소통하고 정보와 콘텐츠를 공유하며 즐기는 시대가 됐다. 이제 현실과 가상의 결합으로 우리에게 인터넷과 스마트폰이 주었던 변화 이상의 새로운 세계가 열리게 될 것이다. 그동안 성장을 거듭해온 인공지능, 5G, 사물인터넷, 블록체인, 자율주행, 빅 데이터 등의 과학기술들의 상호작용이 메타버스의 밑거름이 되고 있다.

[그림2] 대한민국 실감경제 확산 프로젝트 XR Transgormation 기반 SPRI ANALYSIS
(출처 : NIPA)

② 메타버스를 분류하는 4가지 유형 ·······························

가상 세계를 기반으로 하는 메타버스의 개념이 너무 추상적이라면 이해하기 쉽게 2007년 미국의 가속연구재단(ASF)에서 제시한 메타버스 로드맵의 네 가지 유형을 바탕으로 알아보자. 이 네 가지의 유형은 우리의 실생활에서 이미 경험하고 있는 것들로 메타버스를 좀 더 쉽게 이해하는데 도움을 준다.

1) 가상세계(Virtual Worlds)

'가상세계(Virtual World)'란 현실과 유사하게 디지털 데이터로 구축한 세계이다. 인터넷에 아바타를 이용해 가상의 세계로 접속하고, 다양한 콘텐츠를 이용해서 현실에서의 경제적·사회적 활동과 유사한 활동으로 다른 이용자들과 상호작용 하는 것을 말한다. 이미 리니지, 세컨드라이프와 같은 온라인 게임을 통해 접해 본 독자들도 있을 것이다. 이들을 떠올려보면 이용자는 인터넷을 통해 게임이라는 가상세계에 접속하고 게임 속 캐릭터라는 자신의 아바타를 만들어 게임 내부 콘텐츠 또는 그 곳에 있는 다른 이용자와 소통한다.

때로는 단순한 의사소통일 수도 있지만 전투를 위한 전략을 짠다든지 조직을 만들기도 한다. 또 서로 게임 속 아이템이나 게임머니 같은 콘텐츠 내부에서 사용될 재화를 거래하는 등 가상세계의 모든 활동을 포함한다. 이러한 가상세계는 우리가 살아가는 현실과 유사하거나 또는 완전히 다른 세계관을 갖기도 한다.

2) 증강현실 (Augmented Reality)

'증강현실(Augmented Reality)'은 가상현실(VR)의 한분야로 2D나 3D로 구현된 가상의 사물이나 정보를 합성해 현실세계에서 겹쳐 보이도록 하는 것으로 컴퓨터 그래픽 기법이다. 이 가상의 그래픽이 현실세계와 중첩돼 보이며 이용자와 상호작용할 수 있도록 하는 것이다. 현실 세계에서 실시간으로 부가정보를 갖기도 하고 가상세계를 결합해 하나의 모습으로 보여줌으로 '혼합현실(mixed reality, MR)'이라고도 한다.

가상세계와 구분을 짓자면 가상세계는 현실세계를 내체하는 새로운 세상이라면 증강현실은 현실세계에 가상의 것을 덧입힌 것이라 할 수 있다. 따라서 가상현실 기술은 가상환경에 몰입해 실제 환경을 볼 수 없고, 증강현실은 실제 환경과 가상환경이 혼합돼 있어 사용자가 실제 환경도 볼 수 있다는 차이점이 있다. 따라서 현실감과 부가정보를 제공받게 된다.

대표적 증강현실로는 2016년에 출시된 '포켓몬GO'가 있다. 포켓몬GO는 게임 속 포켓몬이나 게임 캐릭터가 나타나면 터치해서 잡는 게임으로 우리나라에서도 큰 인기를 끌었다.

3) 거울세계(Mirror worlds)

'거울세계(Mirror worlds)'는 실제 세계를 디지털로 구현한 메타버스의 한 유형이며 가능한 사실적으로 반영하려 하지만 정보적으로 확장된 가상세계이다. 디지털트윈과 유사하며 대표적인 예가 '구글 어스'이다.

구글 어스는 위성 이미지, 지도, 지형, 3D 건물정보 등 전 세계의 지역정보를 제공하는 위성 영상지도 서비스이다. 세계전역의 위성사진을 수집해 일정 주기로 업데이트하면서 시시각각 변하는 현실세계를 반영하고 있다. 기술이 발전할수록 지구 반대편의 정보까지도 실시간으로 알 수 있으며 거울세계에서 현실세계에 대한 정보를 얻게 될 것이다.

4) 라이프로깅(Life logging)

'라이프로깅(Life logging)'에는 삶을 의미하는 라이프(Life)와 일지를 기록하는 의미의 로깅(logging)의 합성어이다. 일상의 경험과 정보를 소셜네트워크 서비스와 전자기기를 활용해 묘사하고 기록하는 행위이다.

이런 개념은 1945년에 이미 등장했으나 네트워크 발전과 스마트 디바이스의 범용화로 과거보다 현재에 들어서며 점차 짧은 시간에 더 많은 정보가 공유되고 있다. 사람마다 경험과 정보의 차이로 같은 사물을 봐도 다른 경험과 느낌을 갖기 마련이다. 장소에 있어서도 서로 느끼고 경험하는 정보가 다르듯이, 내가 보고 느끼고 행동하는 것들을 누군가가 전달한다면 정보를 받은 사람은 동일한 상황에서 훨씬 현명한 선택이 가능할 것이다. 이렇듯 일상의 공유가 서로에게 상호발전을 끌어낼 수 있도록 돕고 있다.

나의 정보와 타인의 정보가 연결되면서 새로운 정보와 지식, 나아가 혁신적인 행동으로 이어질 수 있다. 이미 우리는 기술의 발달로 SNS를 통해 자신의 일상을 스마트폰으로 즉시 공유하고 소통하고 있다.

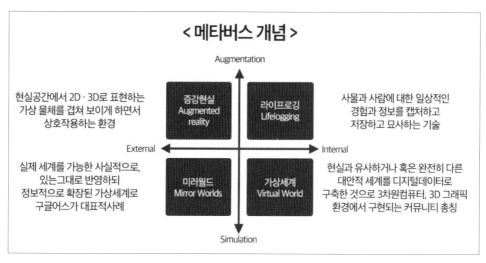

[그림3] 메타버스 개념 (출처 : ASF/유진증권)

이렇게 살펴보면 우리는 이미 메타버스 세상에 살고 있고 경험하고 있다. 하지만 이것으로 메타버스를 모두 설명했다고 말할 수 없다. 단지 기준에 따른 분류일 뿐 2008년 이후로도 다양한 기술들이 계속 발전으로 훨씬 복잡하고 다양화되고 있기 때문이다.

❸ 메타버스의 기반이 된 핵심 기술 ·····················

메타버스 어느 날 갑자기 튀어나온 개념이 아니다. 메타버스는 이미 오래전부터 이야기 돼왔는데 하필이면 지금 2020년대에 와서 뜨겁게 달구고 있는 것인가? '그때는 안 되고 왜 지금은 되는 건데?' 하고 의아하게 생각 할 수도 있다. 4차 산업혁명으로 소개됐던 기술들의 발전이 있었기에 오늘날 메타버스가 가능한 것이라고 보는 것이 옳다. 어떤 기술들인지 간략히 설명하면 다음과 같다.

1) 인공지능(AI, Artificial Intelligence)

사람만의 고유영역으로 생각됐던 생각, 판단, 결정을 컴퓨터도 스스로 학습해 사람과 같이 할 수 있는 기술이다. 사람은 판단과 결정에 시간이 필요하다. 또 그 날의 기분과 감정적인 것에 휘둘려 결정의 오류를 범할 수도 있다. 하지만 컴퓨터는 방대한 자료를 바탕으로 학습해 정확한 판단을 하게 된다.

가장 대표적인 사례는 AI 구글의 '알파고'이다. 바둑으로 세계 랭킹 1위의 이세돌 9단과 구글 알파고의 바둑시합은 전 세계적인 주목을 받았다. 사람과 AI의 대결에서 AI가 얼마나 발전되고 앞서 있는지를 보여준 사례이다. 다양한 분야에서 AI는 사람을 앞서가고 있으며 적용분야도 예술, 산업, 의료 등의 다양한 분야로 그 범위를 넓혀가고 있다.

2) 사물인터넷(IoT, Internet of thing)

사물인터넷은 단어 그대로 사물들이 인터넷과 연결돼 있다는 것으로 인터넷이 컴퓨터나 핸드폰에서만 사용하는 개념이었다면 사물과 인터넷에 연결돼 서비스를 제공하는 것을 의미한다. 최근에 분양돼 입주하는 아파트들에는 이 사물인터넷이 적용되고 있다. 또 새로 구입하는 가전제품들도 외부에서 사용시간을 조정할 수 있는 것이 바로 이 사물 인터넷이 있기 때문이다.

3) 블록체인(Blockchain)

'블록체인(blockchain)'은 2018년 초 사회적 큰 이슈가 됐던 암호화폐인 비트코인을 가능하게 해주는 원천기술이다. 블록체인은 블록이라 불리는 거래 장부를 중앙서버에 보관하는 것이 아닌 여러 개인의 컴퓨터에 분산보관하게 함으로써 체인처럼 연결돼 공개적으로 보관이 가능하게 한 기술이다. 해킹이 불가능하고 중개기관의 개입이 없어도 개인과 개인 간의 거래가 가능한 기술이다.

4) 자율주행(Automatic Driving)

'자율주행(Automatic Driving)'이라 하면 자율 주행 자동차를 생각하기 쉽다. 사람이 운전하지 않아도 자율적으로 주행하는 자동차를 말하며 초고속 5G 통신, 사물인터넷 등 첨단기술들이 자동차에 집약적으로 적용된 것이다. 하지만 단순히 자동차에 대한 자율주행으로 국한하지 않고 운송수단 전부를 이야기할 수 있다. 드론, 로봇, 자동차, 비행기 등 운송수단에 대한 자율주행을 의미하며 미래의 택배는 자율주행으로 집 앞까지 배송하고 로봇이 전달해 주는 날이 올 것이라 이야기한다.

5) 로봇(Robot)

우리나라가 인구대비 로봇 사용률 전 세계 1위라고 한다. 대부분은 산업용 로봇이며 자동화설비 로봇을 의미한다. 일상에 사용하기에는 비용의 부담과 소형화의 문제가 있다고 이야기됐으나 최근 삼성에서 '삼성 봇핸드와 봇아이'를 공개했다. 이 로봇은 가정용 서비스 로봇으로 사람 대신 집안일을 할 것이라고 한다. 어떤 변화를 가져올지 기대가 된다.

[그림4] Bot Hand Bot i(출처 : 유튜브 캡처)

6) 빅 데이터(Big data)

'빅 데이터'는 디지털 환경의 방대한 자료를 의미한다. 유튜브 캡처지만 단순한 자료에서 그치지 않고 그것을 보관하고 정리·분석하고 다른 기술에 적용하는 것까지 포함한다. 자율주행을 위해 모든 도로와 지역, 신호체계 등의 자료가 있어야 하며 이러한 자료는 필요한 것과 그렇지 않은 것을 분류해서 자율주행에 전달해야 한다. 이런 프로세스를 거치는 것을 통칭해 빅 데이터라고 봐야 한다.

4 메타버스 비즈니스를 위한 4가지 요소 ·····················

1) 인프라(Infrastructure)

메타버스 비즈니스가 제대로 확산과 정착이 되기 위한 첫 번째 조건은 '인프라(Infrastructure)'이다. 플랫폼이 아무리 눈부신 성장을 한다 하더라도 기반을 이루는 인프라가 구축돼 있지 않으면 모래 위에 성에 불과하다. 언제 시스템이 다운될지 보안이 뚫릴지 안전성이 확보되지 않아 제대로 된 서비스를 제공하기 어렵기 때문이다.

도시가 제대로 된 역할을 하기 위해서 도로와 수도·전기시설들의 기반시설이 먼저 갖춰져 있어야 한다. 대중교통과 병의원이 가까이 있는지를 따지는 사람도 있을 것이다. 이것이 인프라이다.

메타버스가 우리 일상이 되려면 삼성전자에서 준비하는 6G와 같은 빠른 통신망이 필요하고, 아마존과 테슬라가 발사하고 있는 인공위성, 유니티나 언리얼 엔진 등과 같은 소프트웨어와 반도체 등의 하드웨어 등이 원활하게 돌아가야 가상세계에서 사는데 어려움이 없다. 하드웨어의 기본이 되는 반도체와 디지털 세상의 발전을 앞당기는 클라우드 컴퓨터 같은 유망한 사업을 포함하는 분야라 더 중요하다고 할 수 있다.

2) 플랫폼(Platform)

앞으로 '플랫폼(Platform)'을 보유한 기업과 플랫폼을 보유하고 있지 않은 기업은 미래 가치 측면에서 극과 극으로 나뉘게 될 것이다. 마치 건물주와 세입자의 관계와 비슷하다 할까? 메타버스 플랫폼을 눈여겨보아야 하는 이유는 기존의 사업과 메타버스가 만나서 새롭게 만들어지는 플랫폼들이 등장하기 때문이다.

플랫폼은 승강장을 의미한다. 과거에는 기차를 타고 내리는 정거장이었다. 지금은 그 의미의 영역을 넓혀 IT 업계에서 특정장치나 시스템을 구축하는 기초를 의미한다. 플랫폼은 다양한 수단과 사람들이 모이면서 형성되고, 매출이 늘어나는 곳으로 역세권이라 불리며 각광받아왔다. 사용하기 좋은 플랫폼을 만들어 주면 소비자들이 모이고, 소비자들을 보고 공급자가 모이고, 서로 모이는 구조가 일어나 자연스럽게 마케팅 효과까지 누릴 수 있었다.

하나의 기업이 모든 제품을 전부 만들 필요도 없고, 일단 만들어 둔 플랫폼에 또 다른 기업들이 입주하게 될 것이다. 최근의 플랫폼은 대부분 중개역할을 하기 때문에 고도의 기술을 소비자에게 선보이는 것은 아니다. 플랫폼을 통해 소비자가 얻을 수 있는 이익이 있어야 자주 찾을 것이다. 이렇듯 플랫폼 산업은 스타트 업이나 신생기업들에게 기회의 장으로 불리기도 하며 이미 커뮤니케이션을 만들어 소통하던 대중들과 기업은 아마 만들어둔 팬 층이 있어 다른 플랫폼으로 떠나기 어렵다. 이게 바로 직접 네트워크 효과이며 누가 어떤 플랫폼으로 선점 하느냐가 굉장히 중요한 관건이 되고 있다.

메타버스 경제는 누구나 아이템을 만들어 팔 수 있는 시스템이다. 메타버스 플랫폼은 점차 늘어나는 추세이며 각각의 플랫폼마다 가입자 수가 증가하게 될 것이다. 2021년에는 메타버스 시장의 규모가 1,485억 원이 되며, 2025년에는 4,700억 원에 달할 것으로 예상하고 있다. 2030년에는 그보다 3배나 더 증가 된 1조 5,429억 원이나 될 것으로 조사되고 있다.

또 각 플랫폼은 플랫폼만 갖고 있다고 해서 되는 것이 아니다. 실제 플랫폼의 이용자 숫자가 유지되고 활발한 활동이 일어나야 경쟁력이 될 것이다. '어떻게 이용자의 발목을 붙잡아 둘 것인가?'가 각 기업과 마케팅을 하는 사람들에게 과제로 남겨졌다.

주요 메타버스 관련 서비스 현황						
엔씨소프트	네이버Z	SK텔레콤	KT	에픽게임즈	닌텐도	로블록스
유니버스 (팬덤)	제페토 (AR 아바타)	점프 VR	슈퍼 VR	포트나이트 (게임)	동물의 숲 (게임)	로블록스 (게임)
134개국 출시. 아티스트 아바타와 AI 보이스로 팬과 소통	가입자 1억8000만 명, 걸그룹 아바타 팬사인회 4600만 명 참가	최대 100명 접속 가상공간에서 e스포츠 중계, 원격회의 등	가수 공연·영화제 등 VR 중계, 부동산 매물 '가상 임장' 등	3D 소셜 공간에서 래퍼 트래비스 스콧 공연 1230만 명 참여	미국 대통령 아바타로 선거운동, 홍콩 민주화 시위 활용	월 1억 명 이용. 아바타로 공간 만들고 게임머니로 거래

[그림5] 주요 메타버스 관련서비스 현황(출처 : 동아일보/구글)

3) 콘텐츠(Contents)

'콘텐츠(Contents)'는 강조에 또 강조를 해도 지나침이 없다. 콘텐츠는 메타버스에서 아주 중요한 의미를 갖는다. 기술로 접근하는 플랫폼이 있다면 그 안을 채우는 것은 콘텐츠가 돼야 한다. 플랫폼이 오프라인 매장이라면 콘텐츠는 매장의 상품이라고 할 수 있다.

아무리 크고 좋은 매장도 판매될 물건이 없거나 빈약하다면 방문객들의 발걸음은 뜸할 수밖에 없다. 콘텐츠로 실속있는 성장세를 보이고 있는 대표적인 플랫폼으로 '로블록스(Roblox)'가 있다. 로블록스는 온라인 게임 플랫폼으로 게임과 아이템을 사용자가 직접 제작해서 수익을 낼 수 있다. 2004년에 설립해 2006년 출시된 로블록스는 지난 2021년 메타버스로 주식시장에 처음 발을 들였다.

2010년 하반기에 빠르게 성장하기 시작했으며 코로나19 유행으로 인해 그 인기가 더욱 두드러졌다. 로블록스는 무료로 게임을 할 수 있으며 로벅스라는 가상화폐를 통해 게임 내 여러 가지 아이템을 구매할 수 있다. 2021년 5월 로블록스는 570만 명에 최대 동시 접속자를 달성했고 월 1억 6,400만 명 이상의 사용자가 게임을 플레이 한다고 한다.

특이한 것은 사용자가 자체 게임엔진 로블록스 스튜디오를 사용해 자신만의 게임을 만들고, 자신이 만든 게임을 다른 사용자가 들어와 플레이 할 수도 있다는 것이다. 로블록스 스튜디오를 사용해 대부분의 게임은 미성년자들이 개발했고 연간 2,000만개의 게임이 계속 제작되고 있다고 한다.

로블록스 이용자는 플랫폼 안에서 아바타 역할을 하는 데 가상 캐릭터를 장식하기 위해 가상 아이템을 구매하거나 판매·생성한다. 이를 통해 가장 높은 수익을 올리는 크리에이터는 아이템 판매로 약 10만 불 이상을 벌어들인다고 한다.

4) 디바이스(Device)

'디바이스(Device)'의 사전적 의미는 어떤 특정한 목적을 위해 구성한 기계적·전기적·전자적인 장치이다. 쉽게 말하면 메타버스 세상으로의 다양한 경험을 도와주는 장치이다. 헤리포터처럼 포털을 맨 몸으로 이동하는 것이 아니라 전자적 장치를 이용해 연결되는 것으로 스마트폰, PC도 여기에 해당된다. VR이나 AR 기기 관련 기술들도 여기에 해당한다. 현실과 메타버스를 이어주고 하드웨어적 기술들의 도움을 받아 사람들에게 실재감 넘치는 메타버스 세계를 제공하기 위한 것이다. 메타의 오큘러스, MS의 메시지 등 삼성전자도 AR 글래스 라이트를 연구 개발 중이라고 한다.

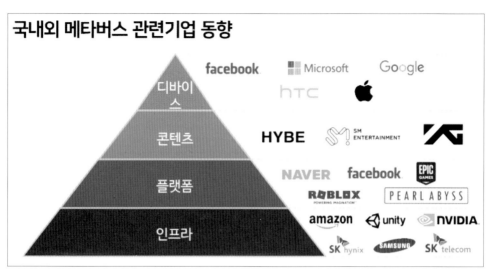

[그림6] 국내·외 메타버스 관련기업 동향(출처 : 교보증권 리서치 센터)

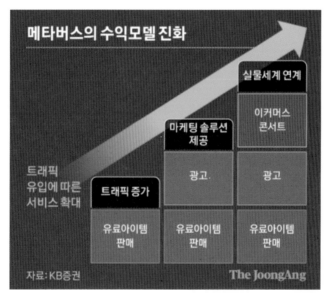

[그림7] 메타버스 수익 모델 진화(출처 : KB증권/중앙일보)

메타버스를 게임의 확장 정도로만 생각하는 사람들도 있다. 지금은 메타버스가 게임에서 출발하지만 훨씬 깊고 넓은 영역이다. 블록체인, 인공지능, 네트워크, 디스플레이와 빅 데이터가 융합된 기술의 발달로 인해서 단순히 게임에만 국한되는 것이 아니다. 사회·문화적 활동과 함께 경제적 수익을 낼 수 있는 플랫폼으로 발전하고 있다. 매번 이목을 집중시키는 기업들의 투자 발표들이 메타버스 플랫폼에 집중돼 플랫폼을 개발하는 데 총력을 기울이고 있다.

로블록스는 메타버스의 콘텐츠를 제공했고, 트래픽을 모으는 게임모델로 이용자들을 모았다. 블록체인은 특정 기업이나 정부에 집중되는 것을 막는 '탈중앙화'를 제공하고 스마트 계약과 디파이 그리고 NFT를 통해 메타버스에서 자산의 소유권과 유동성을 보장한다.

5G 네트워크 업그레이드로 정보의 전송속도를 보장받고 VR, 디스플레이 기술은 사용자에게 더욱 독립적인 경험을 선사한다. 인공지능은 메타버스 데이터 처리의 효율을 높여 필요한 정보만을 가져다 줄 것이다.

모든 것을 실제로 가능하게 하는 특별한 존재이다. 가치를 만들어내고, 블록체인이 그 가치를 유동적으로 만들고, 교환이 가능하게 한다면 데이터는 5G 기술을 바탕으로 전송되고, 인공지능이 데이터들을 학습할 수 있도록 돕는다. 이렇듯 몰입형 디스플레이가 구현되면 메타버스가 구현된다. 이 중 콘텐츠와 블록체인은 기업에서 가장 중요하게 여겨야 할 부분이다. 콘텐츠는 디지털 자산을 만들어내고, 이용자를 끌어오는 가장 중요한 수단이 되기 때문이다. 디지털로 만들어 낸 자산과 '디지털휴먼'과 같은 가상신분의 안전을 보호 하고, 가치가 있는 것들을 교환해 실현할 수 있도록 하는 것, 재물을 투명하게 만드는 것이 바로 블록체인의 핵심기술이다.

전 세계의 게임 이용자 수가 계속해서 증가함에 따라 이제 전체 규모는 이미 1,000억 달러에 이르렀다. 많은 사람들이 가상세계에 들러 소일거리를 즐긴다. 또 많은 게이머들이 게임 창작에 시간을 투자하고 있다. 메타버스의 자산인 가상자산과 신분에 대한 보장이 가상세계에 대한 애정과 노동을 통해 실제로 수익으로 전환시켜 주면서 가상세계에서의 노동은 이제 더 이상 헛된 꿈이 아니다. 게임으로 대표되는 콘텐츠는 사람을 불러 모으는 수단이 되고, 콘텐츠 창작으로 수익을 가능케 하며 자신과 취향이 같은 사람들이 소셜네트워크를 형성해 메타버스에서 가장 중요한 요소로 발생하고 있다.

5 메타버스 플랫폼들의 춘추전국시대 ·····························

1) 포트나이트(Fortnite)

'포트나이트(Fortnite)'는 에픽게임즈에서 2018년에 내놓은 3인칭 슈팅 게임이다. 100명의 플레이어와 함께 즐기는 배틀 로얄 장르로 실시간 전투를 하는 온라인 비디오 서바이벌 게임이다. PC, 콘솔, 모바일 등의 다양한 기기에서 이용할 수 있다. 지난해 포트나이트는 매출은 18억 달러(한화로 약 2조원)으로 전 세계 게임 매출 1위를 차지했다.

[그림8] 포트나이트 게임 속 콘서트를 갖는 래퍼 트래비스 스캇(출처 : 유튜브)

전 세계 가입자 약 2억 5,000만 명 정도이고 이제는 단순한 게임이라고 볼 수만 없고 동시에 가상현실세계라고 불러야 할 것이다.

2020년 4월 미국의 유명한 래퍼 트레비스 스캇이 포트나이트 게임 속 가상현실에서 콘서트를 열어 화제가 됐다. 관람객이 1,230만 명이 몰렸고, 수익은 2,000만 달러(한화 약 220억 원)를 벌어들였다. 9분씩 다섯 번의 콘서트에서 벌어들인 수익은 트래비스 스캇이 2019년 공연 콘서트 투어에서 벌은 하루 매출 170만 달러와 비교하면 수익성에서 비교가 되지 않을 만큼 엄청난 성공이었다. 이 일을 계기로 포트나이트에서 BTS 등 많은 연예인들의 이벤트가 활발히 진행되고 있다.

2) 로블록스(Roblox)

'로블록스(Roblox)'는 2006년에 코퍼레이션에서 개발한 온라인 게임 플랫폼 및 게임제작 시스템이다. 이용자는 자신이 원하는 대로 게임을 제작할 수도 있고 다른 사용자가 만든 게임을 즐길 수도 있다. 모든 게임은 로블록스에서 제공한 기본 개발 툴로 사용자가 직접 제작한 것들이다.

초창기 로블록스는 대부분 갖고 있는 흔한 튜토리얼도 없고 그래픽과 완성도도 낮다는 평가를 받았지만 유통되는 게임의 대부분을 초등학생들이 직접 만들었다는 것이 화제가 됐다. 아바타로 구현된 개개인의 로블록스 가상공간 속에서 큰 기술 없이 레고 놀이와 유사한 과정으로 쉽게 게임을 만들어 이용자들을 접근할 수 있게 하고, 개발한 게임을 유통해서 수입까지 창출할 수 있는 메리트가 있다.

[그림9] 로블록스 개발자가 많은 순위 우리나라도 10위에 올라있다.(출처 : 로블록스 홈페이지)

로블록스에서는 가상화폐인 '로벅스'를 이용한다. 로벅스는 게임을 구매하기도 하고 현금으로 직접 사거나 게임 내 활동으로 벌수도 있다. 만들어진 게임 공간에서 게임뿐만 아니라 이벤트로 친목을 다지는 용도로 사용되며 단순한 게임 플랫폼에서 소셜 네트워크 서비스 공간으로까지 확대되고 있다. 하지만, 부적절한 콘텐츠나 채팅 등에 대한 우려가 제기되고 있어 보안책이 필요해 보인다.

2020년 약 127만 명에 달하는 로블록스 내 창작자와 개발자들이 1인당 평균 1만 달러 약 1,130만 원을 벌어 갔으며 상위 300명의 수입은 약 10만 달러에 달한다고 한다. 2021년에도 급속도로 그 비중이 늘어가는 추세였다. 2021년에는 전년대비 여성창작자가 353% 증가했으며 남성의 경우는 323%가 증가했다. 로블록스 내의 개발자가 많은 순위로 우리나라도 10위에 랭킹 돼 있으며 메타버스의 붐을 타고 더 증가될 것으로 예측된다(로블록스 홈페이지 참조).

로블록스는 메타버스로 주식시장에 처음 발을 디딘 기업이다, 로블록스 플랫폼의 성공요인을 살펴보자. 로블록스 플랫폼은 첫째 '이용자에게 창작 인센티브를 보장'했다고 할 수 있다. 로블록스는 로벅스라는 가상자산을 사용한다. 게임의 아이템을 가상자산으로 구입도 하지만, 한 단계 더 나아가 창작자로 아이템을 만들어 판 가상자산을 실제 화폐로 환전도 가능하도록 하였다.

두 번째는 '문턱을 낮춘 게임 콘텐츠 창작환경'이다. 초반에는 튜토리얼도 없고 게임의 그래픽수준도 낮다는 지적이 있었다. 그러나 레고 놀이 하듯이 쉽게 접근하므로 초등학생들도 쉽게 접근하도록 한 것이 주요했던 요인으로 작용했다. 이 창작자들의 성작속도에 따라 더 복잡하고 난이도 높은 게임들을 만들고 사용자를 어떻게 게임에 오래 머물게 할 수 있는지 콘텐츠의 차별화가 이뤄지고 있다.

가입자의 진입장벽을 낮춘 컴퓨팅 클라우드 서버를 통해 게이머의 게임 디바이스 비용을 낮추고, 저변을 넓히는 동시에 제품경험을 향상시켰다. 그에 따라 사용자 장치에 가해지는 시스템 부하가 가벼워졌고, 게임의 하드웨어 표준이 낮아져 게임이용 가능한 잠재적 이용자 수를 증가시켰다.

[그림10] 숫자로보는 로블록스(출처 : 경향신문)

3) SK telecom의 이프랜드(ifland)

우리나라의 SK telecom에서는 메타버스 플랫폼 '이프랜드(ifland)'를 출시했다. 온라인 모임에 특화된 메타버스 플랫폼으로 코로나19로 만남과 소통이 어려운 이용자들을 위한 공간으로 만들었다. 다양한 산업과 결합해 가상경제 활동이 가능한 공간으로 확장하겠다는 야심찬 계획을 갖고 있다. 현재는 131명이 함께 할 수 있는 공간을 제공하고 있고 많은 기업과 지자체, 대학 등이 SK와 제휴해 비즈니스 포럼 및 입학식, 채용설명회 등의 다양한 행사를 여기서 열고 있다.

[그림11] 이프랜드의 공식 인플루언서 그룹(출처 : 이프랜드)

다른 참석자들과 음성 대화도 나누고, 아바타를 조정해 활동도 하며 아바타를 위한 의상제작까지 할 수 있다. 또한 아바타와 오픈월드에 샌드박스까지 결합된 메타버스 플랫폼이다.

우리나라 최초로 순천향대학교는 입학식을 이프랜드에서 치러 메타버스를 알리는 큰 이슈를 만들었던 행사이다.

[그림12] 순천향대학교 입학식(출처 : 구글)

지난 10월에 메타버스에서 열린 세븐일레븐 채용면접을 통과해 한 달간 인턴과 임원의 화상면접을 거쳐 최종 합격한 육○○ 씨는 "오프라인 면접은 긴장도 많이 될 뿐 아니라 다른 면접자와의 소통이 불가능했다. 그런데 메타버스 면접은 편안한 분위기에서 대화를 나눌 수 있을 뿐 아니라 다른 면접자와 소통하고 교류할 수 있어서 좋았다"고 말했다(중앙일보 22.02.09).

4) 제페토(Zepeto)

우리나라에서 만든 메타버스 플랫폼으로 이프랜드 이외에도 네이버 제트의 '제페토(Zepeto)'가 있다. 제페토는 2018년 8월에 출시됐고 2020년 5월 11일 스노우 대표와 제페토 리더가 공동대표를 맡아 네이버Z 코퍼레이션으로 분사했다. 2022년 3월의 누적 가입자가 3억 명이 넘어섰다. 출시 3년 만에 주목받는 메타버스 플랫폼이 된 것으로 앞으로의 행보가 주목되는 플랫폼이다.

제페토는 할아버지가 피노키오를 만들 듯 나를 닮은 캐릭터를 만들고 가상공간에서 새로운 경험을 갖게 한다. 아바타 꾸미기에서 그치는 것이 아닌 아바타가 입을 옷을 코디해 입히고, 다양한 장소에서 다른 아바타들과 다양한 사진을 찍어 공유할 수도 있으며, SNS적 요소를 가미시켜 서로의 아바타를 팔로우 할 수 있도록 했다.

제페토 이용자의 80%는 Z 세대이며 그 중 국내 이용자의 66.3%가 7~12세로 가장 많이 사용하는 연령대이다. 크리에이터 렌지가 옷 만들기로 벌어들인 월 1,500만원이란 수익을 공개하자 많은 사람들이 아바타로 옷을 만드는 것에 관심을 갖고 제페토를 이용하기 시작했다.

[그림13] 아바타로 즐기는 또 다른 세상 제페토(출처 : 제페토)

제페토의 사용자는 단순히 즐기기만 하는 진짜 이용자와 아이템을 만들어 판매수익까지 얻는 크리에이터로 분류돼 사용하고 있다. 제페토는 아바타를 통해 실현할 수 있는 활동의 범위가 넓다. 제페토에서는 사용자들이 자신을 표현할 수 있는 다양한 창작 툴을 제공하고 있다. 아바타의 모습을 자신과 비슷하게 꾸밀 수 있으며 옷을 제작해서 판매가 가능하게 했다(본인도 사서 입어야 함). 빌드잇을 통해 아바타가 있을 월드도 만들 수가 있다.

특히 크게 보면 서로 팔로잉할 수 있는 소셜네트워크 활동과 사용자 창작 콘텐츠(UGC, User Created Contents)의 창작이 활발하게 이뤄지고 있다. 또 제페토에서는 인플루언서와 유저들이 직접 다양한 콘텐츠를 제작해 판매할 수 있는 '제페토 스튜디오'를 제공하고 있다.

제페토 스튜디오는 출시한지 한 달 만에 8억 원에 달하는 매출을 달성했으며 이를 지켜보던 글로벌 브랜드들인 GUCCI, 디즈니, 나이키 등은 미래의 소비자인 MZ 세대를 사로잡기 위해 제페토 스튜디오에 입점하고 있다. 현실에선 비싸서 쉽게 구입하지 못하는 명품을 저렴한 가격에 구매해 자신의 아바타에게 입힐 수 있게 했다.

이용자가 콘텐츠를 지속적으로 생산하고 소비할 수 있는 플랫폼의 기틀을 마련하고 있다. 명품을 입힌 자신의 아바타를 다른 이용자들에게 보여줌으로써 브랜드 인지도를 올리고 명품에 익숙하게 접근하고자 하는 브랜드의 전략도 숨겨 있다.

코로나19의 영향으로 오프라인에서 진행하지 못했던 팬 사인회와 패션쇼를 제페토에서 진행할 수 있다. 여러 브랜드들은 웹툰, 캐릭터아티스트들과 협업해 아이템, 맵, 포토부스, 뮤직비디오를 제작하게 됐다. 현재로는 구찌, 현대자동차, 서울특별시, 스누피, 쿠키런, 블랙핑크, 크리스찬, KT, 디즈니, 네이버 웹툰 라인프렌즈, 플레이 리스트 등이 입점해서 자신들의 상품을 진열하고 소비자들이 그 공간에서 놀도록 함으로 브랜드 진입 문턱을 낮추고 자연스럽게 익숙해지도록 하는 전략을 펼치고 있다.

최근 빅 히트 엔터테인먼트에서 120억 원, YG 엔터테인먼트에서 50억 원의 투자를 받았다. 지속적으로 연예인들이 참여하는 콘텐츠들을 생산함으로 꾸준히 사용자들을 고정시킬 콘텐츠를 만들 수 있다. 계속적인 팔로워를 늘리기 위해 아바타는 더 비싼 아이템을 사고 그것을 적용하는데 광고주들도 이런 점을 이용해 자신의 브랜드를 광고할 수 있다.

최근에는 '젭(Zep)'이라는 제페토 아바타를 배우삼아 만드는 드라마로 제페토 만이 갖고 있는 아바타의 다양한 표정과 제스처가 이런 콘텐츠를 가능하게 했다고 보인다. 앞으로도 옷과 아이템뿐만 아니라 제페토 맵 제작에 대한 니즈가 계속될 것으로 예상된다.

5000만
스튜디오 아이템 판매량

150만
스튜디오 크리에이터 수

2억
제페토 가입자 수

[그림14] 제페토 스튜디오의 아이템 판매량과 크리에이터와 가입자 수(출처 : 제페토)

5) 디센트럴랜드(Decentraland)

지난 1월 삼성전자는 이더리움 기반의 메타버스 플랫폼 '디센트럴랜드(Decentraland)'에 '삼성 837X'를 오픈했다. 삼성전자의 미국법인은 뉴스룸 공식 트위터 채널을 통해 가상 매장을 오픈한다고 밝혔다. 이 매장은 실제로 존재하는 워싱턴스트리트 837번지에 소재한 삼성전자의 제품체험 전시장 삼성 837을 가상으로 옮겨 놓은 것이다.

각종 삼성의 제품을 이곳에서 체험하게 만들었고 공연장과 음악홀도 마련돼 '커넥티비티 극장', '지속가능성의 숲', '커스텀 스테이지' 등을 갖추고 있다. 일정기간 이곳에서 이벤트도 연다고 한다.

[그림15] 메타버스 플랫폼 디센트럴랜드의 '삼성 837X'(출처 : 구글)

6 메타버스가 신기한 사람들 ·······················

그렇다면 소비자들은 메타버스를 받아들일 준비가 됐을까? 그렇다. 소비자는 이미 메타버스를 받아들일 준비가 됐을 뿐만 아니라 삶에서 이미 메타버스 세상을 누리고 있다. SNS, 온라인 커뮤니티, 게임에서 이미 메타버스를 즐기고 경험하고 있다. 인터넷 속의 공간이 2D에서 3D로 변하고 있다는 것에 사용자는 더 이상 낯설지 않다. ID만으로 표현하는 것보다 다양한 아바타로 자신의 개성과 정체성을 표현하는 것을 즐긴다. 의사소통도 텍스트뿐만 아니라 실시간 음성과 영상을 포함한 콘텐츠로 나누고 있다.

이전에는 인공지능, 디지털휴먼, 클라우드, 게임, 증강현실, 가상현실 등 각종 소프트웨어와 하드웨어가 등장했으나 소비자가 사용하기에는 기대에 미치지 못한 경우가 많았다. 너무 비쌌고 개인이 구매하기에 적합하지 않았다. 메타버스가 활성화되기에는 우리의 예상에 비해 너무 이른 감이 있었다.

하지만 코로나19로 분위기가 완전히 바뀌었다. 우리의 삶이 오프라인에서 온라인으로 급격하게 이동하면서 오프라인 활동을 대신해서 가상회의, 재택근무, 인터넷 커뮤니티 등 온라인이 활성화되면서 온라인에서의 경제활동과 상품들과 서비스 등이 자연스럽게 늘어났다.

플랫폼의 변화도 무시할 수 없다. 기존의 인터넷은 플랫폼과 콘텐츠로 소비자를 사로잡았다. MZ 세대로 분류되는 20대와 30대의 청년들은 공유와 체험이란 키워드를 좋아한다. 공유체험은 시간과 공간을 초월한 메타버스를 누리기에 적합하며 온라인 공간에서 함께 체험을 공유하고 소통하는 것을 의미한다. 인터넷에서 내려 받아 각자 즐기는 것이 아닌, 온라인 공간에 동시간대에 모여서 함께 소통하며 즐기는 것을 의미한다.

태어나는 순간부터 핸드폰을 손에 쥐고 살아온 디지털 네이티브에게는 온라인 공간은 현실 못지않게 중요한 공간이다. 이들은 현실과 가상공간을 특별히 구분해서 사용하지 않는다. 오히려 나를 대신하는 온라인 속 캐릭터는 현실 속 자아를 드러내며 실제 친구를 만나기도 하고, 새로운 부캐를 설정해 온라인 속에서 또 다른 친구를 만들기도 한다.

사회적 유대관계를 맺는 것처럼 메타버스에서 쇼핑을 하거나 아이템을 만들어 수익을 만들어 내기도 한다. 콘텐츠를 자유롭게 활용할 수 있기에 단순한 게임이 아닌 유저 스스로 창작자가 돼서 가상의 옷이나 가상공간의 내부 디자인을 판매하는 형식이다.

이렇듯 Z 세대가 모여 있는 메타버스 공간을 빌려 브랜드를 홍보하거나 팬들과 소통하는 자리를 만들고 있다. 가상공간에서 취미와 쇼핑, 교육, 회사업무 등 실제 세상에서 이뤄지는 일들을 버젓이 행하고 있다. 기술이 개발될수록 더욱 가까운 미래에 점차 증가될 일들이다. 미래를 앞서 내다보고 메타버스를 발 빠르게 활용한 곳이 어딘지 알아볼 필요가 있다.

⑦ 준비된 사람들의 시장 ·····················

이렇듯 다양한 기술을 바탕으로 발전하는 메타버스는 우리의 생활에 어떠한 영향을 줄 것인가? 또 기업들을 자금과 인력이 있어서 자사의 메타버스 플랫폼을 만든다고 투자를 아끼지 않고 있다. 하지만 소상공인들은 이러한 분위기에 휩쓸리기 보다는 흐름을 읽어낼 필요가 있다.

오래전 인터넷이 처음 보급되고 붐을 일으키던 때의 과오를 기억해야 한다. 자칫 회사 홈페이지를 만들었다 사용하지 못하고 방치하는 이전의 수순을 밟을 수도 있다. 그렇다고 손놓고 바라만 볼 수는 없는 노릇이다.

계속되는 코로나19로 인해 기업들은 소비자와 만날 접점들을 잃어버렸다. 20~30대는 온라인구매가 익숙하다고 하지만 오프라인에서 구매하던 40~50대의 소비자들도 온라인으로 돌아섰다. 문을 닫는 점포들뿐만 아니라 유통의 공룡 같던 대형 매장들도 폐점을 하고 있는 것이 현실이다.

지속되는 코로나19로 40~50대의 소비자마저 온라인에서의 구매활동이 익숙해졌으며 더 저렴하고 좋은 물건을 찾아 이동하고 있다. 이렇듯 변화하는 시장에서 변화를 읽지 못한다면 도태될 수밖에 없다.

로블록스, 제페토, 디센트럴랜드 등 요즘 뜨는 메타버스 플랫폼들은 공통적으로 기업에서 만들어 놓은 콘텐츠를 판매하는 시스템이 아니다. 사용자들이 직접 콘텐츠를 생산해서 수익을 창출할 수 있는 디지털 도구로써 플랫폼을 제공한다는 특성이 있다. 이런 디지털 도구 덕분에 메타버스에서는 슈퍼 크리에이터가 늘어날 것이라는 전망이 나온다. 로블록스와 제페토의 사례가 좋은 본보기가 되고 있다.

정보기술 업계에 따르면 전 세계적으로 10대 사용자가 압도적으로 많은 제페토에 최근 20~ 30대 유입이 늘어나고 있다고 한다. 가장 큰 이유는 아이들 사용자 위주였던 제페토에 크리에이터들이 진출했기 때문이라는 분석이다. 제페토에서 활동하는 크리에이터는 100만 명을 넘어선 것으로 알려졌다.

2D와 3D 이미지, 애니메이션을 제작하는 노하우만 있다면 누구나 제페토 아바타가 사용할 수 있는 신발, 옷, 액세서리, 매니큐어, 모자 등 같은 다양한 아이템을 제페토 스튜디오에서 만들어 판매할 수 있다. 일정 금액이 모이면 통장으로 실재의 재화로 입금이 되기도 한다.

제페토 아이템 가격도 제각각이어서 사용자가 직접 책정하도록 돼 있다. 아이템의 가격이 높고 낮음에 따라 판매수량에도 영향을 줄 수 있다. 제페토 사용자들 사이에서는 신상품이 언제 출시될지에 대한 정보를 듣고 인기 크레이터의 아이템을 할인된 가격으로 판매되는 이벤트도 가질 수 있어 실제 시장에서 활동과 별반 다르지 않다.

한 정보기술 업계 관계자는 "제페토에서 플랫폼 재화인 체험을 통해 아이템을 사고파는 데 현실과 같은 시장경제가 작동하고 있다"라고 말했다.

8 메타버스 마케팅 ·····································

마케팅이란 생산자가 상품 혹은 서비스를 소비자에게 유통시키는 데 관련된 모든 체계적인 경영 활동을 의미한다. 더 정확하게는 개인 및 조직의 목표를 만족시키는 교환의 창출을 위해 아이디어나 상품 용역의 개념을 정립하고, 가격을 결정하며, 유통 및 프로모션을 계획하고, 실행하는 과정을 말한다.

메타버스 마케팅은 어떠할까? 메타버스에서는 모든 공간이 마케팅의 도구로 이용될 수 있다. 가구, 자동차, 옷 등 이미지가 아닌 홍보를 필요로 하는 오브젝트들을 구현함으로 드라마 속의 PPL처럼 홍보하는 것이다. 메타버스 플랫폼은 사용자들이 돌아다니면서 실제처럼 사용하고 눈으로 익숙해지는 공간이므로 어느 공간을 어떤 브랜드가 선점했는가는 중요한 요소로 작용될 수 있다. 최근 제페토에 만들어진 삼성의 '마이홈'은 단기간에 최대 방문객을 만들어 화제가 됐다.

이렇듯 메타버스 공간 안에 들어가야 할 오브젝트들을 기획에 맞춰 홍보해야할 기업의 상품을 제공한다면 사람들의 마음을 끌고 인지도를 높일 수 있다. 메타버스에서는 전파의 속도가 빠르다. 마케팅을 목적으로 만든 오브젝트들을 복제해 다른 공간과 아바타에 적용이 가능하므로 무한하다고 할 수도 있다.

메타버스에서는 체험이 가능하다. 체험을 별것 아니라고 치부할지도 모른다. 하지만 MZ세대는 체험과 공유의 가치를 중요시한다. 체험을 하면서 느끼는 감정과 가치는 자신 만의 언어로 재생산 돼 다른 이용자나 SNS로 바이럴을 만들 수 있다. 따라서 고객이 체험을 통해 브랜드의 가치를 느낄 수 있도록 체험을 구성할 필요가 있다. 단순한 광고의 노출에서 그칠 것이 아니라 직접 입어보고 사용해 보는 것이 중요하다.

Epilogue ··

　대기업들이 메타버스에 뛰어들고 있다고 모두가 한 방향으로 뛸 수는 없다. 내가 팔 수 있는 상품과 서비스가 어떤 것들이 있는지를 알고, 어느 플랫폼에 나의 고객들이 모이는지 지켜보아야 한다. 고객이 모이는 플랫폼을 찾아서 상품과 서비스를 디벨롭 해야 한다. 각자의 영역에서 할 수 있는 상품과 서비스를 찾는 것이 중요하다.

[그림16] 넷마블의 가상현실 플랫폼과 가상 아이돌(출처 : 구글)

　메타버스는 이용자 중심으로 탈중앙화를 시도하고 있으며 그런 플랫폼들에 이용자들이 대거 유입되고 있다. 로블록스가 크게 성장한 근본적인 이유는 제작사가 개발과 운영을 주도하고 있지만 게임의 세계는 사용자들에게 맡겨졌기 때문이다. 개발자들은 로블록스 플랫폼을 만들었을 뿐이지 실제 게임을 만드는 것은 사용자이다.

　그 사용자들이 게임 만드는 법을 소통하고, 만들기도 하며, 서로의 공간에 방문해서 이용해 보고, 서로 피드백을 해주는 문화가 만들어져 단순한 게임에서 성취감을 느낄 수 있게 한 것이다. 그 뿐 아니라 로벅스라는 로블록스의 가상자산으로 물건을 사고 팔 수 있다는 것이 알려지면서 더 많은 사용자들이 생기는 역할을 하기도 했다.

　사용자 중심의 플랫폼은 낯설지 않다. 메타버스뿐만 아니라 다른 서비스 영역에서도 이미 도입이 됐다. 우리가 익숙하게 즐기는 유튜브와 틱톡처럼 사용자가 관심을 갖는 콘텐츠를 선택할 수 있는 UCG (User Combinative Game)로 사용자가 콘텐츠에 참여해서 콘텐츠를 만들도록 하는 것이다.

메타버스가 발전할수록 가상의 커뮤니티가 여러 방식으로 분산돼 존재하며 일부 기업들은 자체적인 플랫폼을 만들려고 할 것이다. SKT가 ifland를 만들고, 네이버Z가 제페토를 만들었듯이 다른 많은 기업들이 각자의 플랫폼 제작을 시도할 것이다.

그러나 플랫폼을 만들었다고 만든 플랫폼 모두가 살아남을 것인가? 만드는 것과 사용자가 계속적으로 그 플랫폼을 이용하고 제화를 축적하는 것, 또 지속적으로 이용할 수 있는 콘텐츠를 제작하는 것은 각자의 다른 부분이며 하나의 기업이 이를 완성해 내기에는 역부족으로 보인다. 몇 개의 거대한 플랫폼에 데이터와 사용자가 모이게 될 것이고, 사용자가 많아지면 정보와 콘텐츠가 늘어날 것이다. 콘텐츠와 사용자들이 모이는 선순환은 계속 될 것이다.

이러한 메타버스의 특성은 기업 간의 다양한 협업시스템을 불러올 것이며 이미 제페토에서는 엔터테인먼트 기업인 빅 히트, YG, JYP에서 투자를 받기로 했다고 발표했는데 제페토 내에 지속적인 콘텐츠를 위한 발판을 마련한 것으로 보인다.

여기 저기 흩어져서 만들어지는 각 기업의 플랫폼들은 시스템의 발달과 함께 연결돼 상호운영이 가능한 단계로 이어져 갈 것이다. 현재는 플랫폼마다 각각의 다양한 아바타로 정체성이 혼동될 수 있다. 소비자는 자신의 아바타 하나로 이런저런 플랫폼을 두루 다니며 경험과 소비를 할 수 있게 한다면, 메타버스 내에서의 소통도 유대감도 돈독해지며 더 활발하게 이뤄질 것이라고 조심스레 기대해 본다.

메타버스라는 개념을 처음 접했을 때 대부분의 사람은 게임이나 영화, 공상과학영화 등을 떠올렸다. 하지만 지금은 그런 콘텐츠의 범주를 넘어서 비즈니스 전략으로 접근하고 있다. 우리가 메타버스를 미리 이해하고 선점하는 것은 메타버스를 이용하는 고객과 프로세스를 이해해서 비즈니스 전략을 세우고 수익을 얻는데 도움을 줄 수 있다.

기업을 포함한 많은 공공기관들이 메타버스에 뛰어들고 있다. 메타버스로의 쏠림이 심해지면 메타버스로 향하는 시선이 곱기만 할 수는 없다. 처음 인터넷이 시작될 때 많은 회사들이 웹 사이트를 꾸미느라 바빴고, 스마트폰이 보급되는 시점에는 자사의 앱을 출시하려 동분서주 했다. 하지만 사용하지 못하고 거금의 투자금만 들인 채 방치돼 사라지는 홈페이지와 앱들도 많았다. 그 때의 실수를 반복하지 않으려면 미리 공부해두고 시장의 추이를 지켜보는 신중함이 필요하다.

메타버스 비즈니스에서 가장 먼저 해야 할 것은 독자가 속한 기업과 조직이 메타버스로 무엇을 할 것인지 결정하는 것이다. 소상공인으로 메타버스 환경을 제작하거나 유통 가능한 상품과 서비스가 게임에 해당되는지, 영화에 해당되는지도 판단해볼 필요가 있다. 또한 메타버스 플랫폼에서 더 효율적일지, SNS가 더 효율적인지도 냉철한 판단과 접근이 필요하다.

메타버스 플랫폼의 중요성은 앞에서 언급이 됐다. 플랫폼 외의 사용자와 기업의 입장은 이전과 많이 달라질 수 있다. 서로의 콘텐츠를 사용하고 다시 콘텐츠를 만들어내는, 서로 생산자와 소비자로 경계가 모호해지고 상호작용하게 될 것이다.

메타버스의 대표적인 회사로 최근 이름을 바꾼 메타(구 페이스북), 유명인 포털서비스인 네이버, 다음 카카오, SKT, 로블록스 같은 기업의 강점은 광범위하게 확보한 이용자들과 빅 데이터 분식을 기반으로 깊고 있다는 점이다. 이러한 기업들은 제페도 겉은 플랫폼을 만들어 아바타 중심의 수익을 창출할 수 있다. 그러나 소상공인들은 이러한 플랫폼에서 제공하는 서비스에 어떤 콘텐츠를 이용하는 것이 유리한지를 먼저 따져보는 것이 나을지도 모른다.

게임이나 엔터테인먼트 기업들은 그동안 축척해 둔 유저들의 데이터로 활용할 수 있으며, 이용자가 좋아하는 선호도나 플레이 시간과 취향 등을 알 수 있다. 이를 바탕으로 콘텐츠 개발과 이용자의 가치를 증대시켜 수익을 창출할 수 있도록 하는데 초점이 맞춰져 있으므로 출발선부터가 이미 다르다고 할 수 있다.

메타버스에 접근하는 방식을 두 가지로 나눌 수 있다. 새로운 메타버스 플랫폼을 만들 것이냐, 아니면 기존에 만들어진 메타버스 플랫폼에 올라 탈 것인가이다. 중소상공인들이 메타버스 플랫폼을 만드는 것은 어려운 일이며, 플랫폼을 유지하는 통신과 크라우드 비용을 감당하는 것도 쉽지 않다. 그보다 중요한 것은 한번 방문한 이용자를 계속적으로 머물게 하기 위해서는 붙잡아 둘 수 있는 '킬러콘텐츠'가 필요하다. 이런 이유로 중소상공인에게는 플랫폼을 만드는 것보다 어느 플랫폼을 이용할 것인가를 선택하는 것이 중요한 이슈가 될 것이다.

내 소비자의 선호도와 취향에 대한 데이터와 계속적인 수요를 일으킬 콘텐츠가 있다면 플랫폼을 선점해서 인지도를 쌓아야한다. 또 내 상품을 소비할 소비자 층이 모이는 플랫폼을 선점해 들어가는 기민함이 필요하다. 카카오톡은 국민 메신저로 남았으나 네이버 라인은 국내에서 거의 사용되지 않고 있다. 단 몇 개월 만에 이미 선점된 시장에서 밀려나 해외에서 판로를 찾을 수밖에 없었다.

모두가 메타버스로 향하고 있는 이때 모두의 고객과 상품이 같은 서비스와 제품을 제공하는 것이 아니므로 소비자에게 메타버스를 제공하기 위해서는 서비스 관점으로 접근해야 한다. 메타버스의 정의를 명확히 하고 그 속성이 어떤 것인지 알아봐야 한다. 내가 속하게 될 메타버스 플랫폼에 주 사용자와 이용패턴에 대한 이해가 필요하다. 기업의 강점을 부각시킬 수 있는 플랫폼인지 또 고객의 불편사항을 해소하고 보완할 수 있는지도 알아보아야 한다.

차려진 밥상 위에 어느 쪽 숟가락을 들지를 결정하기 위해서는 꾸준히 메타버스에 관심을 가지고 각 플랫폼들이 어떤 서비스와 어떤 상품으로 어느 기업과 콜라보를 하는지 메타버스 시장의 변화를 주시하며 지켜볼 필요가 있다.

[참고문헌]

- 메타버스 새로운 기회 베가북스 (김상균,신병호)
- 메타버스의 시대 다산북스 (이시한)
- 메타버스 경영 메타팩토리 (최진영, 송민재)
- 나의 첫 메타버스 수업 메이트북스 (이재원)

Chapter **6**

4차 산업혁명 시대의
메타버스와 생활문화

최 백 만

4차 산업혁명 시대의 메타버스와 생활문화

Prologue ···

인류는 유구한 역사를 거치며 여러 동식물의 번성과 멸종을 거듭하는 과정 중에서도 생존했다. 많은 학자는 인류가 지구에서 빙하시기를 극복하고 오늘날 가장 번성한 종으로 자리 잡게 된 것은 언어와 불, 도구의 사용으로 보고 있다. 언어는 생각을 문자로 남기고, 불은 생존과 과학기술의 발전을 촉진하며, 도구사용은 이를 기록하거나 도식화해 오늘날 문명과 문화발전에 기여하였다.

'문명(Civilization)'은 라틴어 'Civis'에서 파생된 용어로 '시민이 되게 하다' 또는 '세련되게 하다'라는 동사(Civilze)를 동명사화한 단어이다. 문명은 서구 열강국가가 식민지 개척과 자원 확보로 산업발전을 이뤘고, 문화적 성취를 이룬 우월한 의식이 반영한 것으로 볼 수 있다. 문명은 당시 사회구조 안에서 균형상태, 사회구성원의 생활수준과 의식, 자손에게 물려주는 특권 등을 의미한다. 즉 문명이란 인류가 활용하고 있는 물질, 기술, 사회구조적으로 발전시킨 체계와 과거에 비해 발전시켜서 생활에 편리한 기계나 구조물을 말한다.

'문화(Culture)'는 토양에서 식물을 경작 또는 재배한다는 'Cultivation'에서 유래한 말로 '마음의 경작'이라는 의미이다. 인간이 살아가면서 평생 땅을 갈면서 땀을 흘리고 가꾸는 것을 문화라고 표현한 것이다. 이 문화는 원래의 상태인 토지에다 도구를 활용해 갈고, 심고, 가꿔 결실을 맺는다는 의미에서 생겨났다. 정서는 인위적인 상태인 인간의 지식과 경험이라는 의미를 담고 있다. 인간이 가진 정서를 바탕으로 지식, 신념, 예술, 법, 도덕, 경험과 지식, 능력과 습관을 포함한 모든 것이라고 할 수 있다. 그래서 문화는 인간이 배워서 익숙한 습관, 생각, 감정, 행위가 반복과 유형화되는 것이다. 따라서 문화란 인간이 살아가면서 경험하는 생활방식과 생활태도를 의미한다.

인류가 오늘날과 같이 번성하는데 결정적인 사건은 '산업혁명'이라고 볼 수 있다. 따라서 본 장에서는 인류에게 새로운 차원의 문명과 문화를 변화시킬 4차 산업혁명시대의 메타버스와 생활문화라는 주제로 산업혁명 이전 시대와 산업혁명 시대로 구분해 기술하고자 한다.

▐ 1 ▌ 산업혁명 이전 시대 ······················

인류 역사는 시대별 연대기를 문화권이나 대륙, 국가, 사건이나 학자마다 적용하는 기준이 다르지만 일반적으로 알려진 바와 같이 선사시대와 역사시대로 구분하고 있다. 선사시대는 문자가 발명하기 이전 시대로 구석기, 중석기, 신석기 및 철기시대로, 역사시대는 고대, 중세, 근세, 근대, 현대로 나눈다.

첫째, 구석기시대(70만년~1만년)는 벽화를 그리고 돌로 제작한 무기를 사용해 당시 사냥할 때 사용하는 도구가 문명의 바탕을 이루었다. 둘째, 중석기시대(1만년~B.C 4000)는 토기를 제작해 물이나 음식과 생활필수품을 보관하는 용품으로 사용하고, 가축사육과 불을 사용하기 시작하였다. 셋째, 신석기시대(B.C 4000~B.C 1000)는 마제석기, 농사, 토기, 종교, 매장문화가 발달하였다. 넷째, 청동기시대(B.C 1300~B.C 1000)는 주석과 구리의 합금을 주조해 무기생산과 무역활동이 발전해 이집트 문명, 메소포타미아 문명, 인더스문명, 황하문명 등 4대 문명을 꽃을 피웠다. 다섯째, 철기시대(B.C 1200~A.D 586)는 금속가공법으로 철을 생산하기 시작해 무기체계, 건축, 교통수단 및 예술품 등 다양하게 발전했으며 헤브라이즘과 헬레니즘 문화를 이어가게 하였다.

이후 고대국가 시대(395~476년)는 문자, 지도, 철학, 종교, 법률, 도량형의 발견으로 문명과 문화발전 등 르네상스 시대를 여는 시기였다. 중세시대(476~1476)는 학문과 종교의 발전, 자원개발과 식민지 개척 등이 주류를 이뤘다. 근세시대(1776~1914)는 1차 산업혁명이 끝나고 2차 산업혁명이 절정을 이루었던 때, 제1차 세계대전이 일어난 때까지로 구분하고, 근대시대(1914~1950년)는 2차 산업혁명으로 과학기술과 전쟁무기 생산이 무르익었던 시기이면서 냉전시대가 본격화되는 시점이다. 현대시대(1950년~현재)는 냉전시대가 시작된 이후부터 지금 우리가 살고 있는 지금까지로 구분하고 있다.

② 산업혁명 시대 ···

1) 1차 산업혁명

(1) 시 기

1차 산업혁명은 인류 역사이래 새로운 전기를 가져온 사건이었다. 1776년은 역사상 인류가 경제적으로 더 나은 삶을 추구하고 인간답게 살아갈 수 있는 중요한 이정표를 제시하였다. 인류가 오늘날의 문명과 문화를 누리고 풍요롭게 살아갈 수 있도록 도약하게 한 1차 산업혁명의 길을 열어준 원년이다. 1776년은 세계적인 경제학자 아담 스미스가 국부론을 출간해 일반인이 경제 분야에 눈뜨게 하였고, 미국은 영국과 전쟁에서 승리해 독립한 해이기도 하다. 1차 산업혁명 기간은 지금까지 밝혀진 자료를 살펴보면 1776년부터 1850년대 초반으로 정리하고자 한다.

(2) 시대적 배경

1712년 영국 기술자인 토마스 뉴커먼(Thomas Newcoman)은 밀폐된 용기에 물을 끓이면 수증기가 강력한 에너지를 만들어내는 증기기관 엔진을 개발하였다. 그리고 증기기관 엔진을 이용해 광산에서 작업할 때 암반수를 처리하는 배수용 기계로 활용하였다.

1769년 영국 엔지니어인 제임스 와트(James Watt)는 뉴커먼이 제작한 증기기관의 문제점을 보완한 분리응축기로 특허를 받았다. 1776년에는 상업용 증기기관을 만들었고, 1783년에는 회전식 증기기관을 개발하였다. 이 동력원은 단순한 왕복 운동하는 기관에서 회전식으로 운동하는 동력원으로 엔진을 제작하였다. 1800년 이후 리처드 트레비식은 와트가 개발한 증기기관과 같은 크기와 중량으로 더 강력한 동력을 만들어내는 고압 증기기관을 개발하였다.

[그림1] 뉴커먼 증기기관(출처 : 네이버) [그림2] 제임스 와트 증기기관(출처 : 네이버)

조지 스티븐슨은 트레비스가 개발한 고압 증기기관에 착안해 광산에서 채굴한 석탄운반용 증기기관을 제작하였다. 이후 1820년 버틴쇼어가 개발한 15피트 레일에서 증기기관차를 운전하는데 성공하였다. 10년이 지난 1825년 세계 최초 공공철도를 개설하였고, 스티븐슨은 새로운 증기기관차인 로코모션에 석탄과 밀가루 80톤을 적재한 후 시속 39km 속도로 운전해 첫 운전기록을 세우게 되었다.

[그림3] 스티븐슨 증기기관차(출처 : 네이버)

이 세상에서 이뤄지고 있는 모든 일은 어느 한 가지로만 변화를 가져오게 하기에는 많은 어려움이 뒤따른다. 무슨 일이든지 서로 연결된다는 의미이다. 토마스 뉴커먼이 증기기관을 만들고, 제임스 와트가 문제점을 보완하여 상업용 증기기관을 만들었으며, 리처드 트레비식은 고압 증기기관을 개발하였다. 그리고 버틴쇼어가 레일을 만들고, 조지 스티븐슨은 증기기관차에 화물을 적재하고 운행하는 열차 즉, 오늘날 화물열차 전신인 열차를 제작하였다.

(3) 1차 산업혁명과 사회변화

고대 중국은 문자와 종이, 화약과 나침반, 건조식품 등을 발명하였고, 고대 이집트는 도량술과 건축술, 그리스는 예술문화 등 문명과 문화발전을 이끌었다. 이러한 커다란 움직임은 산업화로 이어져 경제발전에 동력을 가져와야 하나, 모두 공유해야 할 문명을 일부 기득권층에서 자신의 특권처럼 사용한 나머지 산업혁명으로 연결하지 못하였다.

그러나 증기기관 발명은 광산 석탄수송이나 수송수단의 발전에 기여한 점에 그치지 않고 인류에게 이동수단을 제공하였다. 더 나아가 산업화를 이뤄 경제 전반에 걸친 영향이 그만큼 컸다는 점에 주목할 필요가 있다. 뉴커먼은 증기기관을 만들고, 와트는 고압 증기기관을 만들어 광산에서 활용하였다. 새뮤얼 크럼프턴은 1790년 증기기관으로 방적기를 만들어 섬유산업의 혁신으로 대량생산에 불을 지폈다. 와트와 볼턴은 1825년에 증기기관차로 물자수송을 했으며, 1830년에는 리버풀에서 맨체스터까지 여객수송용 기관차를 운용해 수송분야의 대변혁을 가져왔다.

이때 영국 경제규모는 정체상태였지만 농업기술의 발달로 인구가 폭발적으로 증가하였다. 그리고 산업혁명이 본격적으로 시작된 1780년부터 1830년까지 경제발전이 급성장해 유럽과 세계 경제와 정치의 중심국가로 성장하였다. 산업혁명은 영국에서 기득권층인 귀족보다는 기업인에게 경제적으로 부를 축적하게 했고, 상인에게는 사회적 신분 상승을 시켜주는 계기가 되었다.

당시 영국은 산업혁명 시기에 노동환경과 사회제도에서 빈곤과 질병, 열악한 근로조건과 작업환경 등 많은 문제점이 드러나 1802년 공장법이라는 공공의 사회법을 제정하였다. 이 공장법은 영국 정부가 1789년 프랑스에서 일어난 대혁명을 바라보면서 프랑스와 같은 전

철을 밟지 않으려는 예방책이기도 하였다. 하지만 제도적으로 노동자 보호측면에서 역사적 의의가 있으며 오늘날 노동법의 근간이 되었다.

(4) 1차 산업혁명 시대의 메타버스

1차 산업혁명 시대의 메타버스는 가내 수공업에서 대량생산으로 옮겨가게 한 증기기관이 핵심이라고 할 수 있다. 1차 산업혁명의 메타버스는 수증기에서 발생한 열에너지를 기계적 에너지로 변환해 동력원을 발생하는 증기기관의 핵심이다. 증기기관차는 오늘날 역사 속으로 사라져 박물관에 보관돼 있지만 지금 우리는 더 진화된 전기 고속열차를 이용하고 있다.

증기기관을 개발한 토마스 뉴커먼은 제임스 와트에게, 제임스 와트는 리처드 트레비식에게, 리처드 트레비식은 조지 스티븐슨에게 새로운 길을 열어주었다. 이러한 여러 발명가는 많은 실패를 겪을 때마다 고통스러워하면서도 땀을 닦으면서 다시 일어났고 드디어 후발주자가 결실을 얻어 결국 산업혁명에 불을 지펴 최초의 열차라는 발명품을 만드는데 기여하였다.

2) 2차 산업혁명

(1) 시 기

2차 산업혁명 시기는 1850년 초기부터 1960년대로 정리하고자 한다. 영국을 비롯한 프랑스, 포르투칼, 네덜란드, 스페인, 일본 등 열강국가는 후진국가에 침략해 확보한 자원으로 제품을 생산하는데 필요한 인력을 강제하기 위한 식민지로 만들었던 시기이기도 하다. 그리고 이 시기는 1·2차 세계대전이 일어나 인류를 위험에 빠뜨리기도 하였다.

(2) 시대적 배경

2차 산업혁명은 특정한 시기에 시작한 것이 아니라 1차 산업혁명의 연장선이라고 볼 수 있다. 1차 산업혁명 시기는 공장 작업환경이 매우 열악했으나, 2차 산업혁명 시대에 전기와 내연기관 발명으로 작업환경을 크게 개선하였다. 공장 생산품은 인력과 기계를 활용한 대량생산 시스템에서 자동화 시스템으로 발전하였다. 서구 열강국가는 더 많은 제품을 생산하기 위해 인력과 원료가 필요하였다. 이를 충당하기 위해 국가 간의 경쟁을 불러일으켰으며 아시아와 아프리카, 남미 국가 등 경제수준이 낮은 국가에 침략해 식민지로 만들어 국부를 늘려나갔다. 이어서 자국 중심으로 사회보장제도와 노동자 인권을 재정비하는 등 중산층을 형성하기 시작하였다.

1839년 영국 과학자인 마이클 페러데이는 전기를 발견하였다. 1856년 영국의 헨리 베셈머가 연료를 사용하지 않고 산화과정에서 발열과정을 거쳐 철이나 구리 제련시스템을 개발하였다. 이 원리는 철강생산을 보다 경제적인 방법으로 대량생산해 철도, 교량, 빌딩, 군사 분야에서 많은 발전을 가져오게 되었다. 화학분야는 기초 연구 분야가 강한 독일이 주도했고, 유기화학 발전은 농업과 의료, 의약품 개발의 비약적으로 발전하였다.

이어서 미국의 발명왕 토마스 에디슨이 1879년 백열전등과 40시간 이상 빛을 내는 전구, 전화기 등을 발명하면서 전기와 통신 분야에서 대변혁을 일으켰다. 이러한 여파에 힘입어 2차 산업혁명의 핵심은 영국에서 대서양을 건너 미국으로 옮겨가게 됐다. 미국이 산업혁명의 주도권을 쥐게 된 배경은 다음과 같다.

첫째, 미국은 1775년부터 1781년까지 영국과 독립전쟁에서 승리하고, 1783년에 파리조약 제결 후 독립을 인정받아 영국 식민지에서 빗어나 건국하였다. 이후 건국과정과 경제발전은 철저하게 시장 중심적으로 추진하였다.

[그림4] 에디슨의 전구(출처 : 네이버)

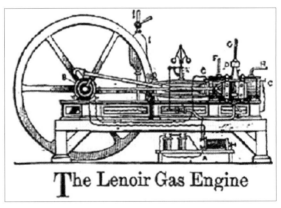

[그림5] 르느와르 내연기관(출처 : 네이버)

둘째, 미국은 건국 이후부터 서부개척과 1867년 소련에서 버려진 동토라고 여기고 있었던 알레스카를 720만 달러에 매입하였다. 1959년에 알레스카와 하와이 등을 미국 주에 편입시켜 영토를 확장하였다. 그 결과 방대한 영토는 인구증가와 시장이 그만큼 넓어져 국가 경쟁력을 안정적으로 유지하는데 도움을 가져왔다.

셋째, 이민정책을 들 수 있다. 시장이 크다는 것은 기업가에게 더 많은 이윤을 추구할 수 있어 유럽이나 아시아에서 많은 사람이 건너가 경제규모를 확장하는데 기여하였다. 이처럼 미국의 경제기반은 1차 산업혁명에서 성공을 거두었던 영국 시스템 인용에서부터 비롯되었다고 해도 과언이 아니다. 미국은 철저한 자본주의 차원에서 접근해 제품생산 방식과 경영의 합리화 및 과학화된 시스템 운영 등이 경제대국을 이루게 한 원동력으로 볼 수 있다.

(3) 2차 산업혁명과 사회변화

미국이 2차 산업혁명의 중심에 서서 세계 최고의 경제대국으로 급성장하게 한 요인은 넓은 영토, 경제력과 노동력을 가진 인력 유입, 풍부한 천연자원 등과 자본주의 제도와 기업가정신을 들 수 있다.

영국은 1차 산업혁명을 기업가 중심의 민간주도로 이끌었고, 2차 산업혁명도 기업가를 중심으로 진행해 속도가 느려지기 시작하였다. 독일은 당시 비스마르크의 철혈정책으로 프로이센과 독일을 정치적으로 통합하면서 국가주도의 산업화를 추진하게 되었다. 독일은 주변 국가와 관세동맹과 철도, 은행 및 국민교육 수준 향상 등에 힘입어 기계, 철강, 제약 및 의약품 분야에서 미국과 견줄 정도로 비약적인 발전을 이루게 됐다. 또한 노동자 권익보장과 참정권 보장은 질병, 실업, 노동력을 상실한 은퇴자에게 노령연금 지급 등 사회보장제도를 마련하였다.

1차 세계대전 무렵 서구 열강국가는 자국 위주 경제발전과 평창정책 일환으로 앞 다퉈 식민지를 개발하기 시작하였다. 이는 표면적으로 정치적 목적을 달성하는 과정에 일어난 충돌이라고 주장하고 있으나 실제로는 영토 확장과 자원 확보 과정 등에서 이해관계가 서로 충돌하였다고 하는 점이 오히려 설득력이 있다. 2차 세계대전도 이와 연장선에서 보면 대부분 같은 맥락이며, 자유민주주의와 공산주의 이데올로기는 강대국끼리 자국의 이익과 정치적 목적을 달성하기 위해 냉전시대를 불러왔다.

서구 열강국가는 1차 세계대전 및 2차 세계대전과 세계 대공황을 거쳐 경제발전을 가속화하였다. 그리고 각 국가는 자유진영과 공산진영의 대립에서 자국의 안전과 타국의 침략으로부터 국가안보 강화 및 경제발전을 위해 무기경쟁, 우주항공 기술개발, 운송수단의 획기적인 발달과 더불어 국민 복지제도를 제도적으로 정비하였다.

(4) 2차 산업혁명 시대의 메타버스

2차 산업혁명시대의 메타버스는 전기와 내연기관이 핵심이며 이어 철강, 화학, 통신 분야의 발명과 자동화 생산시스템 개발 그리고 이러한 문명에 참여한 노동자를 제도적으로 지원하기 위한 사회보장제도 마련을 들 수 있다. 1차 산업혁명에 이어 2차 산업혁명은 인류에게 경제발전으로 문명과 문화발전 및 교류확장을 하는데 기여하였다. 1차 및 2차 세계대전 이어서 한국전쟁, 베트남 전쟁과 중동전 등 암울한 전쟁으로 많은 희생을 치렀다.

또한 2차 산업혁명은 자국의 경제성장을 가속화하기 위하여 자원개발의 남용, 수질 환경오염과 파괴, 인종차별, 영토 확장에 이어 식민지 개발, 역사적 가치가 있는 문화재 약탈과 영구손실, 종교분쟁 등 부작용이 많았던 시대이다. 여기에 민주진영과 공산진영의 이데올로기 충돌은 인간의 존엄성 존중과 자유로운 삶에 치명적인 피해를 입혔다.

3) 3차 산업혁명

(1) 시 기

1차 산업혁명과 2차 산업혁명 그리고 3차 산업혁명에 이르기까지 걸린 기간은 각각 100여년 정도이다. 3차 산업혁명 시대를 이끈 대상은 인류의 최고 발명품인 컴퓨터이다. 여기에 학자마다 다른 견해가 있으나 인류가 유용하게 사용하는 컴퓨터 실용성과 활용성 측면에 따라 접근하고자 한다.

1960년 미국 DEC사는 PDP-1 컴퓨터를 처음 개발하였고, 1961년 NEAC사는 2203 온라인 서비스를 시작하였다. IBM에서는 트랜지스터 소형컴퓨터를 개발하면서 기업과 군사 분야에서 본격적으로 활용하면서부터 대중화되기 하였다. 1970년 인텔은 D램 칩을 이용한 컴퓨터를 개발했고, 1973년에 근거리 통신망인 이더넷을 개발하였고, 1974년 IBM에서 개인용 컴퓨터 개발, 1975년 MS에서 상용 컴퓨터 개발, 1976년에는 애플컴퓨터를 개발하였다.

이어서 1990년 중반에 컴퓨터 게임 개발과 무선 인터넷을 개발해 국가 및 기업, 학교의 정보화 발전을 가속화하였다. 1999년에 무선컴퓨터를 개발하면서 wi-fi가 등장하였고, 2001년에는 MS가 윈도우 XP버전을 출시하였다. 2005년 구글은 휴대전화기의 운영체제 기반인 안드로이드를 개발해 보급하였고, 2006년 애플은 노트북을 출시하였으며, 2007년에는 컴퓨터 기능을 갖춘 아이폰을 출시하였다.

3차 산업혁명 시대의 주역은 컴퓨터와 인터넷으로 볼 수 있다. 컴퓨터와 인터넷 발명으로 인류에게 정치·경제·사회·문화영역에서 모든 활동을 가공해 실시간 필요한 조직에 제공하는 등 대변혁을 가져왔다.

(2) 시대적 배경

3차 산업혁명 시대는 과학기술의 발달로 정보화시대를 이끌었다. 즉 컴퓨터와 인터넷 발명은 인류가 개발한 문명 중에서 최고 발명품이다. 1946년 처음 개발한 컴퓨터는 길이 50m, 높이 3m로 거대한 크기를 자랑하였다. 1971년 인텔사가 최초 컴퓨터의 처리속도보다 12배나 빠른 개인용 컴퓨터 시대를 열었다. 1977년 미국에서 군사용 컴퓨터를 개발한 후 상용화하면서 인터넷 대중화 시대를 열었다.

디지털 기술발전은 이공분야에서 기계와 기계 전자공학, 생물학과 생명공학을 융합해 새로운 산업을 만들었으며 인문분야는 교육과 금융 등 새로운 영역에서 네트워크 기술을 융합해 발전시켰다. 또한 디지털 기술은 전자상거래 시스템에서 시간과 공간의 제약을 받지 않고 생산자와 소비자를 연결해 주는 사이버 공간에서 다양한 교육과 경제활동 기회를 제공하였다.

디지털 기술발전은 업무처리 속도와 생산성 향상이라는 일반적인 경제원칙을 뛰어넘게 하였다. 이러한 실제 시장구조에서 직접 구매하는 제품구매와 소비자 욕구를 지원하는 수준에서 벗어나서, 사이버 공간에서 생산자가 다양한 생산제품 정보와 서비스를 제공하고, 소비자는 원하는 제품을 가장 필요한 시기에 편리한 방법으로 제공하는 구매시스템을 개발하였다.

인류역사상 거대한 경제발전은 한순간 깜짝 놀랄만한 사건이 발생해 갑자기 나타나는 것이 아니라, 이러한 사건에 참여한 대중의 의사소통 기술이 새로운 에너지의 흐름에 동참할 때 느끼지 못할 정도로 천천히 일어난다. 지금까지 우리가 경험했던 변화 물결의 더딘 근본적인 원인은 일부 지식인과 기득권층, 관심 있는 소수 사람만이 혜택을 누리고 대부분 사람은 배제돼 왔기 때문이다. 이러한 현상은 일부 기득권을 가진 집단 이기주의이며, 의사소통하려는 의지가 전혀 없는 사일로식 조직문화는 고립되기 쉽다. 그리고 구조적으로 곧 도태되거나 대체로 수명이 짧았던 특징을 갖고 있다.

3차 산업혁명은 이전의 산업혁명과 다르게 접근하면 독점적인 이익보다는 보편적인 이익을 추구하고 있다. 지금까지 사용자와 노동자가 규율과 제도권 안에서 성실하게 일한 노동의 대가, 생산이익의 균등한 분배, 금융흐름의 빠른 인지와 대책 마련, 시장원리에 따른 민감한 대응을 요구하였다. 그러나 앞으로 3차 산업혁명 시대와 4차 산업혁명 시대에서 서로 연결되는 분야는 창의적인 놀이문화, 시장구조 안에서 공급자와 소비자가 상호작용해 안전한 네트워크 사용시스템(P2P : Peer to Peer)으로 사회적 지분의 균등한 분배사용, 개방형 공유제 참여 및 글로벌 네트워크 활용 등에 더 신중하게 접근해야 하는 분야이다.

(3) 3차 산업혁명과 사회변화

3차 산업혁명은 20세기 후반인 1990년대 시작하였다. 3차 산업혁명은 컴퓨터와 인터넷의 발명으로 시작된 정보화 혁명이다. 최초 컴퓨터인 초대형 애니악을 시작으로 개인용 컴퓨터까지 다양하게 진화해 왔다. 애플과 IBM은 컴퓨터 산업계 표준이 됐고, MS는 윈도우를 출시해 운영체제를 발전시켰다. 이후 개인용 컴퓨터의 원활한 활용을 위해 서프, 아르파넷, 유즈넷 등 다양한 네트워크를 개발해 인터넷을 사용하게 되었다.

1991년 유럽입자물리연구소가 WWW(World Wide Web)를 개발해 인터넷은 일반 사용자에게 생활필수품으로 등장하였다. 이어서 야후, 네이버, 다음, 구글 등 검색엔진을 활용한 포털사이트가 생겨났으며, H/W 성능을 향상시켜 디아블로와 스타크래프트 등 컴퓨터게임 프로그램을 개발하였다. 이후 IT(Information Technolgy) 산업이 급성장하게 시작하였다.

우리나라는 1997년 역사상 초유의 경제적 국난인 IMF(외환위기)를 경험하였다. 새 정부는 부족한 외환 보유고를 확대하기 위해 금 모으기 운동, 저축 장려하기, 정부 및 공공기관의 조직 개편 등 전 국민이 이에 참여해 세계 유일의 최단 시간에 IMF를 극복하였다. 2001년부터 벤처기업 지원정책으로 넥슨, 넷마블, 네이버, 다음 플랫폼과 스타크래프트 등 E-Sports가 활성화되면서 본격적인 정보화 시대를 맞이하였다.

또한 3차 산업혁명은 에너지 전환으로 지역성장과 발전모델을 추구하고 있다. 예를 들어 우리나라에서 호남지역은 전체 면적의 21%를 차지하고 있으나, 인구와 GDP수준은 10% 수준에 머무르고 있다. 또한 남해안 지역은 지역특성을 고려하면 해풍이 일정하게 불어 안개가 거의 끼지 않으며, 일일 일조량이 다른 지역에 비해 약 300시간이나 많다고 한다. 더구나 리아스식의 긴 해안선과 높은 조수간만의 차가 커서 대륙붕이 길게 형성돼 있어 수심이 낮은 지역에 풍력발전소를 설치해 천연에너지인 전기를 생산하는 것이다.

여기에 개인 주택시설에 소규모의 전기 및 난방용 지역에너지 자립시스템을 설치하고, 분산형 에너지 생산체제 구축 등 재생에너지 생산시설과 난방설비 장치를 설치해 운영하는 정책을 추진하고 있다. 이를 위해 지방자치단체와 NGO 단체, 시민사회 및 지역주민 등 이해관계자의 적극적인 협조체제를 기대하고 있다.

(4) 3차 산업혁명 시대의 메타버스

3차 산업혁명 시대의 메타버스는 컴퓨터와 인터넷이다. 여기에 태양광 발전소와 풍력발전소 등 재생에너지 생산시스템과 디지털 기술을 이용한 빅 데이터를 들 수 있다. 컴퓨터와 인터넷을 활용해 정치, 경제, 사회, 문화, 교육 등 전 분야에서 미리 각종 리스크를 예측해 손실 예방, 전문인력 양성 및 급여제도의 개선 등 생산성 향상을 체계적으로 관리할 수 있다.

디지털 기술의 발전은 누구나 사이버 공간을 활용해 의사소통을 원활하게 지원하고 있으며, 전자정부 구축은 대민행정서비스로 확대하면서 행정 간소화와 편익을 제공하고 있다. 또한 디지털 기술혁신은 지역사회 인적·물적 자원의 효율적 활용과 정치·경제·사회·문화·교육·군사 분야 등 전 분야에서 전문 인력을 운용하면서 보안체계 구축 및 유지를 지원하고 있다.

[그림6] 에니악의 최초 컴퓨터(출처 : 네이버)   [그림7] 인터넷(출처 : 네이버)

4) 4차 산업혁명

(1) 시 기

2016년 다보스 포럼에서 클라우스 슈밥(Klaus Schwab) 회장은 인류가 살고 있는 지금의 과학기술과 디지털 정보화 기술 수준을 평가하면서 '4차 산업혁명'이라는 표현을 처음 사용하였다. 슈밥 회장은 AI, 로봇공학, IOT, 나노기술, 생명공학, 친환경에너지 환경에서 다양한 과학기술의 발전 속도가 매우 빠르고, 새로운 비즈니스 모델이 일과 생활방식에 있어 패러다임을 변화시키고 있다며 지금은 4차 산업혁명 시대라고 주장하였다.

3차 산업혁명이 시작된 지 불과 약 20여 년 만에 4차 산업혁명을 선언한 것이 이례적인 사건이라고 볼 수 있다. 3차 산업혁명의 요체인 디지털 기술혁명이 기계공학, 생물학 등과 융합해 새로운 시너지 효과를 가져 온 현상으로 인식되고 있는 4차 산업혁명은 여기서 그치지 않는다는 것이다. 슈밥 회장은 4차 산업혁명은 이제 시작이며, 곧 다가올 문명은 첫째, 무인 운송수단, 3D 프린팅, 첨단 로봇공학, 신소재를 이용한 물리학 기술이다. 둘째, IOT와 블록체인, 디지털 플랫폼 등 디지털 기술 셋째, 게놈을 분석하는 유전학, 유기제 합성 생물학 등으로 분류한다. 수년 이내 경제 및 사회, 문화의 발전은 예측할 수 없을 정도의 대변혁을 예고하였다.

(2) 시대적 배경

슈밥 회장이 "지금 우리가 살고 있는 시대는 4차 산업혁명 시대"라고 주장한 근거는 독일에서 진행하고 있는 'Industry 4.0'의 영향을 받았다고 한다. 2011년 독일의 하노버 박람회에서 처음 등장한 Industry 4.0은 전통적으로 제조업 분야가 강한 독일이 IT분야를 제조업에 적용해 산업경쟁력을 강화하기 위한 노력에서 착안하였다. 독일은 정부의 지원과 유연한 주문생산시스템, 생산기획과 관리조직의 정보공유, 타 시스템과 원활한 호환성, 사물인터넷과 표준화된 네트워크로 학계와 산업계 합작으로 진행하고 있다.

일본은 2016년 1월 초 스마트 화 사회전략에서 AI 산업화 로드맵과 신산업구조 비전을 추진하면서 규제혁신과 데이터 활용으로 'Society 5.0' 기반 한 로봇기술을 발전시키고 있다. 중국은 '중국제조 2025' 계획을 수립하고 국가 성장 패러다임을 'Made in China'에서 'Created in China'로 전환했다. 중국은 2019년까지 미국, 독일, 일본 수준으로 발전시키고, 2035년에 세계 최고 수준을 달성한다는 목표를 세웠다.

우리나라는 2017년 새 정부출범과 동시에 '4차 산업혁명위원회'를 구성해 혁신성장을 위한 '사람 중심의 4차 산업혁명 대응계획'을 수립하였다. 이 계획의 핵심은 자본투입 중심의 성장, 소득 및 산업구조의 양극화 극복, 생산성 중심의 산업체질 개선, 국민 삶의 향상 등이 핵심이다.

첫째, 지능화 기술경쟁력 확보, 혁신성장 동력 확보, R&D 체계 혁신으로 생산 공유기반 확보이다. 둘째, 초연결 지능형 네트워크 구축, 데이터 생산 공유 기반 강화, 신산업 규제 개선, 중소벤처 및 지역거점 성장 동력 화 등 산업인프라와 생태계 조성이다. 셋째, 핵심인재 성장지원, 미래사회 교육혁신, 일자리 안전망 확충, 사이버 역기능과 윤리대응 강화 등 미래사회 변화에 대응하는 것을 골자로 하였다.

4차 산업혁명은 진행형이다. 경제 및 사회적 효과를 평가하기는 어려우나 이미 세 번의 산업혁명에서 나타난 핵심내용과 방향을 분석해 대응한다면 우리의 미래는 엄청난 속도로 달라질 수 있다는 점이 희망적이다. 4차 산업혁명이 인류에게 주는 선물은 어떻게든 활용하고자 하는 이용자의 방법과 절차에 따라 그 결과가 기대된다. 범국가적인 차원에서 체계적인 연구와 전문인력 양성 등 장려하는 경우는 디지털 기술에 기반 한 비즈니스 모델 발전과 새로운 경제성장의 모멘텀으로 자리 잡고자 하였다.

(3) 4차 산업혁명과 사회변화

독일 지멘스 암베르크 공장은 지능형 로봇, AI와 빅 데이터 등을 활용한 자동화시스템으로 스마트 공장체계를 구축한 이후 7.5배나 높은 생산량을 향상시켰다. 미국 하버드 의대 연구팀은 여성의 유방암 오진율이 AI는 7.5%, 의사는 3.5%로 나타났으나, AI와 의사가 협업하면서 0.5% 수준으로 낮추는 놀라운 결과를 나타냈다.

또한 지능형 교통체계를 도입해 운행시간은 25%, 신호대기 시간을 40%나 단축해 에너지 소비를 절감하는데 기여하고 있다. 중국은 SNS에 올린 글을 인공지능이 분석해 고의적 자해 징후를 분석해 정신치료 및 상담치료 등으로 예방하고 있는데 정확도가 92.2%로 나타나 인명손실을 낮추고 있다.

4차 산업혁명 시대는 생산현장에서 일어나는 다양한 데이터가 노동현장의 자본과 더불어 새로운 생산을 촉진하는 보호요인으로 떠오르고 있다. 노동현장에서 안전사고와 관련해 건강보험공단과 건강보험심사평가원이 보유하고 있는 빅 데이터를 디지털 기술로 분석해 활용한다면 의료산업의 성장과 국민건강 개선에 많은 도움을 제공할 것이다. 노인을 돌보는 간병인 및 간병 로봇이 신체활동을 지원하는 웨어러블 기기는 노인과 장애인복지를 지원하고 있다.

4차 산업혁명은 디지털 기술과 다양한 정보를 활용해 인류의 삶의 질 개선과 생산방식의 효율성, 경제 분야의 패러다임을 변화시키고 있다. 미래학자 제러미 리프킨은 4차 산업혁명의 핵심기술인 IOT, 3D 프린팅, 플랫폼, 재생에너지 등은 기존의 자본주의 시장 구조에서 벗어나 협력공동체 구조로 탈바꿈할 것이다. 여기에 사회적 가치와 인간의 공감능력을 더한 공동체를 추구할 것으로 내다보았다.

한편 4차 산업혁명은 사회구조의 양극화를 심화시키고, 노동시장은 자동화시스템 운영으로 고용절벽 및 인간성 상실 등 여러 가지 사회문제를 불러일으킬 것이라는 관측도 있다. 소득분배의 불균형으로 임금 격차가 나빠지고 부의 세습화는 더 심해져, 중산층이 사라지는 경제구조가 생길 것을 우려하고 있다.

4차 산업혁명 시대에서 없어질 직업은 AI나 자동화시스템으로 대체 가능한 단순 반복 업무, AI나 자동화 설비를 설치하면 일정 기간이 지난 이후에 인건비보다 저렴한 비용이 드는 직업, AI가 인간보다 위험하거나 어려운 일을 더 잘하는 분야의 직업은 도태될 것으로 예상하고 있다.

(4) 4차 산업혁명 시대의 메타버스

지금 진행 중인 4차 산업혁명은 인류의 삶 속에서 문명과 문화를 더 가치 있게 그리고 경제적으로 윤택하게 살아가도록 진화해야 한다. 또한 함께 지내고 있는 자연환경도 인류가 주체가 돼 가꿔야 한다. 이 세상은 지금 살아가고 있는 인류의 것만이 아니라, 이미 살다가 떠난 이들의 인류의 숨결과 흔적, 앞으로 살아가야 할 후손의 것이기도 하므로 소중하게 다루어야 한다.

4차 산업혁명의 메타버스는 AI, IOT, 로봇공학, 나노기술, 디지털 기술, 생명공학과 친환경에너지 등이다. 여기에 전통적인 인간의 복지모델과 자연환경을 이루는 동식물과 함께하는 스마트한 친환경 프로젝트이다. 첫째, 디지털 기술을 접목한 인간의 복지모델을 정리하면 아래와 같다.

① 맞춤형 복지 : 빅 데이터를 활용한 생활문화를 누리는 최적의 맞춤형 복지 서비스
② 유연한 복지 : 다양한 일자리 및 서비스 제공을 위한 디지털 플랫폼 활용
③ 스마트 복지 : AI, 빅 데이터, IOT 등 디지털 신기술을 다양하게 복지서비스 제공
④ 생산성 복지 : 경영과 경제를 융합해 사회경제에서 윤택하고 신 개념 복지환경 제공
⑤ 사회혁신복지 : 사회문제 중심에서 조화롭게 해결하는 사회혁신 생태계 구축
⑥ 투명한 복지 : 복지수혜를 균등하게 지원하고 부정수급 사례를 예방해 투명성 향상
⑦ 공감형 복지 : IOT 등 로봇으로 대체할 수 없는 인간의 사랑과 나눔 문화 실천

둘째, 지금까지 인류가 개발한 세 차례의 산업혁명은 사회복리 증진을 가져오기도 했으나 빈부의 격차, 배제와 차별, 소외계층 증가와 자본주의 폐해 등 많은 사회문제를 가져왔다. 4차 산업혁명은 분리와 대립에서 벗어나 융합과 상생, 인류공영과 번영이라는 전제로 출발하고 있다. 이는 단순하게 일자리나 사회문제를 해결하기 위한 차원이 아니라, 아래와 같이 사회혁신 생태계를 조성하는 것이다.

① 특정지역 문제를 해결하는 사회혁신사업 개발에 디지털기술 접목 추진

② 민간 및 공공사업 추진 시 다양한 재정지원 프로그램 개발

③ 사회혁신 프로젝트 추진 시 효과성과 효율성을 포함해 사회적 성과 평가

④ 사회혁신 프로젝트 추진 시 정치·사회적 생태계 연계 조성

⑤ 사회혁신 프로젝트 추진 시 메타버스 디지털 활용

⑥ 기존 프로젝트 중 개선 및 보완 시 비용과 기간 절감요인 발굴

⑦ 사회혁신 프로젝트별 상호보완적이고 일관성있게 추진 방안 발굴

⑧ 다양한 계층 간 교류와 네트워킹으로 집단오류 발생의 사전 예방

⑨ 사회혁신 프로젝트 추진 시 체계적인 전문가 양성 활용

③ 디지털 혁명의 요람 '메타버스' ·······························

1) 과학기술의 혁명

4차 산업혁명 시대에서 가장 큰 두려움은 인간이 갖고 있던 직업을 AI, IOT, 로봇에게 빼앗겨 대량실직으로 이어진다는 것이었다. 지금까지 세 차례 산업혁명이 거쳐 갔지만, 오히려 다양한 직업이 생겨나 더 윤택하고 여유로운 삶을 살게 되었다. 인간의 일자리는 과학기술에 있는 것이 아니라 경제적인 문제와 연결돼 가족구성원의 성장, 교육, 안정 및 노후의 생활기반에 영향을 주고 있다.

산업혁명은 특정한 사람에게 기회를 제공해 왔다. 이때마다 과학기술을 갖고 있는 사람은 많은 자산을 축적하였으며, 이러한 사람을 고용한 사람에게 막대한 자산이 집중돼 왔다. 그러나 부의 재분배과정에서 새로운 작업이 생겨나고, 대체하는 직업은 사라졌다. 여기서 사라졌거나 사라지고 있는 직업은 사용자가 사용하지 않아도 되는 제품을 만드는 일이거나, 더 이상 사용하지 않는 제품을 만드는 직업일 것으로 보인다.

이처럼 경제적인 측면에서 생활필수품을 생산하면 제품의 활용성과 지속성에 따라 과학기술 수준이 결정되고, 그 결과에 따라 생산자의 일자리와 제품을 활용해 교육 또는 서비스업 종사자의 일자리가 생겨난다. 즉 이러한 일자리 유형은 과학기술을 어떻게 적용하는가

에 따라 다양한 일자리가 생겨난다는 것으로 해석할 수 있다. 가까운 미래는 새로운 제품생산 기계에 자동화 시스템을 탑재해 인간과 교류하는 방법을 찾게 될 것으로 보인다.

2) 인공지능의 위상

(1) AI의 능력과 한계

4차 산업혁명은 이전 산업혁명의 기술이 빅 데이터, IOT, 3D프린팅 등 디지털 기술과 융·복합을 이뤄 새로운 제품과 서비스를 제공한 흐름을 탄 문명과 문화의 현상이다. AI는 4차 산업혁명의 핵심 중의 하나로 기대와 불안의 대상으로 등장했다. 인간을 제외하고 스스로 판단하고 결정할 수 있는 대상은 지구상에서 존재하지 않는 것으로 굳게 믿어왔다. 그러나 최근 인공지능은 쉬지 않고 배우고, 자율적으로 학습능력을 터득하는 이른바 알파고의 등장에 깜짝 놀랐다.

알파고라는 딥 러닝은 머신러닝의 플랫폼이며 AI 일부이다. 딥 마인드와 구글 플랫폼의 기계학습은 인간에게 두려움과 경이로움을 동시에 가져다주면서 4차 산업혁명에 불을 지폈다. AI는 인간에게 어떠한 선물을 가져다 줄 것인가? 그리고 어디까지 발전할 것인가? 여기서 인간의 역할은 무엇일까? 현재까지 인간은 인간을 돕는 AI를 개발하였다. 즉 질병 감지 및 진단능력, 인간을 돕는 부수적인 일, 질병의 원인과 치료, 특수 장비 판독, 다양한 언어 이해와 해석, 음성 대화의 문자변환 및 영상 속 물체 식별능력, 바코드나 QR코드 분류 기술 지원 등은 인간의 능력을 넘어선 지 오래되었다.

AI 기술은 인간에게 어떠한 기회를 제공할 것인가? 많은 전문가는 AI의 발전 속도를 보았을 때 인간의 능력을 보완해 강화시켜 주는 플랫폼이며, 사회 전반에 영향력을 미칠 것으로 내다보고 있다. 불과 얼마 전에만 해도 국어사전, 한문사전과 영어사전을 가방에 넣고 다녔고, 야외에 나갈 때 카메라는 필름과 건전지, 녹음기는 테이프와 건전지 등을 챙겨야 하였다. 그러나 지금은 휴대폰만 있으면 해결된다. 지금 당장 내가 필요한 데이터는 내 손에 있는 휴대폰 속에 들어있다. 인간의 창조성에 불을 지피는 역할을 하였다.

앞으로 생활문화와 학교, 사무실 및 생산현장에서 AI의 영향을 받게 된다. 변화는 대체수단이 돼야지 주체가 되면 안 된다는 의미이다. AI와 로봇산업은 기계공학의 산물이며, 기술

발전의 결과물이므로 인간의 노동을 로봇이 대신하도록 개발해야 한다. 즉 인간과 교류하면서 생산량을 증대시키다가 로봇으로 대체하는 시스템을 개발할 것으로 보인다.

많은 전문가는 인공지능의 한계란 창조성이 없다고 한다. 컴퓨터는 역사상 위대한 사상가나 화가, 음악가 등 예술작품을 현실에서 존재하는 모두를 그대로 복제하고, 더 정밀하게 그려낼 수 있다. 인간이 고유한 가치를 부여하는 창조의 영역에 접근할 수 없다. 다만 단순하고 반복적인 작업, 위험한 일을 정밀하게 수행하도록 진화할 것으로 주장하고 있다. 지금은 인간이 AI를 개발해 이용하고 있으나, 머지않아 AI가 AI를 만들어 지원하는 때가 온다면 AI가 인간에게 인건비를 주면서 고용할 날이 올지도 모를 일이다.

(2) AI와 생활문화

인간은 4차 산업혁명 시대에서 획기적인 디지털문명과 문화를 발전시키고 있다. AI를 비롯한 생산현장에서 생산량 향상, 정확한 품질관리 및 완벽한 고객서비스를 제공하기 위해 AI와 로봇시대를 열었다. 그런데 인간이 직업을 구하거나 미래의 꿈을 키우는데 많은 어려움을 겪게 하는 요인은 인간이 AI와 로봇보다 인건비는 비싸지만 일을 더 못하기 때문이다. AI와 로봇은 계속 진화해 스스로 성능개량을 하면서 컴퓨터 공학자나 프로그래머를 가장 먼저 해고할 것이다. 그러나 지금은 걱정할 필요가 없다. 아직 생활문화에 필요한 본격적인 AI와 로봇시대는 오지 않았다.

요즘 하루가 멀게 많은 전문가가 뉴스와 유튜브에서 4차 산업혁명 시대는 이러저러한 분야가 유망하다며 미리 대비해야 한다고 주장하고 있다. AI와 로봇이 내 앞에 나타나면 나는 맞서야 할까? 아니면 유연하게 대응해야 할까? 맞서면 어떻게 하고, 어떠한 절차를 거쳐야 하는지, 대응해야 한다면 어떻게 하고, 어떠한 절차를 거쳐야 하는지도 모른다.

2004년 화제의 영화인 '아이로봇'에서 인공지능 로봇이 인간처럼 생각하고, 인간을 공격하는 장면이 나왔다. 4차 산업혁명 시대에 이 영화를 생각하면 인공지능 로봇을 어떻게 활용하고, 인간과 로봇관계를 어떻게 설정해야 하는지 고민하는 계기가 되었다. 인공지능 기술의 발전, 로봇을 활용한 생산성 향상, 코로나19 확산과 상황의 악화 등 비대면 서비스 욕구가 증가하고 있다. 이때, 아이 로봇에서 인공지능이 스스로 생각하는 창조성을 갖게 될 수 있다고 생각하면 걱정이 앞선다. 아이 로봇에서 보여준 로봇 3원칙에서 로봇은 인간을 다치게 하거나, 행동하지 않음으로써 인간이 다치도록 해서도 안 된다는 등 설정기준을 고려해야 한다.

[그림8] 아이 로봇(출처 : 네이버)

삼성전자는 미래성장 사업으로 로봇사업을 추진하고 있다. 2019년 노약자 돌봄 로봇인 '삼성봇 케어', 2020년 지능형 반려로봇 '볼리', 2021년 가정용 삼성 봇 '핸디', 2022년 신사업 동력으로 로봇을 지정하고 본격적인 사업을 추진하고 있다. 삼성전자는 최적화한 메타버스 디바이스와 솔루션을 연계해 증강현실 기기를 준비하고 있고 미국의 디지렌즈와 증강현실(AR)과 확장현실(XR) 플랫폼을 개발하고 있다. 시장조사 기관인 모도인텔리전스는 전세계 로봇시장 규모는 2020년 277억 3,000만$에서 2026년에는 741억$로 2.5배정도로 급성장할 것으로 전망하고 있다.

인간이 AI에게 맞선다고 할 때, AI는 인간을 보는 순간 내가 과거부터 무엇을 하였고, 지금은 무슨 일을 하고 있는지 아주 짧은 시간에 알아낼 것이다. AI는 인간의 눈빛과 태도, 숨소리 및 심장박동수를 알아채고 강력한 힘으로 쉽고 빠르게 제압하겠지만, 인간이 유연하게 대응한다면 경계심을 풀고 일반적으로 대해 줄 것이다. AI는 저항하는 인간을 먹지도 않고 잠도 안 자고 24시간 통제할 것이며, 서비스를 요구할 수도 있다. 이러한 끔찍한 일은 일어난 일도 없지만 일어나지 않아야 한다.

3) 4차 산업혁명 시대의 꽃 메타버스!

(1) 메타버스 등장

인류 역사를 돌이켜보면 새로운 문명이 발전한 계기를 살펴보면 작은 사건이 여러 개 모여서 한꺼번에 터져 큰 흐름으로 진화해 왔다. 지나간 산업혁명을 돌이켜보면 1차 산업혁명은 수공업중심에서 증기기관의 발명과 증기기관차 발명, 운송수단의 발전으로 이어져 대량생산 체계로 변화하였다. 2차 산업혁명은 전기발명과 내연기관의 발명이다. 이는 과학기술의 발전으로 이어져 많은 인명손실과 자본축적, 이념 갈등, 종교분쟁 등의 폐해도 있었다. 3차 산업혁명은 컴퓨터와 인터넷의 발명, 재생에너지 활용시스템 개발이다.

4차 산업혁명! 즉, AI, IOT 등 디지털 기술이다. 여기에 디지털 혁명이라는 문명에 메타버스가 올라탔다. 메타버스란 가상이나 초월을 의미하는 Meta와, 현실세계를 의미하는 Universe의 합성어이다. 즉, 현실세계와 같은 경제, 사회, 문화 등 생활문화 기반을 3차원 가상세계에서 활동하는 진화된 개념이다.

4차 산업혁명은 이미 지나간 세 차례 산업혁명에서 이룬 경험을 바탕으로 어느 날 갑자기 찾아온 손님이 아닌 예고하고 방문한 손님처럼 다가왔다. 2019년 11월 코로나 19가 전세계로 확산하면서 인간의 고유 가치 중 하나인 교류, 이동, 욕구, 교육 등 개인의 직업과 신분을 넘어 생명까지도 위협하였다. 이후 재택근무와 비대면교육 등 비접촉문화가 활성화되면서 컴퓨터와 스마트폰을 활용할 수 있는 메타버스 플랫폼이 등장하였다.

메타버스는 1992년 닐 스티븐슨이 스노우 크래쉬(Snow Crash)라는 작품에서 처음 사용했다. 주요 내용은 메타버스는 시청각 장치인 고글과 이어폰을 착용하고 가상세계에서 아바타를 활용해 경제 및 사회활동하는 내용으로 전개한 작품이었다. 2018년 스티븐 스필버그 감독이 SF 영화인 '레디 플레이어 원'에서 메타버스를 활용매체로 해 미래세계를 그려냈다. 주요 내용은 현실세계에서 가상세계를 경험할 수 있는 고글, 헤드셋, 글러브 등 장치를 착용하고, 공간이동 없이 가상세계와 현실세계를 넘나들면서 경제 및 사회활동을 하는 내용으로 전개한 영화이다.

[그림9] 레디 플레이어 원(출처 : 네이버)

(2) 메타버스 유형

얼마 전부터 우리는 페이스북, 구글어스, 포켓몬고 및 리니지 등 초기 메타버스 플랫폼을 사용한 경험이 있거나, 활용하고 있는 것을 보아왔다. 개발자는 주로 게임, 엔터테인먼트, 광고 등 산업 전반에 걸쳐 현실과 가상세계, 가상세계와 현실을 서로 연결하는 디지털 기술을 발전시키고 있다.

메타버스 네 가지 유형은 증강현실(Augmented Reality), 가상세계(Virtual Reality), 라이프 로깅(Life logging), 거울세계(Mirror World) 등이 이에 속한다. 첫째, 증강현실은 정면만 볼 수 있는 제한된 장면을 같은 장소에서 다른 각도의 모습도 볼 수 있게 2D나 3D 기술로 겹쳐서 보이도록 한 디지털 기술이다. 이 기술은 사용자에게 가상세계의 거부감과 두려움을 감소시키고 몰입감을 증가시키는 플랫폼이다.

둘째, 가상세계는 현실세계와 다르게 구현할 수 있고, 유사하게 구현할 수 있는 세계를 의미한다. 이용자는 가상세계에서 아바타를 활용해 현실에서 경제 및 사회활동을 할 수 있는 플랫폼이다.

셋째, 라이프로깅은 일상의 경험과 경험에서 얻은 정보를 저장해 이를 묘사하는 기술이다. 일상에서 일어나는 다양한 모습을 영상, 음악 등 다양한 방법을 캡처하여 저장 및 분석해 다른 사용자에게 공유하는 플랫폼이다.

넷째, 거울세계는 현실세계를 사실 그대로 표현해 이용자에게 정보를 정확하게 제공해주는 플랫폼이다. 지구나 도로망 등을 수집해 일정기간 업데이트해 현실세계의 모습을 그대로 활용하도록 지원해 주는 플랫폼이다.

(3) 메타버스 구성 플랫폼과 활용사례

국내 많은 이용자가 주로 활용하는 메타버스 플랫폼은 제페토(Zepeto), 이프랜드(ifland), 게더타운(Gether.Town)이며, 게임용 플랫폼은 포트나이트(Fortnite)와 로블록스(Roblox)가 있다. 제페토는 네이버가 개발한 플랫폼으로 스마트폰에서 구현한다. 2020년 출시 당시 70만 명, 2021년 2억 명, 2022년 현재 3억 5,000만 명으로 국내보다는 해외 이용자가 대폭 증가했다. 제페토는 한강공원, 서울창업허브월드, 구찌, CU, BGF, 대학교 및 기업 등에서 아바타를 활용해 놀이, 입학식과 졸업식, 시무식과 종무식, 각종 세미나, 유명 브랜드와 요식업, 상품구매와 판매 등도 홍보할 수 있는 가상공간이다.

[그림10] 삼성전자 마이하우스(출처 : 네이버)　　　[그림11] 현대차 홍보(출처 : 네이버)

이프랜드는 SKT가 개발한 플랫폼으로 스마트폰에서 구현한다. 회의, 포럼, 강연, 페스티벌, 콘서트, 팬 미팅 등 아바타를 활용해 진행할 수 있는 가상공간이다. 이프랜드는 소셜커뮤니티 기능을 다양하게 활용할 수 있으며 커머스, 엔터테인먼트, 제조업, 스포츠, 패션, 뷰티산업 및 식품 등 비즈니스와 홍보를 할 수 있는 플랫폼이다.

[그림12] 이프랜드(출처 : 네이버)

로블록스는 가장 많은 이용자가 사용하고 있는 게임과 현물거래를 할 수 있는 플랫폼이다. 주로 MZ 세대를 고객으로 게임, 엔터테인먼트, 패션, 스포츠 광고 등으로 미국과 유럽에서 주로 이용하고 있다.

[그림13] 로블록스(출처 : 네이버)

게더타운은 미국의 창업회사인 게더가 2D기반의 영상채팅을 목적으로 개발한 플랫폼이다. 기업이나 공공기관에서 각종 행사를 할 때, 아바타를 활용할 수 있게 제작한 시스템이다. PC에서 시스템을 구현하며 원격업무나 회의, 교육 등 이용자 욕구에 따라 가상공간의 크기와 용도를 조정할 수 있다.

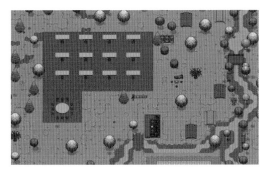 

[그림14] 게더타운(출처 : 네이버)

　게더타운은 현재 아바타 크기나 모양변경, 이동과 조작의 편리성을 확보하면 MZ 세대와 미래세대가 활용할 수 있는 분야가 많을 것으로 보인다. 현재 학교 등에서 진행하고 있는 온라인 교육과 사무실을 운영하는데 운영자와 관리자 및 서비스 이용자가 지켜야 할 규정과 매뉴얼을 제정하는 것이 필요하다. 이러한 메타버스 플랫폼을 이용할 때 참여자가 수준 높은 참여의식을 갖도록 상대방을 존중하고 배려하는 태도 등 교육이 선행되어야 한다.

　게더타운은 가상공간에서 현실과 같이 운영자나 관리자가 참여자의 활동을 확인할 수 있다. 또한 1:1, 소그룹 또는 참여자 전원에게 원활한 상호작용으로 학습효과를 높이는 등 다양한 활동을 하는 플랫폼이다. 지금까지 메타버스는 인간의 삶을 보다 윤택하고, 편리하며, 자아존중감을 증진시켜 주는 플랫폼이기보다는 수익창출 등 사업목적이나 단순 욕구충족 등 상업목적으로 홍보하고 있는 인상을 주고 있다.

　스필버그가 제작한 레디 플레이어 원에서 주인공이 마지막 부분에서 말한 대사 중에 "진정한 행복은 가상세계가 아닌 현실세계에서 느낄 수 있다"라고 한 말에 주목할 필요가 있다.

Epilogue ···

인간은 행복한 삶을 위해 꿈을 꾸면서 성장한다. 그 꿈은 다양하다. 현실성이 떨어진 꿈부터 말도 안 되는 꿈도 꾼다. 대부분 위대한 과학자, 정치가, 사업가, 의사, 변호사, 교수, 교사뿐만 아니라 기타 평범하고 소박한 직업 등 다양한 사람이 되고자 한다.

어렸을 때 기억 중 키가 작아서 초등학교 1학년부터 5학년까지 1번을 도맡아 했던 친구가 저녁마다 잠을 자면서 날아다니는 꿈을 많이 꾸었다고 한다. 그 친구는 6학년 때 키가 중간 정도로 크더니, 중학교 3학년 때는 키가 엄청 커서 맨 뒤에 가서 앉았다.

인간은 잠을 자면서 날아다니는 꿈을 꾸면 키가 클까? 사실인가? 꿈은 이상인가? 아니면 허상인가? 아니면 둘 다인가? 어렸을 때는 미래 모습을 그린 그림책이나 공상과학책을 보며 상상하면서 자란다. 물속 또는 우주공간에서 날아다니기도 하고, 로봇이 인간을 대신해 일도 하고, 전쟁을 벌이기도 했다. 물을 연료로 하는 자동차와 우주여행, 지능형 로봇, 3차원 세계를 그린 모습 등 막연하게 여겼던 것들이 현실로 나타나고 있다.

선생님이 학교 수업시간에 어린 학생에게 묻는다.
"길동아! 네 꿈은 뭐니?"
"선생님, 국회의원, 의사, 변호사, 대통령, 사업가…."
그리고 "제 꿈이요? 과학자입니다." 또는 "그런 거 없는데요?"라고 한다.

우리 인간에게 분명한 것은 목표가 있는 꿈은 이상이고, 목표가 없는 꿈은 허상이다. 꿈을 꾸는 인간은 성장한다. 그래서 인간은 꿈을 꿔야 한다.

인간은 삶 속에서 동물 그리고 식물과 더불어 하나의 공간에서 살아간다. 이렇게 살아서 움직이며, 생명이 존재하는 공간을 생태계라고 한다. 생태계를 구성하는 인간과 동물 및 식물은 물과 공기, 땅이 있는 곳에서 살아가는 유기체이며 진화한다. 인간이 개발한 문명 중 메타버스가 생태계를 구성하는 요인으로 등장했다. 메타버스가 유기체나 무기체는 아니지만 가상공간에 존재하면서 인간의 욕구를 충족시켜주는 플랫폼이며 진화해 가고 있다. 따라서 메타버스의 궁극적인 목표는 인간의 행복한 삶을 지향하는데 있다.

인간에게 '나'라는 이름은 사람, 사물, 장소 등을 구분하기 위해 정한 명사다. '나'의 이름은 어느 집단에서 보면 같은 이름을 갖고 있는 사람도 있지만, 똑같은 사람은 존재하지 않으므로 유일한 개념이라고 할 수 있다. '나'만큼 중요한 '너'도 마찬가지다. 새롭게 이름을 붙여 부르는 것은 객체와 주체적으로 관계를 맺고자 하는 것이다. 그래서 이름을 붙여 부르면 이미 수동적인 관계가 아닌 적극적인 관계로 변화한 것으로 매우 중요한 절차이다.

'나'라는 1인칭은 말을 하는 존재이며, 주체인 대상을 일컫는다. '너'라는 2인칭은 말을 듣고 있는 존재이며, '우리'는 지금 여기에 있는 '나'와 '너'를 가르치는 명사를 말한다. '나'와 '너'가 관계를 맺는다는 것은 존재하는 '나'와 '너'에게 수단이나 도구가 아닌 '우리'라는 목적으로 교류한다는 의미이다. 여기에 인격과 인격의 만남이 이뤄진다.

그러나 '나'와 '나' 즉 '나'만의 관계는 '나'와 '너'인 '우리'라는 관계의 목적이 아니라, '나'만을 위한 수단과 도구인 '대상'을 의미한다. 즉, 인격과 인격이 아닌 대상으로 여기고 서로 관계를 조정하고, 이용하며, 통제하려고 한다. '나'만의 관계는 '너'를 포함한 '우리'를 목적으로 대하지 않고, 자신의 이익과 욕구를 충족하기 위한 수단과 도구로 이용할 때 '나'만을 위한 관계가 형성된다.

4차 산업혁명 시대에 막 등장한 메타버스라는 이름! 정부와 기업 등이 문명을 개발하고, 이것을 문화로 활용해 발전시키려는 것이 아니라, 이익만을 얻으려고 수단과 도구로 삼으려고 한다. 문명과 문화발전은 인간의 삶을 지금보다 더 윤택하고 행복하게 살 수 있게 해야 한다. 기업은 코로나19 상황을 이용해 사용자가 단지 무료해서 시간을 보내거나, 할 일이 없어 플랫폼에서 돈이나 쓰고 즐기는 생활 등을 하도록 예산집행 또는 돈 버는 수단과 도구로 메타버스를 활용하려는 의도는 삼가야 한다. 이는 인간의 생활문화를 단순하게 만드는 지름길이다.

[참고문헌]

• 김대군(2007). 생활문화와 윤리, 경상대학교 출판부: 경남.
• 서상목(2018). 사회복지 4.0 −사회혁신과 지역복지공동체−, 서울: 한국사회복지협의회.
• 수원가톨릭대학교출판부(2019). 4차 산업혁명과 인류의 미래, 수원: 수원가톨릭대학교출판부.
• 김영호·김주현·김태영·박미숙·박상길·박인자·이민호·전대호(2022). 슬기로운 메타버스 라이프, 서울: 미디어 북.
• 배경용(2019). 4차 산업혁명과 5G: 4차 산업혁명은 모든 것을 연결시킨다, 한국과학기술정보연구원. 17.
• 유수정(2017). 4차 산업혁명과 인공지능. 한국멀티미디어학회지, 21(4). 1−8.
• 윤성식(2018). 예측불가능한 시대에 행복하게 사는 방법, 경기파주: 수오서재.
• 이병권(2021). 메타버스 세계와 우리의 미래. 한국컨텐츠학회지, 19(1), 13−17.
• 정 결(2021). 제4차 산업혁명과 AI윤리. 한국윤리학회, 1(132). 239−261.
• 최재용·김재영·김형호·유진·이현숙·천동암·한경숙·한영임(2021). 이것이 메타버스다, 서울: 미디어 북.
• 한국메타버스연구원(2021). 게더타운 완전정복(내부자료).
• 한정형(2021). 4차 산업혁명의 꽃 '지능형 로봇' 미래를 연다. 한국지역정보개발원, 130(0).
• http://www.naver.com.

PART **02**

실 전

Chapter **1**

이프랜드(ifland) 즐겨라!

김은선

이프랜드(ifland) 즐겨라!

Prologue

비대면 시대의 새로운 세상 '메타버스(metaverse)'. 모든 세상이 메타버스에 뛰어들고 있다. 메타버스 관련주들은 늘 상한가에 있고 지역 축제부터 아이들 프로그램에까지 다양한 모습으로 메타버스가 활용된다. 왜 이렇게 전 세계적으로 많은 사람들이 메타버스에 열광하는 걸까?

디지털화한 지구, 디지털 미디어에 담긴 새로운 세상은 디지털화한 지구를 말한다. 우리는 이미 메타버스 안에 있다. 페이스북과 인스타그램, 카카오스토리에 일상을 올리고, 인터넷 카페에 가입해 회원으로 활동하고, 온라인 게임을 즐기는 것까지 모두 메타버스에서 살아가는 방식이다.

메타버스는 코로나 19로 인기가 급상승했다. 대규모 인원이 모이는 행사는 물론, 사회적 거리를 유지해야하는 상황에서 3차원 가상공간이 대안으로 떠오른 것이다. 여기에 가상세계 구현 기술이 진일보란 것도 한몫을 했다. 게임은 물론 교육, 의료, 조선, 금융, 엔터테인먼트, 관광 등 메타버스 플랫폼과 기술을 활용한 신 성장 동력을 만들기 위한 관심이 증폭되면서 거의 모든 분야에서 메타버스 열풍이 몰아치고 있다.

아바타를 이용하면 내가 평소 이루고 싶었던 것들을 얼마든지 실현시킬 수 있다. 아바타끼리 만나고, 공부하고, 경제활동도 하는 새로운 세상을 MZ 세대의 많은 이들이 직접 경험 중이다. 과연 상상이나 했던 일인가? 이 모든 것이 메타버스여서 가능한 것들이다.

그럼 지금부터 메타버스 아바타, 이프랜드 플랫폼 속으로 입장해보자. 비대면 시대의 새로운 세상 메타버스!

1 이프랜드(ifland)가 궁금하다면? ·····························

누구든 쉽게 사용할 수 있는 SK텔레콤 메타버스 플랫폼 '이프랜드(ifland)'. 무엇이든 할 수 있고, 누구든 될 수 있고, 언제든 만날 수 있고, 어디든 갈 수 있는 곳! 이프랜드는 모든 if 가 현실이 되는 새로운 세상이라는 의미에서 탄생했다.

1) 이프랜드 특징

이프랜드의 가장 큰 특징은 프로세스 간소화로 사용이 편리하다는 점이다. 요즘 대면 행사나 모임이 어려워지면서 메타버스 플랫폼을 활용한 사례는 점점 다양해지고 있다. 제품 론칭행사나 채용박람회, 교육콘텐츠 방송도 진행하고, 나를 대신하는 아바타로 간접체험을 하고, 실시간 소통까지 할 수 있어 비대면 사회에서 다수가 모이는 행사의 대안으로 자리 잡고 있다.

2) 나만의 부캐릭터를 멋지게 꾸며보세요!

가장 먼저 '나'를 보여주는 아바타를 만들어야 한다. 새로운 모습의 나. 800여 종의 아타바 코스튬을 이용해 다양한 얼굴형, 헤어스타일, 의상, 액세서리 등으로 가상현실 속에서 또 다른 나로 변신할 수 있다. 100여 개의 감정 표현 및 모션 리스트로 생동감 넘치는 커뮤니케이션을 해 보라. 하트와 박수를 누르면 더욱 분위기가 살아난다.

3) land 공간 - 테마룸

이프랜드에서는 대화방을 '랜드(land)'라고 부른다. 제목을 입력하고 주제에 맞는 공간과 배경을 고른 다음 대표하는 태그를 설정해 랜드를 만들어보자. 루프탑, 캠핑장, 공원, 도서관, 집 등 소규모 친밀모임은 물론 대형행사까지 완전히 몰입할 수 있는 공간들을 직접 설정해보자. 익숙하지 않다면 혼자만의 공간에서 미리 체험해 보는 것도 좋다. 하나의 랜드에는 총 131명까지 참여가 가능하다.

② 이프랜드 시작하기 ··

1) 이프랜드 앱 설치 및 회원가입

스마트폰의 종류에 따라 플레이스토어(안드로이드폰)나 앱스토어(아이폰)에서 이프랜드를 검색해 설치한다. 이프랜드는 모바일에서만 가능하다.

[그림1] 이프랜드 앱 설치(안드로이드폰)   [그림2] 이프랜드 앱 설치(아이폰)

이프랜드 앱 접근 권한 안내 팝업창이 뜨면 확인을 누른다.

[그림3] 접근 권한 안내

이프랜드에서 사용자의 사진과, 마이크에 접근하려고 한다. 기기의 사진, 미디어, 파일 엑세스 및 오디오 녹음 허용한다.

[그림4] 기기의 사진, 미디어 허용

[그림5] 오디오 허용

이프랜드 회원가입은 T아이디, 애플, 페이스북, 구글 계정 중 하나를 선택해 이용하면 된다. 서비스 이용 안내에 따라 '전체 동의하기' 체크를 하고 '동의하고 시작하기'를 누른다.

[그림6] 로그인 선택

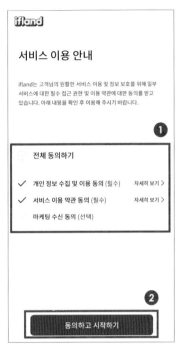

[그림7] 동의하고 시작하기

'안녕? 만나서 반가워!' 아바타가 나를 반겨준다. 이제 ① 아바타를 설정하고 ② 닉네임을 입력한 후 ③ 이프랜드 시작하기를 클릭한다.

[그림8] 첫 화면 [그림9] 닉네임 입력하고 시작하기

닉네임을 변경하고 싶다면 홈 화면에서 닉네임을 선택해 다른 닉네임으로 변경할 수 있다. 프로필 설정을 하려면 홈 화면에서 닉네임을 선택하면 된다.

[그림10] 홈 화면 [그림11] 홈 화면에서 닉네임 선택

닉네임을 바꾸고 싶다면 프로필 화면에서 닉네임은 언제든지 바꿔 사용할 수 있으며 최대 16자까지 가능하다.

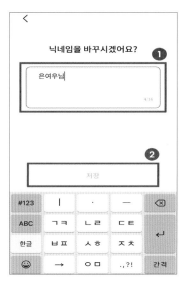

[그림12] 닉네임 변경

프로필 화면에서 '자기소개를 등록하세요'를 클릭해 내가 누구인지, 관심사가 무엇인지, 무엇을 좋아하는지 자기소개를 적는다.

[그림13] 자기소개 등록

자신이 어떤 사람인지 알려주라! 관심사, 취미, 좋아하는 영화 등 메시지를 남긴 후 저장한다.

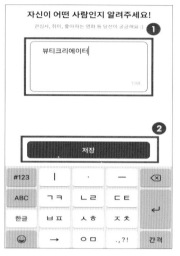

[그림14] 자기소개 입력

'#관심 태그 추가'를 클릭해 관심 있는 주제를 골라보자. 관심 있는 주제는 3개까지 선택이 가능하며 선택 후 확인을 누른다.

[그림15] 관심 태그 추가

[그림16] 관심 주제 선택

SNS링크 등록은 '내 SNS링크를 등록하세요'를 클릭해 SNS 주소를 등록한다. SNS 주소는 2개까지 등록 가능하다. 입력한 후 '저장'을 누른다.

[그림17] SNS 링크 걸기

[그림18] SNS 주소 등록

SNS 주소를 넣으면 프로필 화면에 내 SNS가 링크돼 있는 것을 확인할 수 있다. 링크 주소를 누르면 링크된 사이트로 바로 연결된다.

[그림19] 변경된 프로필

2) 아바타 꾸미기

이프랜드 속 가장 재미있는 시간 나만의 캐릭터, 아바타를 꾸며보자. 평소에 해보고 싶었던 헤어스타일이나 패션스타일이 있다면 과감하게 꾸며보길 바란다.

① 선택하면 전신모습을 볼 수 있다. ② 아바타를 꾸밀 수 있는 소스가 다양하게 준비돼 있어서 내 취향에 맞는 아바타로 변신시킬 수 있다. ③ 상반신 얼굴이 나오는 모습이다. ④ 누르면 다시 홈 화면으로 이동한다.

[그림20] 아바타 전신 모습

[그림21] 아바타 상반신 모습

아바타는 내가 원하는 취향에 따라 얼마든지 선택이 가능하고 변경도 가능하다. 너무나 많은 다양한 아이템들이 있으니 맘껏 꾸며보길 바란다.

[그림22] 각종 아이템 카테고리

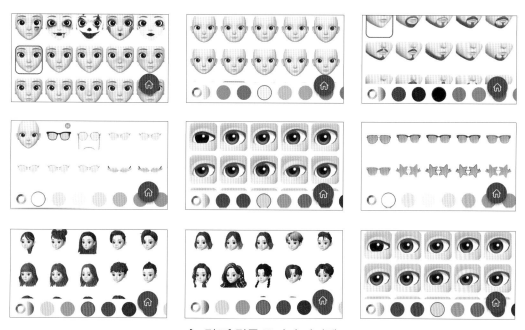

[그림23] 각종 꾸미기 아이템

3 이프랜드의 land 공간 사용 및 활용법 ·····················

1) 이프랜드의 기능

① 알림 : 팔로워, 팔로잉 친구들의 모임을 알려준다.

② 친구들 : 팔로워, 팔로잉 친구들의 목록이다.

③ 내프로필 설정 : 나만의 프로필을 설정할 수 있다.

④ 현재 개설된 land : 모임 리스트를 통해 탐색도 가능하며 링크를 클릭 후 접속이 가능하다.

⑤ 예약된 land : 예정된 모임을 확인할 수 있다.

⑥ land 리스트 : 클릭하면 입장이 가능하다. 비공개방은 초대링크로 입장이 가능하다.

⑦ land 만들기 : 테마공간을 만들기

[그림24] land 입장 전 메인 화면

2) 랜드(land) 만들기

이제 [그림24]의 ⑦을 눌러 'land만들기'로 들어가 본다. land로 들어가면 [그림25]와 같은 화면 창을 만난다.

① 원하는 테마 공간의 이름을 입력한 후 ② 저장한다.

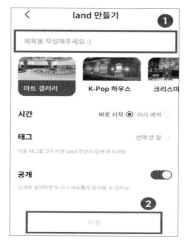
[그림25] 테마 공간 이름 입력 후 저장

현재 개설된 이프랜드 테마 룸은 20여 종이 리스트 업 돼 있어 어느 룸이든 원하는 대로 활용할 수 있다. 개설된 룸들은 사용자의 관심 영역별로 검색해 볼 수 있다. 지속적으로 테마 공간은 업데이트 될 전망이다. 테마 공간 중 한곳인 '볕 좋은 카페 land'로 입장해 본다.

[그림26] 랜드 입장

3) land 안에서의 기능

Land에 들어가 사용할 기능들을 알아보자.

(1) 참석한 인원 확인 및 전체 음소거 기능

사람 모양과 '1/131' 숫자는 131명 중 1명이 랜드 안에 들어왔다는 표시이다. 최대 참여 인원은 131명이며 아바타로 등장한 모습을 볼 수 있는 인원은 31명이다. 나머지 100명은 숫자로만 확인되고 음성으로만 이곳에 동참하고 있다는 것을 알 수 있으며 자신의 아바타는 화면 안에서 볼 수 없다.

[그림27] 참석인원 확인

방을 만든 호스트는 ① 창을 터치해 전체 아바타의 마이크 음소거를 할 수 있다. 또한 특정 아바타의 마이크만 끌 수도 있는데, 이 경우 해당 아바타는 마이크를 켤 수가 없다.

[그림28] 음소거 확인

② 창을 터치해 다른 아바타들과 대화를 할 수 있다.

[그림29] 대화하기

(2) 랜드 정보

'느낌표'를 누르면 내가 만들었던 방 이름이 나오고 호스트, 태그, 만든 날짜, land의 링크를 확인할 수 있다. 초대하고 싶은 대상에게 링크를 보내 이 방으로 초대할 수도 있다.

[그림30] 랜드 정보

링크를 보낼 대상을 선정해 '보내기'를 하면 초대된 사람은 링크를 열어 내가 만든 랜드에 입장할 수 있다.

[그림31] 초대하기

[그림32]는 카카오톡 초대장 보내기 여러 채널을 이용해 초대가 가능하다.

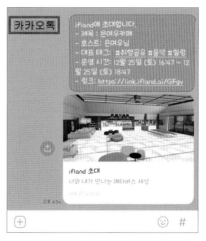

[그림32] 카카오톡으로 보낸 링크

(4) 다른 land 탐색

④ 창을 터치해 다른 land의 탐색이 가능하다. 이곳에서 다른 land의 방문은 불가능하며 홈 화면에서만 다른 land 방문이 가능하다.

[그림33] 다른 land 탐색 1

[그림34] 다른 land 탐색 2

(5) 초대링크 공유

④ 창을 터치해 여기에서도 다른 친구에게 링크를 보낼 수 있다. 링크를 복사해서 붙여넣기를 해도 되고, 원하는 대상을 선택하면 링크 전달이 된다.

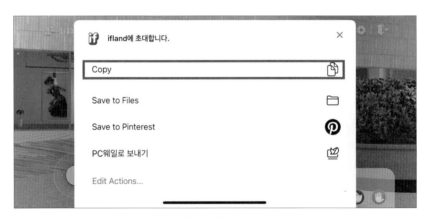

[그림35] 링크 공유

(6) 리모컨

⑥ 리모컨 모양은 정보를 공유할 수 있는 기능으로 다른 아바타들과 '자료공유' 기능과 '누구나 제어' 기능이 있다.

[그림36] 리모컨 기능

자료공유를 클릭해보자.

[그림37] 자료공유 및 제어기능

자료공유에는 PDF나 MP4 영상만 공유가 가능하다. 영상은 full HD 해상도까지 가능하다. 영상이 상영되면 사용자 마이크는 꺼두는 게 좋다. 사용자 마이크가 켜져 있는 경우 영상에서 나오는 소리가 자동적으로 작아진다.

[그림38] 자료공유

영상을 상영하면 방에 들어온 모든 참여자들이 함께 볼 수 있다. 상영이 끝난 후에는 공유 중지 버튼을 누르면 된다.

[그림39] 자료 영상 보기

(7) 사진촬영

⑦ 카메라 아이콘을 터치하면 사진이 캡처 돼 내 갤러리에 저장된다.

[그림40] 사진 캡처

(8) 마이크 기능

⑧ 마이크 아이콘을 터치하면 음성 채팅 마이크의 켜고, 끄기가 가능하다.

[그림41] 마이크 제어

(9) 이모티콘 및 모션

60여 개의 이모티콘에는 각각의 표정과 제스처가 담겨 있다. 하트에서부터 박수치기, 음표를 누르면 다양한 춤동작으로 분위기를 한껏 돋우며 흥이 나게 한다. 친구들을 초대해 이곳에서 즐거운 댄스파티를 하는 것도 묘미가 있다.

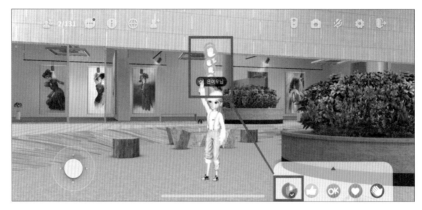

[그림42] 각종 이모티콘 활용

(10) 설정 기능

⑨ 설정을 터치하면 소리듣기, land 수정, 공지 등록, 마이크 권한 설정, 참여모드 설정, 호스트 변경 등이 있다.

[그림43] 설정 기능

① 소리 듣기

[그림44]처럼 소리 듣기가 활성화돼 있는지 확인해 본다. 소리가 들리지 않는다면 활성화 시키면 된다.

[그림44] 소리 듣기

② land 수정

랜드 수정을 눌러 시간 변경을 할 수 있다. 여기에서 태그도 3개까지 선택이 가능하며 공개, 비공개 선택도 가능하다. 수정이 끝난 후 저장을 눌러 변경된 것을 확인할 수 있다.

[그림45] land 수정

③ 공지 등록

필요한 안내사항이나 중요한 메시지를 최대 40자까지 넣을 수 있다. 작성 후 저장을 눌러 준다.

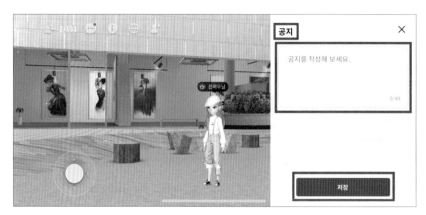

[그림46] 공 지

④ 마이크 권한 설정

마이크 사용은 호스트에게만 권한을 줄 수도 있고, 전체에게 줄 수도 있다. 하지만 많은 인원이 참석해 행사를 진행하는 경우 호스트만 마이크 사용권한을 주는 것도 한 방법이다.

[그림47] 마이크 권한 설정

⑤ 호스트 변경

　호스트 변경을 누르고 호스트가 될 사람을 선택하고 저장하기를 누르면 호스트가 바뀐다. 호스트가 바뀌면 공지등록 및 마이크 권한설정 등은 호스트에게 넘어간다.

[그림48] 호스트 변경

(11) land 종료

　Land 종료를 누르면 현재 진행 중인 land를 종료할지에 대한 팝업 창이 뜬다. '예'를 누르면 이 방은 종료된다.

[그림49] land 종료

Epilogue

메타버스는 이제 미래가 아니다. 우리 삶 속에 깊숙이 들어 온 현실이다. 메타버스라는 용어가 생소하긴 했지만, 앞으로 곧 우리의 삶 속에서 메타버스를 활용한 다양한 서비스(산업)이 생길 것이고 그러한 환경 속에서 살아가는 것이 자연스러워질 거라는 생각이 든다.

그 과정에서 떠오르게 될 기업과 서비스들이 있을 거고, 그러기 위해 메타버스를 활용하기 위한 기본 이해와 적용을 위한 과감하고도 새로운 접근이 필요할 것이라 생각이 든다.

정부에서도 많은 연구와 지원을 아끼지 않는다고 발표한 만큼 메타버스는 우리 삶은 물론 전 산업분야에 걸쳐 큰 변화를 가져올 것이다. 그 변화는 바로 우리 삶과 직결돼 더 폭넓게 확장하면서 보다 편리하고 가치 있는 것으로 발전해 나갈 것이다.

이제 메타버스는 젊은 층만의 전유물이 아님을 전 세계 곳곳을 통해 입증되고 있는 만큼 더 큰 관심과 연구가 뒷받침 되면서 그 속에서 보다 큰 발전이 이뤄지길 기대한다.

Chapter **2**

나만의
'제페토(Zepeto)'
만들기

최 금 선

나만의 '제페토(Zepeto)' 만들기

Prologue

제페토는 네이버 제트(Z)가 운영하는 증강현실(AR) 아바타 서비스로, 메타버스 플랫폼이다. 제페토에서는 나를 대신하는 아바타를 통해 다양한 활동을 할 수 있다. 또한 제페토는 크리에이터를 위한 공간인 제페토 스튜디오에서 아바타 의상부터 3D 월드까지 직접 만들고 세계의 모든 유저에게 공유할 수 있으며 수익도 창출하는 크리에이터가 될 수 있다. 현재 가입한 크리에이터만 약 200만명에 달한다. 이들 크리에이터가 제작한 아이템은 약 410만개, 판매량은 약 6,800만개로 집계됐다.

2018년 8월 출시된 제페토는 AR. 콘텐츠와 게임, SNS 기능을 모두 담고 있어 특히 10대 등 젊은 층을 중심으로 인기를 끌고 있으며, 2022년 현재 3억 명 가입자를 달성했다. MZ세대를 겨냥한 사업 방향이 국내 시장을 넘어, 글로벌 서비스로 제페토 입지를 견고히 한 것이다. 해외 이용자 비중은 약 95%. 국내 외에도 중국, 일본 아시아 지역과 북남미, 유럽에서 월 2천만명이 제페토를 사용하고 있다.

제페토는 브랜드 패션, 뷰티 기업과 엔터테인먼트 기업과의 제휴로 다양한 글로벌 IP를 즐길 수 있는 공간으로 자리매김했다. 제페토는 현재 구찌, 나이키, 아디다스, 랄프로렌, CU, 에뛰드, PUMA, 배스킨라빈스, BLACKPINK, MCM, TWICE, JYP, 삼성전자, 현대자동차 등과 협업을 하고 있다. 삼성전자 가전제품으로 (제페토 내) 집을 꾸미는 '마이 하우스' 서비스는 400만명 넘게 이용했고, 현대차는 '쏘나타 N라인'을 제페토에서 시승할 수 있게 했다. 그룹 블랙핑크, 있지(ITZY) 등이 제페토에서 팬들과 소통했다. 또한 최근 JYP 신인걸그룹 엔믹스가 제페토를 통해 공개된 이후 6일 동안, 엔믹스 월드에 방문한 이용자는 100만 명을 넘어섰다. 팬들이 직접 제작한 엔믹스 관련 콘텐츠도 약 60만 개에 달한다.

이제 필자와 함께 나만의 제페토 만들기를 시작해보자.

1 제페토 시작하기 ······································

1) 제페토 회원가입

구글 플레이스토어에서 '제페토 앱'을 검색해 설치한다.

[그림1] 제페토 설치하기

이용 약관을 읽어보고 체크한 후 '동의합니다'를 누른다.

[그림2] 약관 동의하기

화면에 보이는 여러 캐릭터를 좌우로 움직여 보며 마음에 드는 ① 나의 캐릭터를 선택한 후 ② 다음을 누른다.

[그림3] 내 캐릭터 선택하기

① 나의 캐릭터의 이름을 입력하고 ② 다음을 누른다. 닉네임은 이후에도 변경할 수 있다.

[그림4] 캐릭터 이름 짓기

① 나의 생년월일을 숫자를 위아래로 움직여 맞춘 후 ② 다음을 누른다.

[그림5] 생년월일 입력

나의 생년월일을 정확하게 입력하셨나요? 라는 창이 뜨면 ③ 확인을 누른다.

[그림6] 생년월일 확인

제페토 회원가입을 하기 위해 옵션을 선택한다. '다른 옵션보기'를 누르면 더 많은 옵션을 볼 수 있다.

[그림7] 다른 옵션 보기

제페토 회원가입을 위해 여러 가지 방법으로 회원가입이 가능하지만 필자는 편하게 '휴대폰으로 회원가입'을 하고자 한다. 따라서 '휴대폰 번호로 계속하기'를 누른다.

[그림8] 휴대폰 번호로 가입하기

① 나의 휴대폰 번호를 입력하고 ② 다음을 누른다.

[그림9] 휴대폰 번호 입력

① 나의 휴대폰에 전송된 인증번호 4자리를 입력하고 ② 다음을 누른다.

[그림10] 인증번호 입력

① 나의 제페토 아이디를 입력하고 ② 다음을 누른다. 아이디는 영문, 숫자 조합으로 4~20글자를 입력해 만들고 언제든 프로필 편집에서 변경할 수 있다.

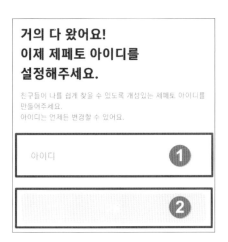

[그림11] 아이디 설정

① 비밀번호를 입력하고 ② 다시 비밀번호를 입력한 후 ③ 완료를 누른다.

[그림12] 비밀번호 설정

알림을 받고 싶으면 '확인'을, 받고 싶지 않으면 'X'를 누른다.

[그림13] 알림 팝업

제페토에서 사용되는 가상화폐(젬, 코인 - 제페토에서는 '크레딧'이라고 함) 중 코인을 얻을 수 있는 'DAILY BONUS'에 가입하면 1일 축하금을 얻게 된다. 매일 제페토에 출석하는 것만으로도 코인을 보상으로 받을 수 있다.

[그림14] DAILY BONUS

2) 캐릭터 꾸미기

화면 하단의 ① 홈 아이콘을 누르고 오른쪽 중간 위 ② 캐릭터 아이콘을 누른다.

[그림15] 캐릭터 아이콘

오른쪽 위 ① 사람모양 아이콘을 누르면 나의 캐릭터의 ② 헤어, 바디, 얼굴, 메이크업 등의 아이콘을 눌러 원하는 모습으로 꾸밀 수 있다. 이때 ③ 저장을 꼭 눌러야 한다. 아이템은 무료인 것도 있고 유료(젬, 코인으로 구매)인 것도 있다.

[그림16] 캐릭터 꾸미기

아이템은 내아이템순, 높은가격순, 낮은가격순으로 필터링해 볼 수 있다.

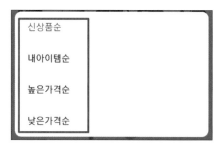

[그림17] 아이템 필터링

오른쪽 위 ① 옷 모양 아이콘을 눌러 내 캐릭터의 패션스타일을 꾸밀 수 있다. ② 마음에 드는 아이템을 선택한 후 ③ 구매를 누른다.

[그림18] 패션스타일 꾸미기

[그림19]처럼 오른쪽 위의 세 번째 아이콘을 누르면 크리에이터들의 아이템을 볼 수 있다.

[그림19] 크리에이터 아이템

오른쪽 위 네 번째 ① 전등아이콘을 누르고 ② 더하기(+)를 누르면 아이템으로 나의 멋진 방을 꾸밀 수 있다.

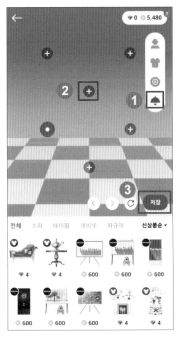

[그림20] 방 꾸미기

② 월드 즐기기

제페토 월드는 공식월드와 크리에이터가 만든 월드가 있다. 인기 공식월드로는 타이니 탄, 한강공원, 포시즌카페 등이 있으며 가고 싶은 ① 월드를 선택해 즐기면 된다. 오른쪽 상단 ② + 방 만들기를 눌러 직접 방을 만들 수도 있다.

[그림21] 방 만들기

① 제목을 입력하고 ② 월드의 종류를 선택한다. 방을 누구나 들어올 수 있게 ③ 공개할 건지 또는 비공개할 것인지를 선택하고 ④ 만들기를 누른다.

[그림22] 방 만들기 순서

월드에 입장하게 되면 [그림23], [그림24]와 같이 화면에 보이는 아이콘 기능 설명창이
뜬다. 설명을 잘 읽어보고 화면을 터치하면 사라진다.

[그림23] 월드 아이콘 기능 설명창1

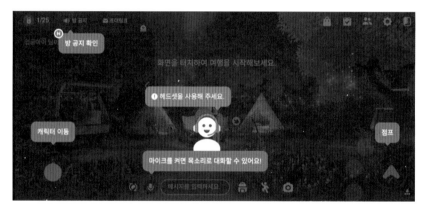

[그림24] 월드 아이콘 기능 설명창2

[그림25]와 같이 월드마다 제시되는 재미있는 미션도 수행해보고 내가 만든 방의 링크복
사를 눌러 친구를 초대할 수도 있다.

[그림25] 오늘의 캠핑 계획

[그림26] 친구 초대 링크

캠핑장에서 움직이다가 나타나는 손 모양 아이콘을 터치하면 의자에 앉아 모닥불을 쬘 수도 있고 기타를 치는 것처럼 다양한 상호작용을 하며 재미있는 경험을 할 수 있다.

[그림27] 월드 상호작용

1) 만들기

화면 아래 ① 중앙에 +더하기 모양의 아이콘을 누른다. 제페토에서 제공되는 다양한 템 플릿을 이용해 게시물을 만들 수도 있고 내가 갖고 있는 이미지나 동영상을 업로드 할 수도 있다.

[그림28]에서 ② 비디오 아이콘이 있는 것은 동영상 템플릿이고 비디오 아이콘이 없는 것 은 이미지 템플릿이다. 여기서 만들기는 인스타그램에서 피드와 릴스를 올리는 것과 비슷 하다.

[그림28] 만들기 아이콘

제페토 신상포즈 중에서 [그림29]와 같이 동영상 템플릿을 선택하면 [그림29]와 같이 나의 아바타가 적용된 영상을 볼 수 있다.

[그림29] 영상 템플릿

2) 기능 알아보기

[그림29]에서 번호순으로 아이콘을 살펴보면 다음과 같다.

① 영상의 범위를 조정하는 아이콘이다.
② 영상의 비율과 컬러를 조정하는 아이콘이다.
③ 영상에 다양한 필터를 적용하는 아이콘이다.
④ 영상에 이모티콘을 적용하는 아이콘이다.
⑤ 영상에 텍스트를 입력하는 아이콘이다.
⑥ 영상의 볼륨을 조정하는 아이콘이다.

⑦ 영상에 멤버를 선택할 수 있는 아이콘이다.

⑧ 영상의 배경을 선택할 수 있는 아이콘이다.

⑨ 영상의 음악을 제거하거나 선택할 수 있는 아이콘이다.

⑩ 영상을 내 갤러리에 저장할 수 있는 아이콘이다.

⑪ 작업이 완료됐다면 오른쪽 화살표 아이콘을 누른다.

3) 게시하기

[그림30]과 같이 게시하기 전 '해시태그'를 넣고 '멤버태그나 포즈태그, 월드태그, 댓글 허용여부'를 선택한 후 '완료'를 누른다.

[그림30] 게시 내용 입력

4) 프로필 편집하기

화면 오른쪽 아래 ① 사람모양의 아이콘을 누르고 왼쪽 상단 ② 프로필 편집을 누른다.

[그림31] 프로필 편집

① 이름과 ② 아이디를 수정할 수 있다. 아이디는 30일마다 한 번씩 변경이 가능하다. 프로필 사진을 변경하려면 상단의 ③ 카메라모양 아이콘은 누르고 변경이 되면 ④ 완료를 누른다.

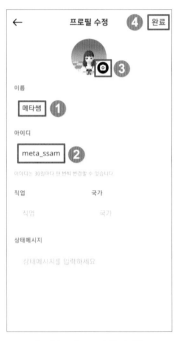

[그림32] 프로필 수정

다음은 [그림32]에서 완료를 누르기 전 프로필 사진을 변경하는 과정으로 카메라모양 아이콘은 누르면 [그림33]과 같이 프로필 사진을 변경할 수 있는 화면으로 전환된다. 이때 '프로필 사진 변경'을 누른다.

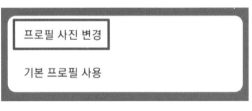

[그림33] 프로필 사진 변경

프로필 사진으로 사용할 포즈를 선택한다.

[그림34] 포즈 선택

동그란 원에 잘 맞춰 프로필 사진을 조절하고 ① 배경과 ② 필터는 원하는 대로 선택한 후 오른쪽 상단 ③ 체크를 터치한다.

[그림35] 프로필 사진 배경, 필터

'완료'를 누르면 변경된 프로필을 확인할 수 있다.

[그림36] 프로필 수정 완료

4 크리에이터 되기 ·····························

제페토스튜디오에서 아이템을 만들기 위해 오른쪽 상단 톱니바퀴 모양 '설정' 아이콘을
누른다.

[그림37] 톱니바퀴 모양 설정 아이콘

1) 크리에이터 되기

화면 중간의 '크리에이터 되기'를 누른다.

[그림38] 크리에이터 되기

2) 프로필 생성하기

간단한 프로필을 순서대로 작성하고 제페토 스튜디오 약관 동의에 체크한 후 프로필 생성버튼을 누른다. 즉 ① 국가 및 지역 ② 계정 타입 ③ 이메일 ④ 전화번호 ⑤ 약관동의 ⑥ 프로필생성을 순서대로 내용을 넣는다.

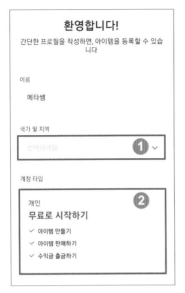
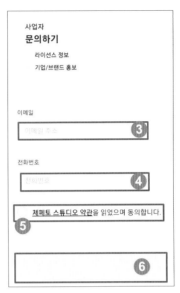

[그림39] 프로필 생성과 제페토 스튜디오 약관 동의

3) 아이템 만들기

만들고 싶은 '아이템'을 선택한다.

[그림40] 아이템 선택

하단의 '편집'을 누른다.

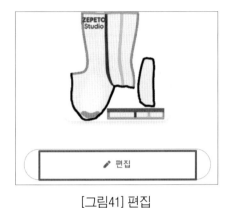

[그림41] 편집

'템플릿 다운로드'를 누른다.

[그림42] 템플릿 다운로드

스마트폰의 하단 중간의 홈 버튼을 눌러 다시 플레이 스토어로 들어가 아이템 만들기에
필요한 '이비스 페인트 X' 앱을 찾아 설치한다.

[그림43] 이비스 페인트 X 설치

이비스 페인트 X를 열고 [그림44]와 같은 설명화면이 나오면 '완료'를 누른다.

[그림44] 완료 선택

이비스 페인트 화면에서 '나의 갤러리'를 누른다.

[그림45] 나의 갤러리 선택

나의 갤러리 화면 왼쪽아래의 '더하기+' 아이콘을 누른다.

[그림46] 새 캔버스

새 캔버스에서 왼쪽 상단 '사진 가져오기'를 누른다.

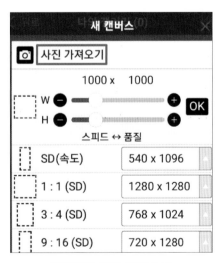

[그림47] 사진 가져오기

갤러리에 다운받아 놓았던 최근 이미지에서 PNG 템플릿을 선택한다.

[그림48] 갤러리에서 템플릿 선택

이비스 페인트 X에서 '기기의 사진 및 미디어에 액세스하도록 허용하시겠습니까?'라는 창이 뜨면 '허용'을 누른다.

[그림49] 사진 및 미디어 액세스 허용

'선 드로잉 추출기능을 실행하시겠습니까?'라는 창이 뜨면 '취소'를 누른다.

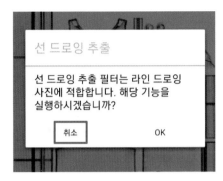

[그림50] 선 드로잉 추출 취소

이비스 화면 오른쪽 상단 사진아이콘을 눌러 이비스에서 제공되는 템플릿을 불러온다. 이비스에서 제공되는 패턴 중 마음에 드는 패턴을 선택한다.

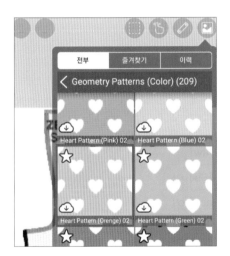

[그림51] 패턴 선택

엄지와 검지를 사용해 패턴을 축소하거나 확대해 원하는 대로 조절한 뒤 '체크'를 누른다.

[그림52] 패턴 크기 조절

오른쪽 아래 ① 화살표(←)를 누르고 ② PNG로 저장하기를 누른다. 스마트폰 화면 아래 ③ 홈 버튼을 누르고 이전에 작업했던 제페토 앱을 다시 연다.

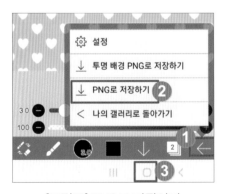

[그림53] PNG로 저장하기

아래쪽 '업로드하기'를 누른다.

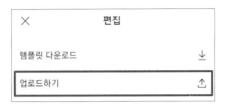

[그림54] 업로드하기

업로드 할 '이미지'를 누른다.

[그림55] 이미지 선택

갤러리에서 이비스 페인트 X로 작업해 저장한 이미지를 선택하면 나의 아바타가 내가 만든 아이템을 입고 있는 모습을 볼 수 있다. 아이템이 마음에 든다면 오른쪽 상단 '다음'을 누른다.

[그림56] 다음 선택

내가 만든 아이템의 이름(100자 이내)과 카테고리, 태그(최대 5개), 가격(아이템마다 최저금액이 조금씩 다르며, 양말의 최저금액은 2젬)을 정하고 오른쪽 상단 '저장'을 누른다.

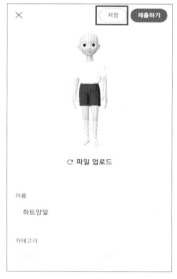

[그림57] 아이템 정보 입력 후 저장

저장한 내 아이템이 잘 만들어 졌는지 확인하기 위해 '내 아이템'을 누른다.

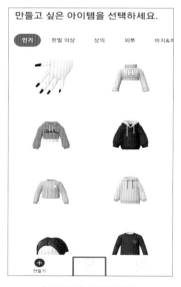

[그림58] 내 아이템

내가 저장한 양말 아이템 오른쪽 '점 세 개'를 누른다.

[그림59] 내 아이템 미리보기

'휴대폰에서 미리보기'를 누른다.

[그림60] 휴대폰에서 미리보기

휴대폰에서 미리보기를 하기 위해서는 홈 화면 오른쪽 상단의 ① 종 모양의 알림 아이콘을 누른다.

[그림61] 알림 아이콘

아이템을 미리보기하려면 '여기를 누르세요'를 누른다.

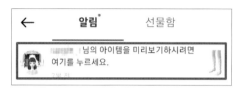

[그림62] 미리보기 알림 내용 선택

이제 내가 만든 아이템을 입고 있는 나의 아바타 모습을 볼 수 있다. 제스처의 번호를 눌러 다양한 모습도 보고, 좌우로 돌려보며 여러 각도로 살펴보며 이상이 없는지 확인한 후 '프로필 – 설정 – 크리에이터되기 – 내 아이템'을 선택한 다음 '제출하기'를 누른다.

[그림63] 내 아이템 확인

[그림64]와 같이 임시저장이었던 내 아이템이 '제출됨'으로 변경된 것을 확인할 수 있다. 심사기간은 최대 2주 정도 소요되며 제페토 프리미엄 회원은 조금 더 심사기간이 짧다.

[그림64] 내 아이템 제출됨

Epilogue

프로슈머라는 말이 있다. 프로듀서(producer, 생산자)와 컨슈머(consumer, 소비자)의 합성어이다. 생산자이면서 소비자이며, 소비자이면서 생산자라는 뜻이다. 코로나 19로 자유로운 활동이 위축된 지금 메타버스 플랫폼 제페토에서 내 아바타로 즐기는 또다른 세상. 나만의 아바타로 새로운 세상을 경험해 보고 수백만가지 아이템으로 나만의 아바타를 꾸미고, 교실부터 테마파크까지 다양한 맵에서 전세계 친구들을 만나 놀기도 하며 제페토 크리에이터가 되어 수익까지 창출할 수 있는 독자들이 되기를 바란다.

Chapter **3**

'제페토 빌드잇
(Build-it)'으로
나만의 월드 만들기

박 인 완

'제페토 빌드잇(Build-it)'으로
나만의 월드 만들기

Prologue

제페토는 2018년 8월에 발표된 3차원(3D) 아바타로 가상현실을 체험하는 메타버스 플랫폼이다. 14개국 언어를 지원하며 세계 200여 개국에 서비스가 되고 있고 3억 명의 가입자를 확보하고 있다.

또한 가입자의 90%가 해외 이용자이고, 가입자의 80%가 Z세대(1990년대 중반~200년대 초반 출생자)이며 '아시아의 로블록스'로 일컬어지고 있다. 이처럼 제페토가 성장할 수 있었던 것은 SNS를 넘어서 창작플랫폼으로 끊임없는 변화를 도모했기 때문이다. 가입자가 제페토에서 공급하는 콘텐츠나 타 이용자가 제작·공급하는 콘텐츠를 이용만 하는 것이 아니라 자신이 직접 콘텐츠를 제작할 수 있기 때문이다.

예전에 우리는 싸이월드에서 도토리를 이용해 아이템을 구입해본 경험이 있을 것이다. 예전에 우리가 경험한 싸이월드와 메타버스 플랫폼인 제페토는 3차원 가상공간이라는 점은 유사하지만 플랫폼과 이용자 간의 상호작용하는 생태계 환경은 전혀 다르다. 즉, 싸이월드는 플랫폼과 아이템을 플랫폼 측에서 개발해 출시하고 이용자는 도토리를 구입해 이를 소비하는 반면, 메타버스 플랫폼은 이용자가 소비자인 동시에 개발자이기도 하다.

이저럼 메타버스 공간인 제페토 월드에서는 '빌드잇'이라는 제페토에서 제공하는 프로그램을 활용해 자신만의 월드를 작성하고 이용자에게 오픈하는 크리에이터로서 활동할 수 있다.

제페토 빌드잇은 익스플로러와 오브젝트로 구성돼 있다. 익스플로러에서는 지형을 9가지 종류로 표현 할 수 있고, 오브젝트는 24개의 카테고리로 구성돼 있다. 따라서 익스플로러와 오브젝트를 활용해 나만의 멋진 월드를 만들어 세계인들과 소통할 수 있다.

이제부터 필자와 함께 제페토 빌드잇으로 나만의 월드를 만드는 방법을 알아보도록 하자.

1 제페토 빌드잇이란? ···

'제페토 빌드잇(Built-it)'은 제페토에서 2019년 12월에 발표된 나만의 월드를 만들 수 있는 프로그램이다. 빌드잇에서는 월드를 만들 수 있는 다양한 블록과 카테고리 별 오브젝트를 무료로 제공하고 있으며 이를 활용해 나만의 멋진 가상공간을 제작할 수 있다. 제작한 크리에이터 맵은 심사를 거쳐 내 월드에 공개할 수 있으며 모바일로 자유롭게 플레이할 수 있다.

제페토 빌드잇은 3차원 가상공간이므로 나만의 월드를 만들거나 다른 공간을 플레이하려면 무엇보다 일정수준 이상의 '컴퓨터 사양이 확보'돼야 한다. 시스템 권장 사양으로는 운영체제는 Windows 10 또는 Mac OS Mojave 이상, CPU는 intel i5 이상, 메모리 8GB RAM 이상, 그래픽 Geforce GTX 660 이상, 해상도 1280X720 이상, 여유 공간 500MB 이상 등이다.

시스템 사양이 권장사양보다 낮을 경우 설치가 안 되거나 동작이 원활하지 않을 수 있다.

② 제페토 빌드잇 설치 ·····························

 빌드잇 프로그램을 설치하기 위해서 컴퓨터에서 '크롬(Chrome)' 브라우저를 실행해 [그림1]의 ①과 같이 Google 검색 창에 '제페토 빌드잇 다운로드'를 입력해 검색한다. 검색이 완료되면 ② '제페토 빌드잇 다운받기-ZEPETO Studio'를 클릭한다.

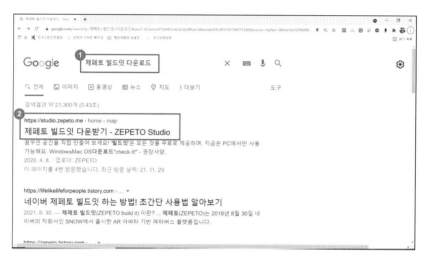

[그림1] 제페토 빌드잇 다운받기

 '제페토 빌드잇 다운받기-ZEPETO Studio'를 클릭하면 [그림2]와 같이 'Windows' 또는 'Mac OS' 운영체제를 선택 할 수 있는 화면이 나타나는데 자신의 컴퓨터에 맞는 운영체제를 선택한다.

 [그림2]에서 ① '운영체제'를 선택하면 ②와 같이 제페토 빌드잇 설치 프로그램이 다운로드 되며, 다운로드가 완료되면 프로그램을 클릭해 설치한다. 이때 자신의 운영체제에 따라 다운로드 후에 설치 프로그램 저장 폴더를 찾아서 설치 프로그램을 실행해야 하는 경우도 있다.

[그림2] 프로그램 설치를 위한 운영체제 선택화면

설치 프로그램을 다운로드 한 후 실행해 [그림3]의 설치 마법사 화면에서 '다음'을 클릭한 후, [그림4] 설치 폴더 선택 화면에서 설치 폴더를 변경하려면 ① '찾아보기'를 클릭하여 설치할 폴더를 변경하고, 현재 폴더에 설치하려면 ② '다음'을 클릭한다. [그림5] 설치 설정 화면에서 '설치'를 클릭해 프로그램 설치가 완료되면 [그림6] 설치 완료 화면에서 '마침'을 클릭하고 설치 마법사를 종료한다.

[그림3] 설치 마법사 화면

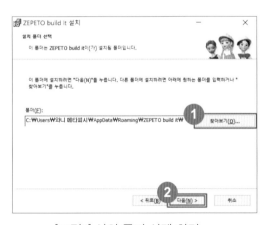

[그림4] 설치 폴더 선택 화면

[그림5] 설치 설정 화면   [그림6] 설치 완료 화면

설치 마법사가 종료되면 [그림7]과 같이 제페토 빌드잇이 실행되고 실행이 완료되면 [그림8]과 같은 로그인 화면이 나타난다.

[그림7] 제페토 빌드잇 실행 화면

제페토 빌드잇 프로그램을 활용하려면 반드시 로그인을 해야 하는데 빌드잇에서 로그인을 하는 방법은 '계정 로그인'과 'QR 로그인' 두 가지 방법이 있다.

[그림8]에서 계정 로그인을 선택 한 경우 ① 본인의 계정을 입력해 로그인 하거나 ②와 같이 페이스북, 라인, 트위터, 카카오톡 등 소셜 로그인 서비스로 로그인 하는 방법이 있다. 디지털시대에서 본인이 관리해야 하는 계정을 줄이기 위해 ② 소셜 로그인 서비스 활용을 권장한다.

[그림8] 로그인 화면

또한 계정 또는 비밀번호를 모를 경우에 ③ 'QR 로그인'을 할 수 있는데 [그림8]에서 'QR 로그인'을 클릭하면 [그림9]와 같은 QR 로그인 화면이 나타난다.

[그림9] QR 로그인 화면

QR 로그인을 위해서 스마트폰에서 제페토 앱을 실행해 앱 내부의 QR 스캐너를 이용해 QR 코드를 스캔해야 한다.

스마트폰에서 제페토 앱을 실행해 [그림10]과 같은 홈 화면에서 오른쪽 하단의 사람모양의 '내 프로필'을 선택한다. 그 다음 [그림11]에서 '내 큐알코드'를 선택하고, [그림12]에서 오른쪽 하단의 '스캔하기'를 선택한다. [그림13]과 같은 스캐너가 나타나면 앞의 [그림9] PC 화면에서 QR코드 로그인 화면의 QR코드를 인식시킨다. QR코드가 인식되면 스마트폰으로 돌아와 [그림14]의 '로그인'을 터치한 다음 [그림15]의 확인을 누르면 로그인이 완료된다.

[그림10] 내 프로필 선택

[그림11] 내 코드 선택

[그림12] 스캔하기 선택

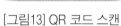

| [그림13] QR 코드 스캔 | [그림14] 로그인 | [그림15] 확인 |

3 홈 화면 알아보기

앞에서 제페토 빌드잇을 로그인을 완료하면 PC에서 [그림16]과 같은 홈 화면이 열린다. 나만의 월드를 만들기 위해 왼쪽의 ① '+ 새로 만들기'를 클릭하면 ②와 같이 'Plain, Town, House, Cafe, School, City, Wedding' 등 7개의 기본 맵이 나타난다. ③에서 '라이센스 맵 문의, 가이드, 시작하기, 공지사항, 문의하기' 등의 메뉴를 클릭해 해당 메뉴로 바로 이동할 수도 있다.

[그림16] 제페토 빌드잇 홈 화면

[그림17]에서 ① '내가 만든 맵'을 클릭하면, ②와 같이 '내가 만든 맵' 목록이 보이며 기존에 만들었던 맵으로 이동 하고자 할 때는 해당 맵을 클릭하면 맵이 열린다.

[그림17] 내가 만든 맵

1) 맵 메뉴 이해하기

[그림16]에서 맵을 '새로 만들기'를 하거나, [그림17]에서 '내가 만든 맵'을 클릭하면 해당 맵의 홈 화면이 [그림18]과 같이 열린다.

[그림18] 홈 화면에서 ①은 상위 메뉴이고 ②는 맵 구성요소인 오브젝트의 '선택, 이동, 회전, 크기'를 조절하는 메뉴이다. ③은 지형의 안내선 표시를 선택하는 메뉴이며 ④는 맵을 제작하는 '오브젝트'와 '익스플로러' 메뉴이다. ⑤는 제작한 맵을 테스트하는 메뉴이고 ⑥은 맵을 외부에 공유하는 메뉴이며 ⑦은 맵의 관점(View Point)을 선택하는 메뉴이다.

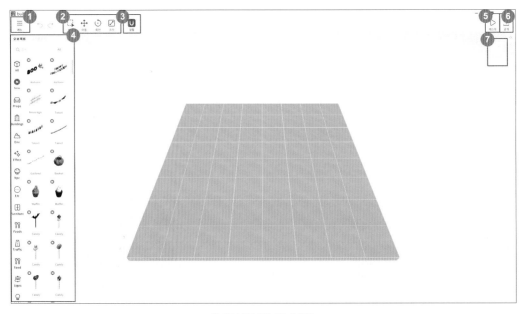

[그림18] 맵 홈 화면

2) 상위 메뉴 알아보기

[그림19]에서 ① 상위 메뉴를 클릭하면 ②와 같은 상위 메뉴가 나타나는데, '홈, 저장, 새로 만들기, 내 정보, 설정, 종료' 등의 세부 메뉴가 있다.

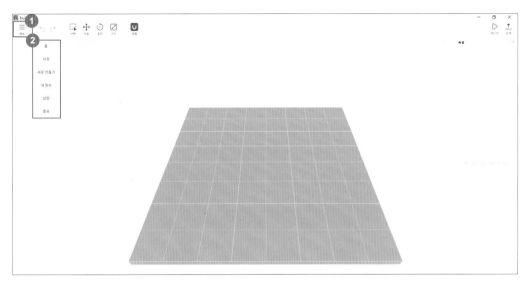

[그림19] 상위 메뉴

상위메뉴에서 홈으로 돌아가기 위해 [그림20]의 ① '홈'을 선택하면 ②와 같이 '저장할까요?'라는 문구가 나타난다. 변경사항이 있는 경우 저장을 클릭해 저장하고, 만약에 이름이 설정되지 않았다면 40자 이내에서 파일이름을 입력해 저장하면 앞의 [그림16] '새로 만들기' 화면 또는 [그림17] '내가 만든 맵' 화면으로 이동한다.

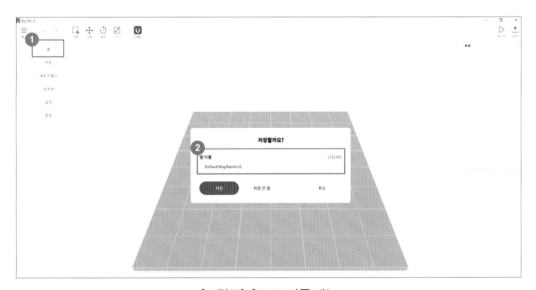

[그림20] 홈으로 이동 메뉴

상위메뉴에서 [그림21]과 같이 ① '저장'을 선택하면 ②와 같이 '저장할까요?'라는 창이 나타나는데 수정사항이 있거나 작업한 내용을 저장하고 싶으면, 40자 이내에서 파일 이름을 지정한 후 '저장'을 클릭해 저장 할 수 있다.

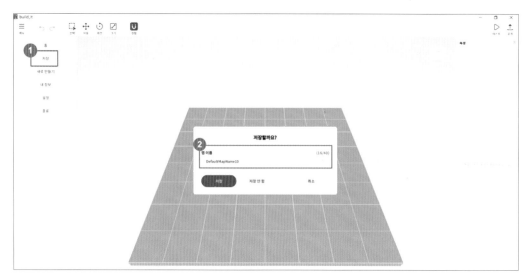

[그림21] 저장

맵 작성 도중에 새로운 맵을 작성하기 위해서 [그림22]에서와 같이 상위 메뉴 중 ① '새로 만들기'를 선택하면 작성 중인 맵에 변경사항이 있을 경우 ②와 같이 '저장할까요?'라는 문구나 나타나는데 '저장'을 선택하거나 '저장안함'을 선택하면 새로운 맵 작성화면이 나타난다.

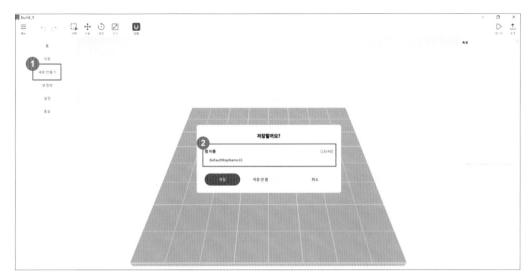

[그림22] 새로 만들기

제페토 빌드잇에서 자신의 정보를 보고 싶을 때 [그림23]과 같이 상위 메뉴에서 ① '내 정보'를 선택하면 ②와 같이 'ZEPETO 아이디, 휴대폰 번호, 등록된 이메일' 등을 확인 할 수 있다. 자신의 계정에서 로그아웃을 하고 싶을 때는 ③ '로그아웃'을 클릭하면 계정이 로그아웃 된다.

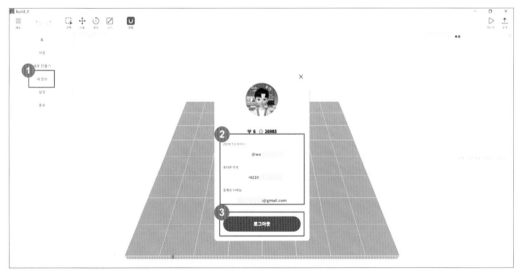

[그림23] 내 정보

[그림24]의 ①과 같이 상위 메뉴에서 '설정'을 선택하면 ②와 같이 '언어, 효과음' 사용 유무와 주요 기능에 대한 '단축키'를 확인 할 수가 있다. 언어는 현재 한국어, 영어, 일본어, 중국어 등 4개 국어를 지원하고 있다.

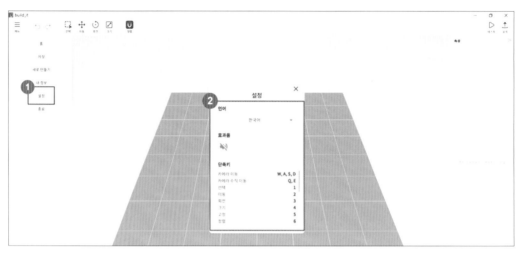

[그림24] 설정

제페토 빌드잇을 실행 중에 프로그램을 종료하고자 할 때는 [그림25]와 같이 상위메뉴에서 '종료'를 선택하면 종료가 된다. 이때 맵이 수정됐거나 변경사항이 있으면 '저장할까요?'라는 저장 메뉴가 나타난다.

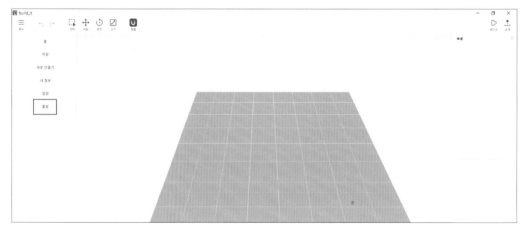

[그림25] 종료

3) 빌드잇 화면 이동 방법

(1) 화면 확대/축소

빌드잇에서 화면을 확대 또는 축소하고자 할 때는 [그림26]과 같이 마우스를 화면에 위치한 상태에서 마우스 가운데에 있는 휠을 앞으로 밀면 화면이 확대되고, 휠을 뒤로 당기면 (자신의 몸 쪽으로) 화면이 축소된다.

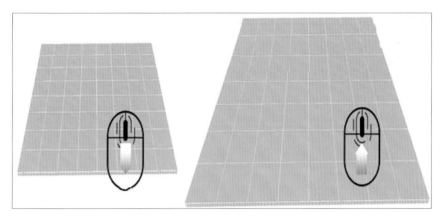

[그림26] 화면 확대/축수

(2) 화면 이동

화면을 수직·수평으로 이동하고자 할 때는 키보드를 이용해 이동이 가능하다. [그림27] 과 같이 화면을 오른쪽으로 이동하고자 할 때는 영문 'A'를 누르고, 왼쪽으로 이동하고자 할 때는 영문 'D'를 누르고, 앞으로 이동하고자 할 때는 영문 'W'를 누르며, 뒤로 이동하고자 할 때는 영문 'S'를 누른다. 또한, 화면을 위로 이동시키고자 할 때는 영문 'Q'를 누르고, 아래로 이동하고자 할 때는 영문 'E'키를 누르면 된다.

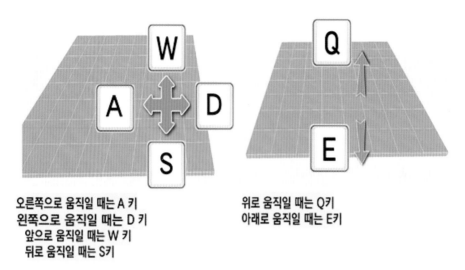

오른쪽으로 움직일 때는 A 키
왼쪽으로 움직일 때는 D 키
앞으로 움직일 때는 W 키
뒤로 움직일 때는 S키

위로 움직일 때는 Q키
아래로 움직일 때는 E키

[그림27] 화면 수직/수평 이동

화면을 자유스럽게 이동하고자 할 때는 [그림28]과 같이 화면위에 마우스를 위치시킨 다음 키보드의 '스페이스 바'를 누른 상태에서 '마우스 왼쪽 버튼'을 누르고 이동하면 자유스럽게 이동시킬 수 있다.

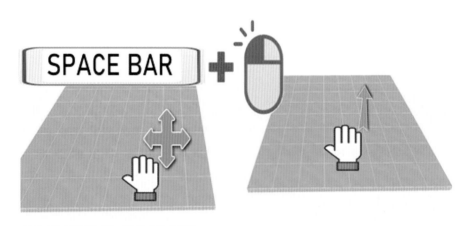

화면을 손바닥으로 자유롭게 움직일 때는
스페이스 바를 누르면서 마우스 왼쪽 클릭

[그림28] 화면 자유이동

1) 월드 - 지형

익스플로러는 자신이 만든 맵의 월드와 오브젝트를 쉽고 간편하게 관리할 수 있다. [그림 29]와 같이 빌드잇의 '익스플로러'를 선택하면 월드와 오브젝트 카테고리를 볼 수 있다. 월 드에는 지형, 하늘, 배경음악, 플레이어 기능이 있고 오브젝트에는 자신의 맵에 설치된 모 든 오브젝트들이 나타난다.

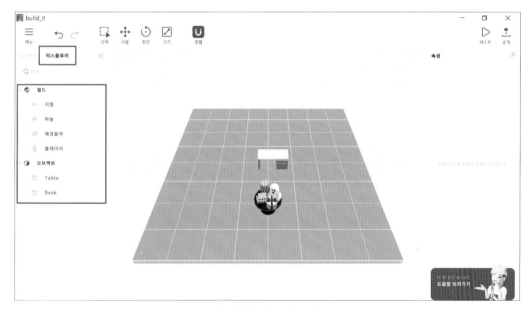

[그림29] 익스플로러

월드에서 지형은 맵의 바닥 유형을 나타낼 수 있다. [그림30]과 같이 '익스플로러', '월 드'에서 ① '지형'을 선택하면 ②와 같이 화면 오른쪽에 속성이 나타난다. 속성에서 '지형 크기조절', '지형 브러쉬'로 정렬이나 크기를 설정할 수 있고, 지형의 종류에는 풀, 도로, 바위, 물, 늪, 용암, 고체용암, 눈, 모래 등을 표현 할 수 있다. 지형에는 기본적으로 풀이 깔려 있다.

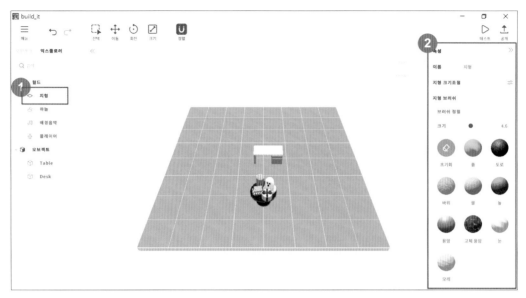

[그림30] 익스플로러 - 지형

지형의 크기를 조절하고자 할 때는 [그림31]과 같이 '지형 크기조절'을 선택하면 조절할 수 있는 창이 나타난다. 이때 플러스(+) 버튼을 누르면 지형의 크기가 확대되고, 마이너스 (−) 버튼을 누르면 크기가 줄어든다. 익스플로러에서 지형의 크기는 최소 6칸에서 최대 12칸 까지 조절할 수 있다. 지형 편집이 완료되면 화면 하단의 '지형 편집 종료'를 선택하면 된다.

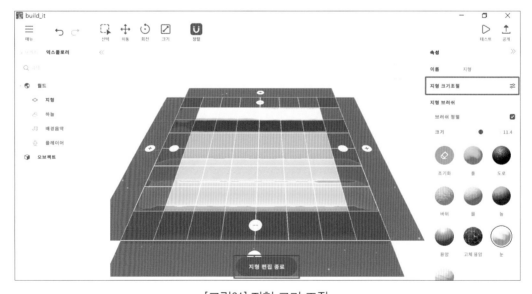

[그림31] 지형 크기 조절

지형을 설치할 때 브러쉬 정렬이나 크기를 조절하고자 하면 [그림32]와 같이 '브러쉬 정렬'을 체크하고, 크기의 '조절점'을 이용하거나 '숫자'를 선택해 원하는 크기의 숫자를 입력한다. 그러면 그림과 같이 해당 브러쉬를 가지런하게 표현할 수 있고, 브러쉬의 크기를 조절할 수 있다.

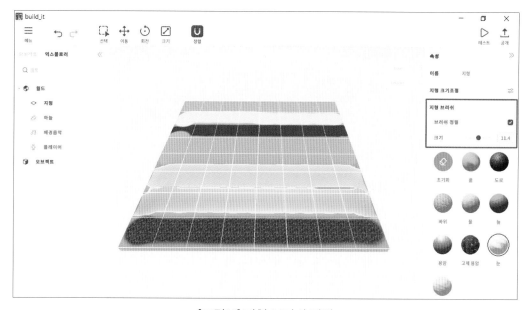

[그림32] 지형 브러쉬 정렬

브러쉬로 지형을 설치하는 도중에 지형을 지우고자 할 때는 [그림33]과 같이 '초기화'를 선택한 후 마우스 왼쪽을 누른 상태에서 드래그하면 지울 수 있다. 물론 초기화 브러쉬의 크기도 크기 조절 기능을 이용해 조절할 수 있다.

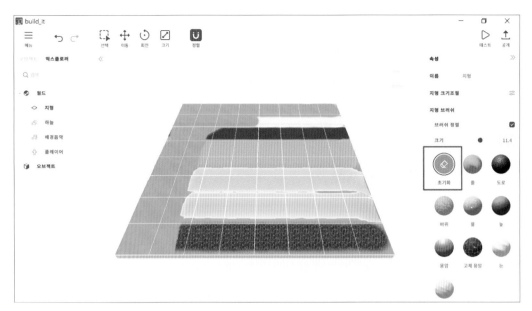

[그림33] 지형 지우기

2) 월드 - 하늘

월드의 하늘기능은 낮과 밤 등 하늘의 색상을 변경 시킬 수 있다.

[그림34] 왼쪽에서 '하늘'을 선택하면 화면 오른쪽에 속성이 나타나는데 그림의 위와 같이 '하늘 색상'의 조절점을 왼쪽으로 하면 낮과 같이 밝은 색으로 된다. 그림의 아래와 같이 '하늘 색상' 조절점을 오른쪽으로 하면 밤과 같이 어두운 색으로 변경 시킬 수 있다. 이때 하늘의 색상이 변경되면 하늘 색상에 어울리도록 오브젝트의 색상이 함께 변경된다.

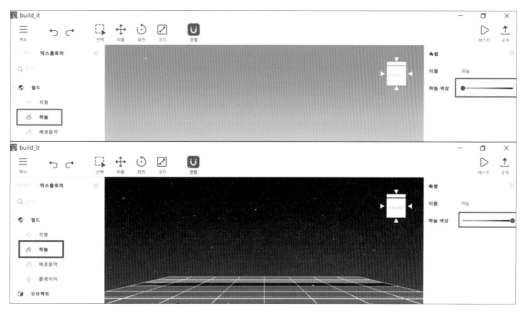

[그림34] 월드 - 하늘

3) 월드 - 배경음악

'배경음악' 기능은 맵에 배경음악을 넣을 수 있는 기능이다. 맵에 배경음악을 넣기 위해서는 [그림35]와 같이 '배경음악'을 선택하면 화면 오른쪽에 배경음악 속성이 나타난다. 속성에서 배경음악의 소리도 온·오프 할 수 있으며, 배경음악도 선곡을 할 수 있는데 현재 사용가능한 음악은 'Battle Planet', 'Natural Ground' 등 총 18곡이다.

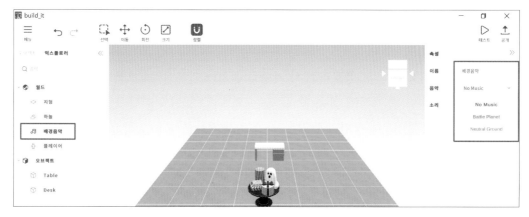

[그림35] 월드 - 배경음악

4) 월드 - 플레이어

맵 제작 후 '테스트' 모드를 사용해 플레이를 할 때 보다 더 재미있는 플레이를 위해 캐릭터의 속도와 점프레벨을 설정할 수 있다. 플레이어 속성을 변경하려면 [그림36]의 화면 왼쪽 '플레이어'를 선택하면 화면 오른쪽과 같은 속성이 나타난다. 속성에서 '속도'와 '점프' 레벨의 값을 조절점이나 숫자로 변경하면 된다. 숫자가 높을수록 빨리 뛰고 높게 점프할 수 있다.

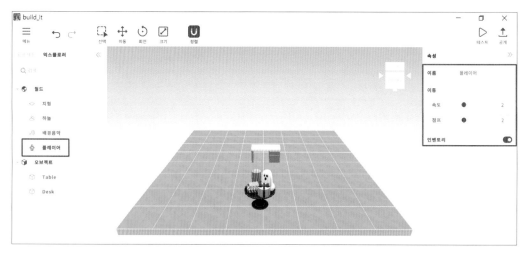

[그림36] 월드 - 플레이어

6 오브젝트 활용 ·

맵을 제작할 때 활용하는 오브젝트에 대해서 알아보자.

맵 제작은 [그림37]의 '익스플로러'에서 지형을 설치한 다음 ① '오브젝트'를 선택하면 화면 왼쪽에 ②와 같이 맵 제작에 활용 할 수 있는 오브젝트들이 나타난다. 오브젝트는 카테고리 별로 정리돼 보이는데 찾기가 어려우면 ③ '검색'기능을 이용해 찾고자 하는 오브젝트를 검색할 수 있다. 검색할 때는 검색 카테고리를 반드시 'All'로 한 다음 검색해야 한다.

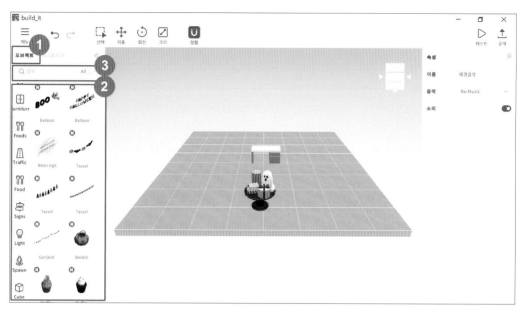

[그림37] 오브젝트

오브젝트는 총 24개 카테고리로 돼 있으며 상세한 내용은 [표1]과 같다.

번호	카테고리 명	번호	카테고리 명
1	All(전체 오브젝트)	13	Light(조명/불)
2	New(새로운 오브젝트)	14	NPC(비플레이어 캐릭터)
3	Props(일반/이벤트 소품)	15	Spawn(캐릭터가 생성되는 지점)
4	Furniture(가구들)	16	Cube(테마별 정사각형 오브젝트)
5	Foods(음식들)	17	Polygon(오르막길 모양 오브젝트)
6	Traffic(교통/길거리 간판)	18	Pillar(원기둥 모양 오브젝트)
7	Buildings(빌딩 관련)	19	Stair(계단 모양 오브젝트)
8	Env(자연 관련된 오브젝트)	20	Custom(원하는 사진을 올릴 수 있는 오브젝트)
9	Food(음식 오브젝트)	21	Round(두 면이 둥근 모양 오브젝트)
10	Etc(기타 용품)	22	Arch(구부러진 곡선/쐐기 모양 오브젝트)
11	Signs(표지판/팻말)	23	Attach(아이템을 뽑을 수 있는 오브젝트)
12	Effect(다양한 특수 효과)	24	Text(영어/숫자/특수문자)

[표1] 오브젝트 카테고리

맵 제작에 활용된 오브젝트를 클릭하면 화면 오른쪽에 속성이 나타난다. 오브젝트의 속성에는 '이름, 변환, 물리, 색상' 등 4가지가 있다.

1) 이름과 변환

[그림38]과 같이 맵의 오브젝트를 선택하면 화면 오른쪽과 같이 속성이 나타난다. 맵에 여러 가지 오브젝트를 활용하다 보면 오브젝트가 어디에 위치해 있는지 찾기 어려운 경우가 있다. 이럴 때 오브젝트의 이름을 이용해 쉽게 찾을 수 있도록 알기 쉬운 이름으로 변경을 해 놓아야 한다. 이름을 변경하고자 할 때는 화면 오른쪽의 '이름' 입력란에 중복되지 않고 알아보기 쉬운 오브젝트 이름을 입력한다.

화면 오른쪽의 '변환'은 선택된 오브젝트의 위치, 회전, 크기 등을 조절 할 수 있다. '위치'는 맵의 좌표를 입력하고, '회전'은 오브젝트의 각도를 입력하고, '크기'는 오브젝트의 크기 숫자를 입력해 조절할 수 있다.

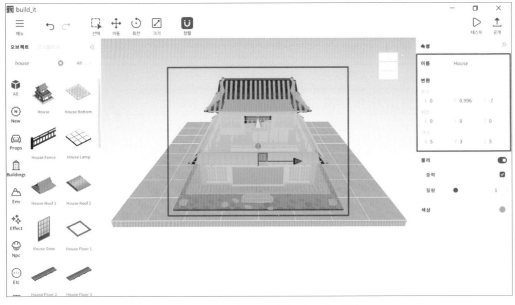

[그림38] 오브젝트 속성의 이름과 변환

2) 물리효과

맵 제작에서 물리효과는 오브젝트를 고정시키거나 마찰 또는 바운스 효과를 주는데 사용된다.

(1) 물리효과 비활성화(Off)

오브젝트의 '물리효과를 비활성화'하려면 [그림39]와 같이 오브젝트를 설치해 위치, 회전, 크기 등을 설정하고 물리를 'Off'하면 된다. 오브젝트의 물리효과를 비활성화하면 오브젝트가 고정돼 캐릭터와 충돌해도 움직이지 않게 된다. 이 기능은 오브젝트를 공중에 띄워 고정할 때 유용하게 사용할 수 있다.

[그림39]는 동일한 '크기'와 '회전'을 적용한 의자 오브젝트 2개를 설치한 것이다. ①은 지형위에 설치했고 ②는 지형에서 5정도의 크기로 공중에 띄웠다.

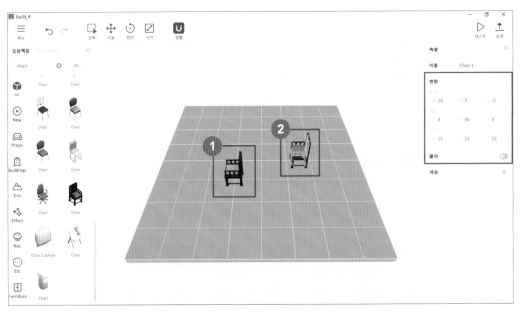

[그림39] 오브젝트의 물리효과 비활성화 설정

[그림39]와 같이 오브젝트를 비활성화 해 '테스트'를 클릭해 실행하면 [그림40]과 같이 의자 ①은 지형 위에 고정돼 있고, ②는 공중에 떠서 고정돼 있는 것을 확인 할 수 있다.

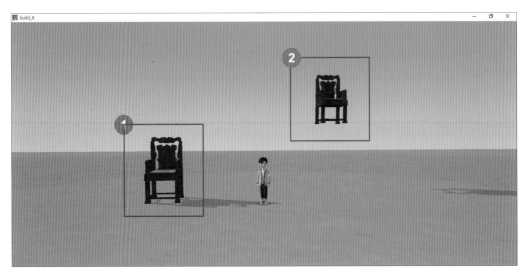

[그림40] 오브젝트 비활성화 실행

(2) 물리효과 활성화(On)

'물리효과를 활성화'시키면 각 오브젝트에 맞는 질량을 조절 할 수 있다. [그림41]과 같이 '물리'를 'on'하고, '중력'을 체크하고, '질량'을 변경할 수 있다.

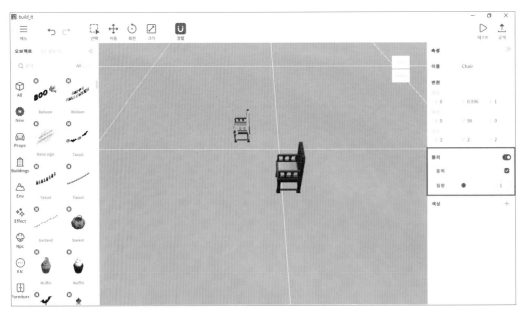

[그림41] 오브젝트 활성화 설정

[그림41]과 같이 '물리'를 'on', '중력'을 체크하고 '질량'을 변경한 후 실행하면 [그림42]와 같이 된다. 질량이 가벼울 때 [그림40]의 ①과 같이 지형 위에 위치했던 의자가 [그림42]의 ①과 같이 캐릭터와 충돌하면 오브젝트가 밀려나 넘어진 것을 알 수 있다. 또한 중력을 체크하면 [그림40]의 ②와 같이 공중에 떠있던 오브젝트가 [그림42]에서와 같이 지형에 내려와 있음을 알 수 있다.

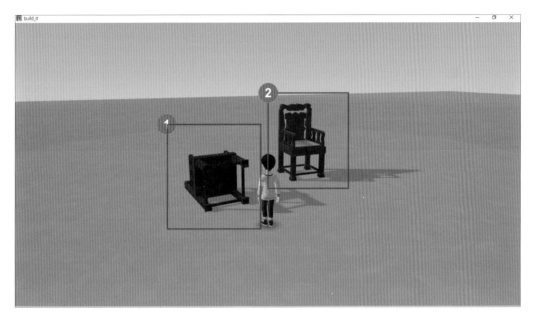
[그림42] 오브젝트 활성화 실행

(3) 색 상

속성의 '색상기능'을 이용해 오브젝트의 색상변경이 가능하다. [그림43]과 같이 색상을 변경할 오브젝트를 선택한 후 화면 오른쪽에서 적용할 색상을 선택한다.

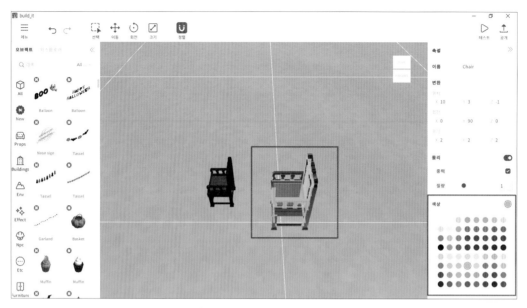

[그림43] 오브젝트 색상 변경 설정

[그림43]에서 색상을 변경해 실행하면 [그림44]와 같이 오브젝트의 색상이 변경됨을 확인 할 수 있다.

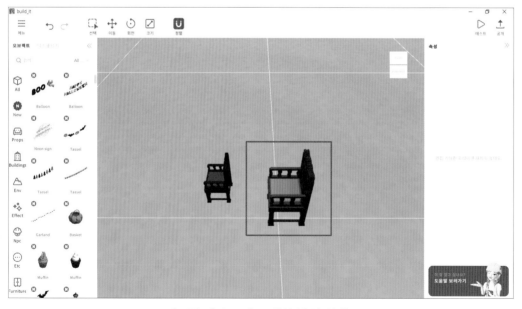

[그림44] 오브젝트 색상 변경 실행

8 오브젝트 고급기능 알아보기 ·········

1) 순간 이동장치 만들기

맵 제작 시 '포털(Portal)' 오브젝트를 설치하면 맵을 돌아다니지 않고 순간적으로 특정구간으로 이동할 수 있다. 이때 주의할 사항은 반드시 '세이브 포인트(Save Point)' 오브젝트와 함께 사용해야 한다.

[그림45]에서와 같이 ① 검색 창에서 'Portal'을 검색 한 후 ② 'Portal'을 클릭해 ③ 원하는 위치에 설치한다. 이때 ④와 같이 '[Save Point] 오브젝트와 함께 사용하세요!'라는 팝업이 나타난다.

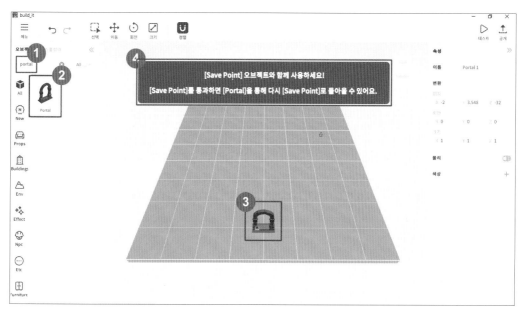

[그림45] 포털(Portal) 오브젝트 설치

포털 오브젝트가 설치됐으면 [그림46]과 같이 ① 검색 창에서 'Save Point'를 검색한 후 ② 세이브 포인트를 클릭해 ③ 원하는 위치에 설치한다. 이때에도 ④와 같이 '[Portal] 오브젝트와 함께 사용하세요!'라는 팝업이 나타난다.

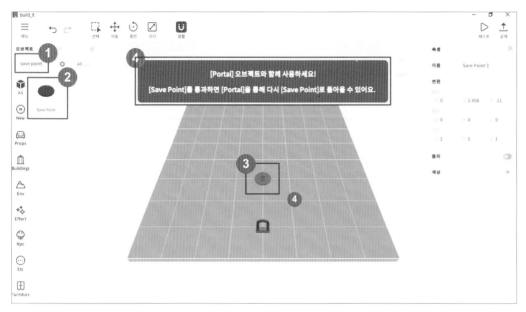

[그림46] 세이브 포인트(Save Point) 설치

포털과 세이브 포인트 설치가 완료된 후 순간이동을 하려면 [그림47]과 같이 세이브 포인트에 올라가야 한다. 세이브 포인트에 올라가려면 방향키와 스페이스 바를 동시에 누르면 된다.

[그림47] 세이브 포인트 올라가기

순간 이동을 위해 세이브 포인트 위에 올라가면 [그림48]의 왼쪽과 같이 비어있던 포털이 오른쪽과 같이 세이브 포인트 사용 후 문이 생긴 것을 알 수 있다.

[그림48] 좌: 세이브 포인트 사용 전, 우: 세이브 포인트 사용 후

캐릭터가 포털 문에 접근하면 [그림49]의 왼쪽과 같이 '상호작용하기 버튼'이 나타나는데, 이때 '상호작용하기 버튼'을 'Ctrl+마우스 왼쪽' 버튼으로 클릭하면 세이브 포인트로 이동할 것인지 물어보며 이때 'OK'를 클릭한다.

[그림49] 순간 이동을 위한 포털 문 선택

캐릭터가 [그림50]과 같이 세이브 포인트로 순간 이동한 것을 볼 수 있다.

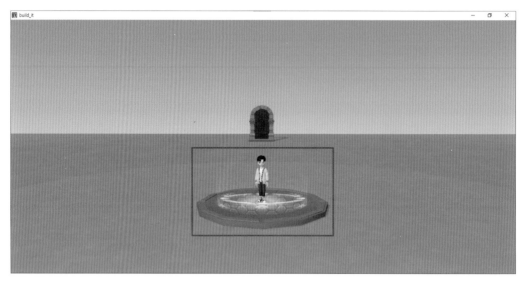

[그림50] 캐릭터가 세이브 포인트로 순간이동

2) 타이머 활용하기

맵 제작 시 '타이머 스타트(Timer Start)' 오브젝트와 '타이머 피니쉬(Timer Finish)' 오브젝트를 함께 사용하면 이동시간을 측정 할 수 있다.

[그림51]과 같이 ① 오브젝트 검색 창에 'timer start'를 입력한 후 검색해 ②와 같이 타이머 스타트가 나타나면 클릭하고 ③ 원하는 위치에 설치한다. 이때 ④ 'Timer Finish 오브젝트와 함께 사용하세요!'라는 문구가 나타난다.

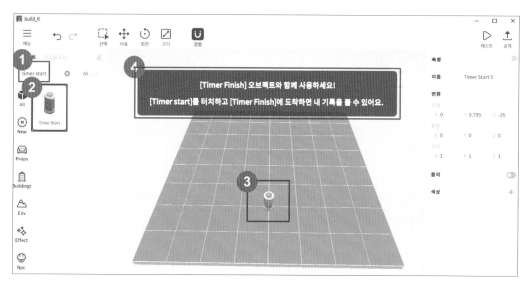

[그림51] 타이머 스타트 설치

그 다음 [그림52]와 같이 ① 오브젝트 검색 창에 'Timer Finish'를 입력한 후 검색해 ② 와 같이 '타이머 피니쉬'가 나타나면 클릭하고 ③ 원하는 위치에 설치한다. 이때 ④ 'Timer Start 오브젝트와 함께 사용하세요!'라는 문구가 나타난다.

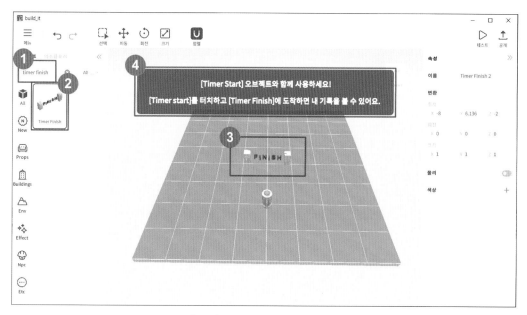

[그림52] 타이머 피니쉬 설치

맵 제작 완료한 후 '테스트'를 클릭해 캐릭터를 타이머 스타트위치로 가면 [그림53]과 같이 톱니바퀴가 나타난다. 이때 'Ctrl + 마우스 왼쪽' 버튼을 클릭하면 [그림54]와 같이 타이머가 동작한다.

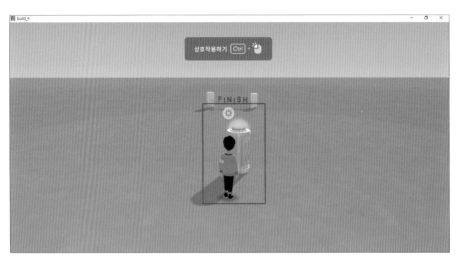

[그림53] 타이머 스타트 상호작용

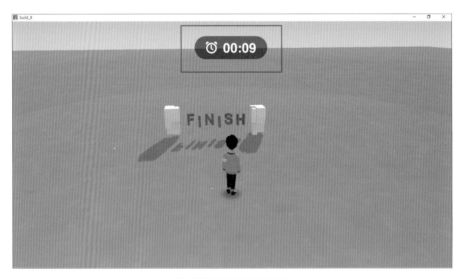

[그림54] 타이머 동작

캐릭터가 이동해 타이머 피니쉬 오브젝트에 도착하면 [그림55]와 같이 꽃가루가 날린다.

[그림55] 타이머 피니쉬 동작

3) 이미지 활용하기

제페토 빌드잇에서는 원하는 이미지를 추가해 보여줄 수 있다. 단, 이미지 추가는 'Custom'에서만 가능하다.

이미지를 추가하기 위해 [그림56]과 같이 ① 오브젝트 'Custom'을 클릭하고 ② 이미지를 게시할 '매체'를 클릭해 ③과 같이 원하는 장소에 설치한다. 매체에 이미지를 추가하려면 ④ '이미지 +'를 클릭한다.

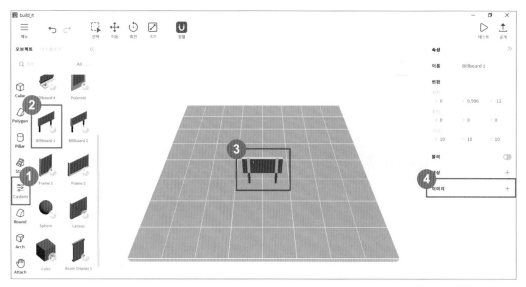

[그림56] 이미지 추가 매체 설치

위의 그림에서 '이미지 +'를 클릭하면 [그림57]과 같은 이미지 추가 화면이 나타나는데 이미지를 추가하기 위해 ① '이미지 +'를 클릭 한 후 ②와 같이 본인의 컴퓨터에서 추가할 이미지를 선택해 등록한 후 ③ '확인'을 클릭한다.

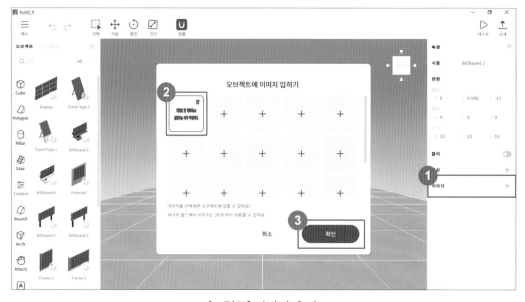

[그림57] 이미지 추가

[그림57]에서 확인을 누르고 '테스트'를 하면 [그림58]과 같이 이미지가 매체에 보인다.

[그림58] 이미지 추가 매체에 이미지 추가 완료

9 맵 확인 및 공개하기

맵 제작이 완료되면 '테스트'를 클릭해 계획했던 대로 돼 있는지 테스트가 필요하다. 완성된 맵을 테스트하려면 [그림59]의 '테스트'를 클릭하면 된다.

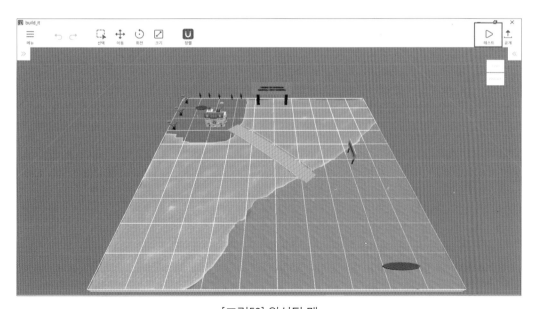

[그림59] 완성된 맵

[그림60] 완성된 맵 테스트

맵 제작 시 참고할 사항은 맵 제작 시 나타나지 않았던 문제가 테스트를 실행해 아바타가 활동을 시작해보면 바닥에 붙어있어야 할 오브젝트가 물리를 적용하지 않아 하늘에 떠있거나 크기가 맞지 않는 등 다양한 문제점들을 찾을 수 있다. 따라서 맵 제작 중 자주 테스트를 해보는 습관을 갖는 것을 권장한다. 테스트 중 맵으로 돌아가고자 할 때는 'ESC' 키를 누르면 된다.

1) 내가 만든 맵 리뷰 신청하기

자신이 만든 맵을 제페토 앱에 공개하려면 심사 가이드라인에 맞게 작성해 제페토 월드에 리뷰를 신청해야 한다. 맵 리뷰를 신청하기 위해 [그림61]과 같이 '공개'를 클릭하면 [그림62]와 같이 월드를 저장하고, '제페토 맵을 공개할까요?' 라고 묻는데 이때 '확인'을 클릭한다.

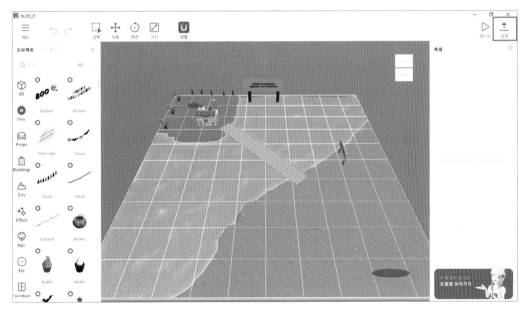

[그림61] 맵 공개 신청

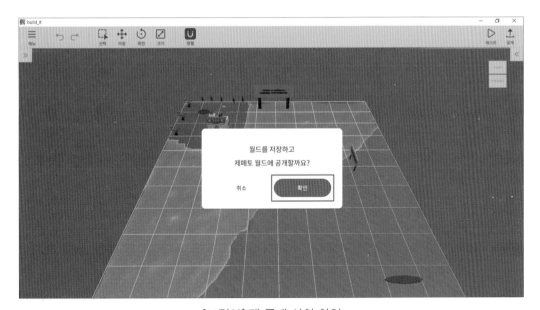

[그림62] 맵 공개 신청 확인

맵 공개를 신청하기 위해서는 [그림63]과 같이 ① 맵 소개 내용을 가이드에 따라 단계별로 작성을 완료한 다음 ② '리뷰 신청하기'를 클릭한다.

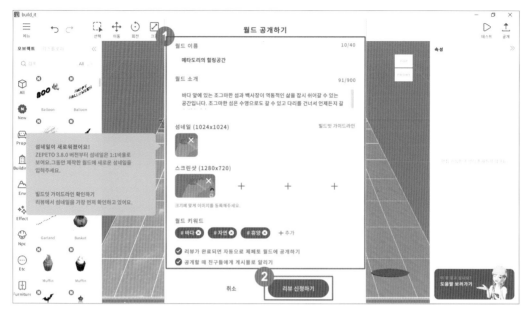

[그림63] 맵 소개 내역 작성

리뷰 신청하기를 클릭해 [그림64]와 같이 맵 리뷰 신청 완료 화면이 나타나면 '확인'을 클릭한다.

[그림64] 맵 리뷰 신청 완료

맵 리뷰 신청이 완료되면 [그림65]와 같이 '내가 만든 맵'에 '리뷰 중'이라고 표시가 된다.

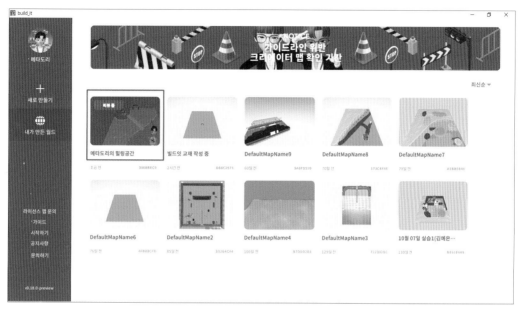

[그림65] 내가 만든 맵 리뷰 중

2) 심사 가이드라인

제페토 스튜디오의 가이드라인을 통과한 콘텐츠만 업로드가 가능하다. 가이드라인에 해당하지 않는 경우에도 제페토 스튜디오가 부적절하다고 판단되는 콘텐츠에 대해서는 업로드가 불가능하다. 심사 가이드라인은 다음과 같다.

(1) 빌드잇 썸네일 가이드라인

아래 항목에 해당되는 맞춤 썸네일은 심사과정에서 거절될 수 있다.

① 썸네일이 1024x1024pt(1:1) 사이즈에 맞지 않을 경우
② PNG 이미지 형식의 투명 배경이 그대로 보이는 이미지
③ 전체 사이즈 대비 하늘 등 빈 영역이 많은 경우
④ 정돈되지 않은 텍스트가 삽입된 경우
⑤ 현저히 낮은 해상도의 썸네일이 출력되는 경우

⑥ PC 화면이나 메뉴 등이 함께 출력되는 경우

⑦ 맵과 무관한 내용을 표현하는 경우

(2) 빌드잇 리소스 가이드라인

맵을 구성하는 오브젝트, 스크린 샷 등 콘텐츠와 관련된 모든 리소스는 다음 항목에 해당되는 경우 심사과정에서 거절될 수 있다.

① 완성도가 현저하게 떨어지는 리소스(예: 오브젝트 개수 20개 이하)

② 오류 또는 특별한 이유 등으로 제페토 서비스 내에서 정상적으로 출력되지 않는 리소스(예: 많은 수의 오브젝트가 배치됐을 경우)

③ 테스트 목적으로 맵을 등록하는 경우

④ 커스텀 오브젝트에 삽입된 이미지에 영화, 게임, 방송 등 타 콘텐츠 및 브랜드를 직접 포함하거나 암시할 경우

⑤ 키워드와 상관이 없는 맵인 경우

위와 같이 월드에 공개가 거절이 되는 사유가 있으므로 제출하기 전에 꼭 심사 가이드라인을 숙지한 후 맵을 제작하는 것이 좋다.

Epilogue ···

제페토 빌드잇으로 나만의 멋진 공간을 만들어 테스트하고, 리뷰신청하기 등 전반적인 과정을 함께 알아보았다. 자신이 어떤 목적으로 어떤 공간을 만들 것인지? 자신의 창작성과 공간 구성능력에 따라 결과물은 모두 다르게 나올 수 있으므로 세상에 하나 밖에 없는 나만의 멋진 공간이 만들어진다.

최근 제페토 월드에 기업, 기관, 학교들이 자기의 특성과 목적에 맞는 월드를 구축해 행사, 홍보 등 다양한 비즈니스에 활용하고 있다. 또한 특화된 맵과 상호작용을 통해 많은 사람들에게 볼거리, 즐길거리 등으로 다양한 경험을 시켜줄 수 있다. 따라서 제페토 빌드잇에

대해 공부하고 맵을 만들어 본다면 누구보다도 멋진 맵을 만들어 국가와 세대를 뛰어넘어 세계의 이용자들과 소통할 수 있게 될 것이다.

코로나-19 팬데믹으로 경기가 침체돼 많은 사람들이 일자리를 빼앗기고, 대면을 기피하는 현상이 가속화 되면서 경제활동에 어려움을 겪고 있다. 팬데믹 상황이 장기화됨에 따라 일상생활의 피로도도 심화되고 있다. 이와 같이 어려운 환경 속에서 IT 강국인 우리나라에서 메타버스 플랫폼인 제페토가 탄생해 세계인이 함께 활용할 수 있어 자랑스럽고 퍽이나 다행이다.

이미 앞에서 배운바와 같이 제페토 빌드잇에서는 익스플로러와 오브젝트를 활용해 이용자의 특성과 목적에 맞는 멋진 맵을 만들 수가 있으므로 맵 제작을 통해 수익창출이 얼마든지 가능하다.

현재 많은 기업이나 기관들이 제페토를 활용하고 있으며, 자신만의 고유한 맵을 갖기 원할 것이다. 따라서 기업이나 기관 고객의 니즈를 잘 파악해 원하는 맵을 제대로 구축할 수 있다면 제페도 월드 맵 시장을 블루오션이라고 할 수 있으니 관심을 삿고 세페토 빌드잇의 매력에 흠뻑 빠져보기를 추천한다.

가상세계 속에 나만의 공간을 마련하는 것도 창의력을 발휘하고 재미있는 일이지만 맵 제작을 통해 수익을 창출할 수 있다면 일석이조가 아닐까?

게더타운(gather.town)
왕 초보 탈출하기

최 신 영

게더타운(gather.town) 왕 초보 탈출하기

Prologue ···

코로나19의 세계적 대유행이 거세지면서 사회적 거리 두기는 일상화가 됐고 사람들은 가상 세계를 활용한 소통 방법을 끊임없이 연구 개발하고 있다.

재택근무가 늘어나고 사람 간 접촉이 힘들어지면서 화상 회의 플랫폼인 줌(zoom)은 사회 전반에 걸쳐 깊숙이 파고들었고 활발하게 이용되고 있다. 줌은 교육, 행사, 회의, 일상, 모임 등 사람 간 비대면 소통 수단으로 자리 잡았고 언제 어디서든 활용되는 대표적인 화상 회의 플랫폼이 됐다.

하지만, 발표자에 초점이 맞춰진 줌 회의 방식은 사람들에게 피로를 안기기 시작했다. 멍하니 발표자만 바라보아야 하는 회의 방식은 따분해졌고 몰입도가 떨어졌다. 일방적인 회의 방식은 업무나 교육을 하는데 있어 한계에 부딪히며 의사소통이 자유롭고 다수가 함께 상호 작용하며 지루함을 덜 수 있는 화상 회의 플랫폼인 게더타운 메타버스 플랫폼이 등장해 또 다른 회의 환경을 구축해 나가고 있다.

최근, 공공기관이나 기업, 교육 현장은 획일적인 회의 시스템을 탈피하고 소통해야 할 대상과 함께 호흡할 수 있는 모임 공간으로 게더타운을 활용하기 시작했다. 교육 입시 설명회, 기업 채용 설명회, 기업 홍보관 등 각자의 특성에 맞춘 공간을 마련하고 그 안에서 소통하는 데 힘을 쏟고 있다. 이는, 경직된 환경보다는 부드러운 환경 속에서 일과 삶을 추구하려는 경향이 커졌기 때문이다. 이렇게 온라인 환경이 변화하면서 재미와 개성을 추구하는

MZ세대를 공략하고 세대를 아우를 수 있는 메타버스 공간으로 게더타운이 더욱 주목받고 있다.

게더타운 메타버스 플랫폼에 대한 관심이 커지면서 게더타운 공간 제작을 업체에 의뢰하는 경우도 많아졌다. 하지만, 자칫 잘못하면 고가의 제작비를 지불하고도 내가 원하는 공간을 구현하기는 어려울 수도 있다. 이런 문제에서 자유롭기 위해서는 스스로 공간 제작을 기획하고 만들어 보는 것을 추천한다. 게더타운의 기본 기능만 다룰 수 있다면 누구나 자신이 원하는 스타일을 직접 만들어 사용할 수 있기 때문이다.

정말 내가 원하는 공간, 기업이 원하는 공간, 공공 기관이 원하는 공간을 직접 만들 수 있다는 것인가? 그렇다. 책에서 나열하는 게더타운 기능을 차근차근 따라해 본다면 기본 기능은 쉽게 익힐 수 있을 것이다. 기본 기능을 확장하고 내 아이디어를 입힌다면 나만의 개성을 살린 멋진 가상공간 제작이 충분히 가능할 것이다.

필자는 최대한 알기 쉽게 게더타운 사용법을 정리해 보려고 한다. 지금부터 게더타운의 기본 기능을 알아보고, 모두와 함께할 수 있는 나만의 가상공간을 제작해 보자.

■ 게더타운(gather.town) 이야기 ··············

1) 회사소개

게더타운을 설계하고 운영하는 게더(gather)기업은 2020년 5월 본격적으로 서비스를 시작했다. '먼 거리에 있는 친구나 가족과 어떻게 하면 친밀한 소통을 할 수 있을까'라는 고민에서 출발한 게더 사는 미국 실리콘밸리에서 알렉스 첸(Alex Chen), 쿠마일 재퍼(Kumail Jaffer),나단 포스(Nathan Foss), 필립 왕(Phillip Wang) 등 네 명의 친구가 공동창업한 스타트업(Start-up) 기업이다. 창업 1년 만에 400만 명이 넘는 가입자를 확보했으며 기업가치 20억 달러(한화 약 2조 3,000억 원)를 인정받는 유니콘 기업으로 성장했다.

2) 게더타운 소개

게더타운은 현실과 가상이 혼합된 세계를 의미하는 메타버스 기반의 가상 오피스 겸 화상회의 플랫폼으로 비디오 게임에서 흔히 볼 수 있는 공간 음향(spatial audio) 기술을 활용했다. 아바타 간 거리가 가까워지면 화상 카메라가 활성화 되면서 서로의 목소리를 들을 수 있고, 거리가 멀어지면 얼굴이 보이지 않으면서 음성을 들을 수 없게 되는 기술로, 사용자들이 실제 만나서 대화를 나누는 것과 같은 느낌을 준다. 나의 분신 아바타가 가상공간을 자유롭게 움직이면서 개별 공간 안에서 일부 사람들과 비밀대화를 나눈다거나 다른 유저들과 함께 소통할 수 있는 장점을 두루 갖춘 것이 게더타운이다.

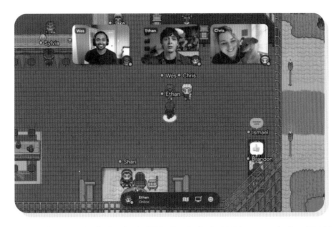

[그림1] 게더타운 공간에서 아바타를 움직이며 화상으로 의사소통하는 모습

(출처 : 게더타운 홈페이지)

3) 게더타운 특징

게더타운은 화상회의 플랫폼의 일종으로 2D 게임과 같은 화면구성과 화상채팅을 결합했다. 마치 팀원들과 게임하듯이 가상공간에서 아바타를 통해 소통한다. 현재 많이 사용하고 있는 줌(ZOOM) 기능과 가상공간, 아바타가 더해져 사용자들과 상호작용하면서 실제 활동하는 느낌을 경험할 수 있는 클라우드 기반 메타버스 플랫폼으로 이해하면 된다. 게더타운 공간에서는 특수한 기능을 적용해 강연, 소그룹 대화도 가능하다. 1인이 다수에게 진행하는 강연방식은 '스포트라이트' 영역에서, 일부 인원만 대화가 가능한 공간은 '프라이빗 스페이스' 영역이다.

[그림2] 게더타운 행사장에서 아바타가 강연하는 모습(스포트라이트 영역)

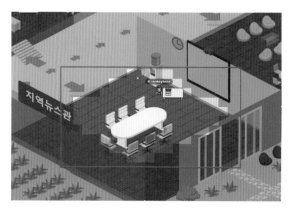

[그림3] 게더타운 가상 오피스 개별 공간(프라이빗 스페이스 영역)

4) 게더타운 실행 전 사전 준비사항

　게더타운은 웹 기반 플랫폼으로 구글 크롬 브라우저 사용이 권장된다. 인터넷 익스플로러, 엣지, 웨일 등의 브라우저 사용이 불가능하다고 안내하지만 실제로 Microsoft edge 브라우저에서는 안정적으로 구동되는 것을 확인할 수 있다. 화상회의 기능을 사용하기 위해 카메라, 마이크도 필수 요소다. 컴퓨터 사양 또한 동시 참여자수에 따라 불안정해질 수 있으므로 일반 사무용 컴퓨터 사양보다 높아야 안정적으로 활용할 수 있으며 다음 컴퓨터 사양 이상이면 프로그램을 구현하는데 이상적이다.

장치명	PC 사양
CPU	i7 3.60GHz이상
RAM	16.0GB 이상
시스템 종류	64비트 이상

장치 사양

디바이스 이름	DESKTOP-N92VSJQ
프로세서	Intel(R) Core(TM) i7-4790 CPU @ 3.60GHz 3.60 GHz
설치된 RAM	16.0GB
장치 ID	B2516BBB-EF4B-4625-8E04-2EBA0DD58F4F
제품 ID	00328-10000-00001-AA201
시스템 종류	64비트 운영 체제, x64 기반 프로세서
펜 및 터치	이 디스플레이에 사용할 수 있는 펜 또는 터치식 입력이 없습니다.

[그림4] PC장치 사양 예시

현재 게더타운은 PC에서 사용할 때 가장 안정적이며 모바일 환경에서도 사용이 가능하지만 아직 상호작용에 한계가 있기 때문에 PC(Windows, Mac OS)로 사용하는 것을 추천한다.

5) 게더타운 사용 요금제

게더타운은 동시 접속 인원 25명까지 무료사용이 가능하다. 하지만 제한 인원수에 근접할수록 시스템이 느려지거나 불안정해지는 현상이 발생된다. 필요한 경우 유료사용으로 전환해 시스템을 원활하게 사용하는 것이 좋다. 동시 접속자수와 사용자수 대비 게더타운 이용료는 다음과 같다.

[그림5] 게더타운 동시 접속자수, 사용시간에 따른 비용

게더타운은 동시 접속자수 및 사용시간에 따라 비용을 차등 적용하고 있다. 동시 사용자 최대 25명까지는 무료로 사용가능하고, 이용자 수 26명부터는 유료로 이용해야 한다. 유료 전환 시 비용은 동시 접속자수는 최대 500명으로 동일하며 사용자 인원수에 따라 2시간 사용 시 $2/1인 추가, 하루 사용 시 $3/1인 추가, 한 달 사용 시 $7/1인 기준으로 추가 지불해야 한다.

예를 들면, 기업에서 동시 접속 인원이 100명이고, 2시간 동안 비대면 게더타운 행사를 개최하는 경우 발생 예상 비용은 다음과 같다.

(2022.03 기준 발생 예상 비용)

행사 시간		오전 10시 ~ 정오까지 (총 2시간)	※ 실제 행사 진행시에는 행사 전후 준비 2시간도 포함 시켜서 예상 비용을 산출해야 함.
동시 참여자수		100명	
1	2시간 사용 예상 비용	게더타운 가격표 기준 4시간 기준(동시 접속자수 100명) ▶ 100명 × $4 = $400(한화 약 49만원)	
2	하루 사용 예상 비용	게더타운 가격표 하루 기준(동시 접속자수 100명) ▶ 100명 × $3 = $300(한화 약 37만원)	
3	월사용 예상 비용	게더타운 가격표 한 달 기준 (동시 접속자수 100명, 지속적인 행사 개최 시) ▶ 100명 × $7 = $700(한화 약 86만 원)	

[표1] 게더타운 유료 사용 시, 예상 발생 비용

[표1]에서 알 수 있듯이, 동시 접속자수 100명이 입장해 4시간 동안 게더타운 행사를 개최하는 경우 '하루' 기준 비용을 선택하는 것이 유리하다.

② 게더타운 회원 가입과 아바타 설정 ·······································

1) 게더타운 회원 가입하기

게더타운 홈페이지를 통해 다음과 같은 순서에 따라 회원으로 가입한다.

❶ 게더타운 웹 사이트 https://ko.gather.town 주소를 구글 크롬 웹브라우저 주소 창에 입력한 후 ❷ [로그인 시도]를 클릭 ❸ 구글 gmail 계정이 있는 경우 별도의 회원가입 절차 없이 로그인을 할 수 있다. ❹ 일반 이메일 계정을 사용할 경우, 계정 정보 입력 후 ❺ 인증 키 코드로 확인 절차를 거쳐야 한다.(자신의 컴퓨터가 아닌 곳에서 로그인을 하게 될 경우 보안접속을 위해 사용하길 추천한다.)

[그림6] 게더타운 접속 및 회원가입 방법

2) 비회원, 게스트 모드로 입장하기

게더타운은 회원 가입 없이 게스트 모드로 일회성 참여가 가능하다. 게스트 모드로 게더타운을 한 번이라도 사용한 사람이 회원가입을 할 때는 이전 정보를 그대로 이어받기 때문에 동일한 스페이스 이용이 가능하다.

[그림7] 게스트 모드 화면 (표시된 부분 클릭)

3) 아바타 설정하기

아바타는 게더타운 사용 시 나를 대체할 캐릭터를 의미한다. 게더타운 로그인 후, [그림8]과 같이 아바타 설정 화면에서 내가 원하는 모양을 설정할 수 있다. 아바타 얼굴, 몸, 옷, 액세서리, 색상 등을 선택해 다양하게 아바타를 꾸밀 수 있고 상시 변경이 가능하다. 그럼 나만의 아바타를 설정하는 방법을 알아보자.

❶ '아바타 설정' 화면에서 [그림8]과 같이 내가 원하는 모양의 아바타 얼굴, 의상, 액세서리 등을 순서대로 선택하고 ❷ 'Next step(다음 단계)'을 클릭한다. ❸ 'Name your character(아바타 이름 설정)'는 화면에서 사용자가 원하는 아바타 이름을 등록하고 ❹ Finish(완료)를 클릭하면 아바타 설정작업이 모두 끝난다.

[그림8] 아바타 모양 선택 완료 후 아바타 이름을 설정하는 화면

❸ 게더타운 템플릿 공간 제작 및 사용하기 ·······················

1) 템플릿 공간 만들기

게더타운은 미리 제작한 다수의 템플릿 공간 디자인을 제공하고 있다. 템플릿 맵을 이용한 공간을 함께 만들어 보자. 먼저 [그림9]와 같은 화면이 나타나면 우측 상단에 위치한 ⊕ Create Space 버튼을 클릭한다. 지금부터 공간은 맵(map)으로 지칭한다.

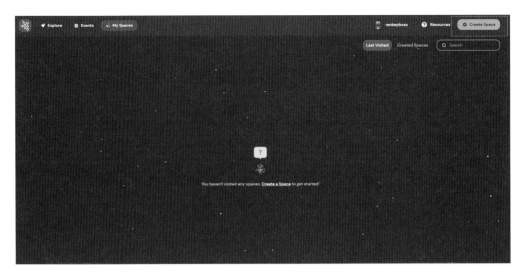

[그림9] 공간 만들기 초기 화면

[그림10]과 같이 어떤 용도의 맵을 제작할 것인지 묻는 팝업창이 나오면 ❶ 왼쪽 첫 번째 템플릿을 선택하고 ❷ Select Space > 버튼을 클릭한다. 이후 [그림11]과 같이 사용 인원수에 맞는 공간 템플릿을 추천해 주는 설정 화면에서 See other templates 버튼을 클릭, 여러 템플릿 중 [그림12] 'Cozy office'를 선택한다.

[그림10] 공간용도 질문 창

[그림11] 참여자수에 따른 공간 템플릿 설정

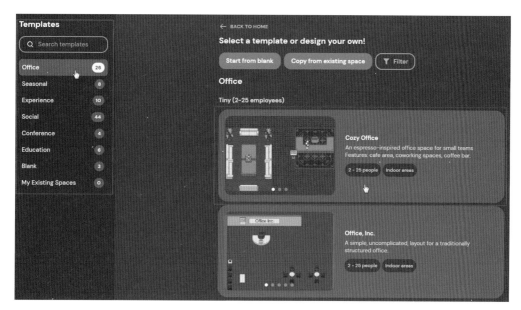

[그림12] Cozy office 선택 화면

'Cozy office'를 선택하게 되면 우측 하단에 공간이름, 비밀번호, 공간용도를 설정하는 화면이 나온다. 공간 이름과 공간용도 'Remote office'를 선택한 후 입장한다. 단, 공간 이름을 설정할 때 한글 지원이 되지 않으므로 영문으로 입력해야 한다.

[그림13] 공간 개설 설정 방법

※ Remote Office를 선택하는 이유는 상호작용을 하는 오브젝트를 원활하게 사용하기 위해서다.

    게더타운 공간 입장 전, [그림14]와 같이 '화상 회의 설정' 화면이 나타나면 '카메라, 마이크, 스피커' 등을 설정한 후 게더타운 들어가기 버튼 Join the Gathering 을 클릭해 입장한다. 게더타운 탬플릿 맵 안으로 입장하면 [그림15]와 같이 팝업창이 나타난다. 내 공간에 친구를 초대할 때 정보를 입력하는 창으로 이메일 또는 게더타운 주소 링크를 통해 초대할 수 있다.

[그림14] 카메라, 마이크, 스피커 설정 화면   [그림15] 템플릿 맵 입장 시 나타나는 초기 화면

2) 게더타운 화면구성 한 눈에 살펴보기

    게더타운 첫 화면의 인터페이스 구성을 자세히 알아보자. 가상공간, 메뉴, 설정, 채팅, 참가자 리스트, 사용자 설정 화면, 오디오/비디오 기능 등 여러 요소들을 한 화면에 담고 있다. 사용자의 편의에 따라 기능을 설정하고 해제할 수 있다.

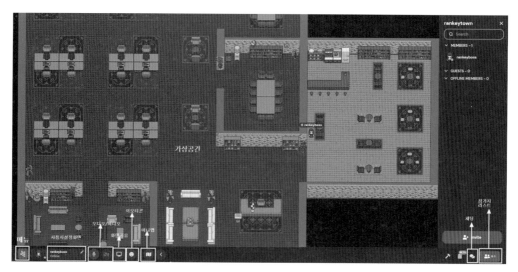

[그림16] 게더타운 화면 구성 설명

3) 게더타운 핵심기능 익히기

게더타운 공간 내에서 아바타는 아래 나열된 단축키와 방향키를 이용해 조작할 수 있다.

(1) 아바타 움직이기

아바타 움직임은 키보드의 상, 하, 좌, 우 모양의 방향키와 A, W, S, D 영문 키보드를 이용해 제어할 수 있다.

[그림17] 아바타 방향 조작키

(2) 아바타 제어 및 상호 작용

게더타운에서 제공하는 단축키를 이용하면 아바타의 동작을 제어할 수 있다. 아바타가 춤을 추게 하는 기능은 'Z', 공간에서 마주친 아바타를 통과하는 기능은 'G', 오브젝트에 숨겨진 기능을 실행하는 상호작용(실행)키는 'X'이다. 참고로 게더타운에서는 유튜브 동영상, 웹 사이트, 블로그, 이미지, 방명록, 설문지 등 URL로 연결시킨 콘텐츠를 아바타가 실행시킬 수 있도록 상호작용 기능이 탑재되어 있다.

[그림18] 특수 조작 단축키 사용 예시

(3) 미니맵(Minimap)

아바타가 입장한 공간을 전체적으로 보여주는 기능으로 룸 안의 모습을 한눈에 확인할 수 있어 자신의 아바타 위치를 바로 찾을 수 있다.

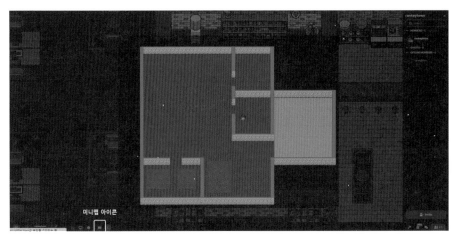

[그림19] 미니맵 실행

(4) 화면공유(Screen Share) 및 시스템 오디오 공유

화상회의 플랫폼으로 널리 사용되고 있는 프로그램 줌(ZOOM)과 같이 게더타운도 화면 공유 기능을 갖추고 있다. 전체화면, 창, Chrome 탭으로 구분되며, 팝업창에서 공유할 정 보선택은 사용자의 필요에 따라 선택해 사용한다. 공유할 정보선택 화면의 자세한 특징은 다음 [표2]와 같이 정리했다.

구 분	특 징
전체 화면	컴퓨터 화면에 띄워놓은 모든 창을 공유할 수 있는 탭이다. 화면별로 미리보기 창이 있으니 확인한 후 선택한다.
창	지정된 화면만 공유할 수 있다.다른 창의 화면을 사용하더라도 지정된 창화면만 공유된다. 마찬가지로 미리보기 창에서 확인한 후 선택한다.
Chrom탭	Chrom 브라우저 탭 화면 중에서 선택하는 화면이 공유된다.

[표2] 화면 공유 정보 특징 설명

동영상 화면을 사용자들에게 공유하는 경우, '공유할 정보 선택 창'에서 좌측 하단의 '시 스템 오디오 공유' 박스를 체크하고 [공유] 버튼을 클릭해야 사용자가 동영상의 소리를 들 을 수 있다.

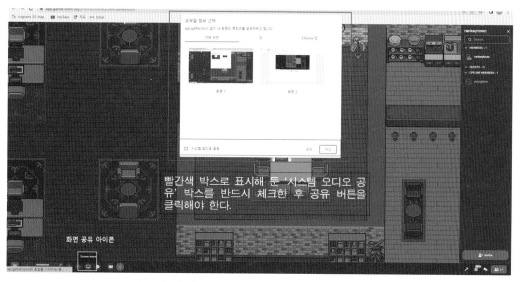

[그림20] 화면 공유 & 시스템 오디오 공유 방법

(5) 이모티콘 사용하기

아바타의 감정 또는 의사를 표현하는 수단으로 이모티콘을 활용할 수 있다. 해당 이모티콘을 마우스로 클릭하거나 키보드 숫자 키를 눌러 사용하면 된다. 숫자 키로 지정된 이모티콘은 사용자의 필요에 따라 다른 종류의 이모티콘으로 변경해 사용할 수 있다.

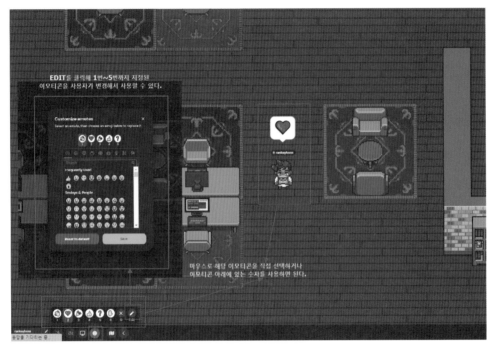

[그림21] 이모티콘 사용법

(6) 초대링크 보내기

게더타운 공간에 함께 참여할 사람들을 초대해 보자. 우측 하단에 있는 ❶ 버튼을 클릭하면 [그림22]의 ❷,❸처럼 Member에게 초대 링크를 보낼 수 있는 팝업창이 나타난다. ❷번은 E-mail을 통해 ❸은 맵 링크주소를 복사해서 전달할 수 있는 방법이다. ❹는 Guest를 초대할 수 있는 링크 창으로 초대 만료기간은 최대 1시간, 6시간, 12시간, 1일, 7일, 30일이 있다.

[그림22]초대 맵 링크주소 보내기 및 접속 방법

(7) 맵 사이즈 조정하기

맵 사이즈는 기본 설정이 '스마트줌(Smart Zoom)'으로 설정돼 있으므로 사용자 PC 해상도에 따라 맵 사이즈 조정이 필요하다. 왼쪽 하단에 있는 ❶번 포도송이 모양 게더타운 로고 메뉴를 클릭해 ❷ Setting을 선택한다. ❸ Setting 팝업창이 나타나면 Appearance 메뉴를 선택하고 ❹ Use Smart Zoom을 비활성화 시킨 다음 Manual Map Zoom을 100%로 설정한다. 이후 맵 사이즈는 'Ctrl + 마우스 휠 스크롤 업/다운'으로 맵 크기를 조정하면 된다.

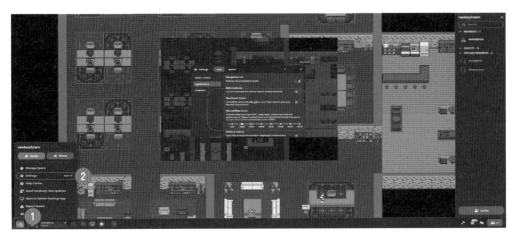

[그림23] 맵사이즈 수동 조정 방법

(8) 공간 비밀번호 설정 및 해제

앞서 '템플릿 공간 만들기' 설명에서 '공간 이름, 비밀번호, 공간용도'를 정하는 과정을 학습했다. 그 과정에서 비밀번호(Password) 설정 및 해제하는 부분에 대해 자세히 알아보자. 먼저, 게더타운 로고를 클릭해 ❶ 톱니바퀴 모양(Settings)의 설정 창을 연 후 ❷ [Space]탭을 클릭 ❸ [Space Access] 입력창에 비밀번호를 입력하고 [Save]를 클릭해 비밀번호를 저장한다. ❹ 이 때 비밀번호가 이미 설정되어 있을 경우 ❺ [Remove(if exist)] 버튼을 클릭해 기존 비밀번호를 제거할 수 있다. 이 작업을 거치게 되면 공간 링크주소를 아는 사람은 누구나 맵에 입장해 참여할 수 있다.

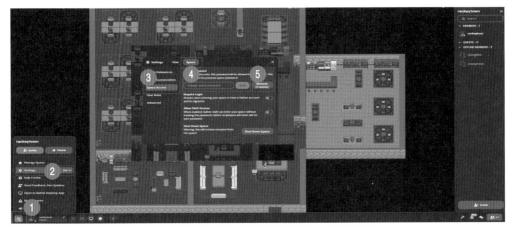

[그림24] 공간 비밀번호 설정 및 해제 방법

❹ Mapmaker 사용법 ·······································

1) Mapmaker 시작하기

게더타운은 다양한 맵 템플릿과 오브젝트를 활용해 나만의 맵을 제작할 수 있는 기능을 제공하고 있다. 특히 외부 플랫폼 사이트와 연동이 쉽기 때문에 제작자의 용도에 맞게 가상 공간을 만들고 활용할 수 있다. 무엇보다 스스로 만들어 보고 활용해 보아야 게더타운의 성격과 특징을 찾아낼 수 있어 자유롭게 제작할 수 있을 것이다. 지금부터 필자와 함께 맵 메이커 기능과 오브젝트를 익힐 수 있는 가상 오피스 '샘플 맵'을 제작해 보자.

게더타운에 접속하여 첫 화면에서 우측 상단 메뉴에 있는 [⊕ Create Space] 을 클릭한다. 맵 사용 용도를 질문하는 팝업창에서 ❶ [Set up a workspace]를 선택하고 ❷ [Select Space]를 클릭한다. ❸ 맵 크기조정은 표시된 바와 같이 2-6을 설정해 주고 ❹ [See other template]을 클릭해 다음 순서로 넘어간다.

[그림25] Mapmaker 초기 설정 방법 1

템플릿(Templates) 창에서 중앙 상단에 있는 ❶ Start from blank 이나 왼쪽 메뉴 창 하단에 있는 [Blank] 메뉴를 클릭해 ❷ 'Blank(start from Scratch)' 화면을 선택한다. 이 때 오른쪽 하단에 ❸ '공간이름', '비밀번호' 창에는 '공간이름'만 설정하고 비밀번호 입력은 비워둔다. 공간이름은 'SAMPLE'로 공간용도는 ❹ 'Remote Office'로 설정한다. 마지막으로 [Open Mapmaker]를 클릭해서 Mapmaker로 들어간다.

※ 참고 : 카트(아바타 전용 자동차) 오브젝트 기능을 사용하기 위해서는 'Remote Office'의 공간 용도를 설정해야 한다. 또한 공간이름 입력 시 한글지원이 되지 않으므로 영문으로 기재한다.

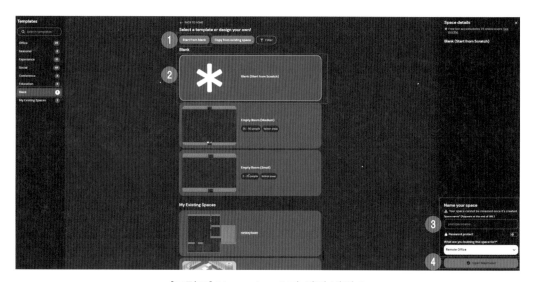

[그림26] Mapmaker 초기 설정 방법 2

맵 메이커 화면에 있는 모눈의 정사각형 모양을 타일이라고 부르는데 타일 한 개당 크기는 가로와 세로 각각 32pixel 이다. 이 타일의 크기는 제작하는 맵의 해상도(pixel)를 결정할 때 필요하다. 우리가 샘플로 제작할 맵 사이즈는 가로 35개 타일, 세로 32개 타일이므로 해상도가 1120*1024pixel 사이즈의 이미지가 된다.

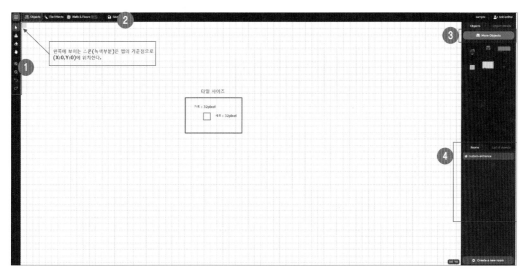

[그림27] Mapmaker 작업환경 및 타일 사이즈

❶ 맵 메이커 화면 좌측에 나열된 메뉴 기능은 [표3]과 같다.

	선택(Select V)	오브젝트나 타일 선택
	도장(Stamp B)	오브젝트, 타일, 벽, 바닥 배치
	지우개(Eraser E)	오브젝트, 타일, 벽, 바닥 제거
	손(Hand H)	맵의 위치를 이동할 때
	확대(Zoom in,Ctrl+스크롤업)	맵의 크기를 확대할 때
	축소(Zoom out,Ctrl+스크롤다운)	맵의 크기를 축소할 때
	작업 취소(Undo,Ctrl+Z)	작업 전단계로 되돌릴 때
	작업 재실행(Redo,Ctrl+Shift+Z)	취소 작업을 다시 실행할 때

[표3] Mapmaker 좌측 메뉴 설명

❷ 맵메이커 상단 메뉴의 기능은 다음과 같다.

- (오브젝트) – 맵을 꾸밀 때 사용하는 물건들을 의미하는 것으로 상호작용 기능이 있는 아이템을 선택하고 설정하는 메뉴이다.
- (타일효과) – 맵의 타일에 [표4]와 같은 효과를 적용시킬 수 있는 메뉴이다.

Tile Effects Impassable people can't walk through these tiles Spawn indicate where people start when joining a space Portal teleport people to other rooms or spaces Private Area only people in the same tile ids can connect with each other Spotlight stand here to be heard and seen by everyone in the Room, up to 100 people. Warning: Will not work for more than 100 people	Impassable (임패서블)	아바타가 지나갈 수 없는 부분(벽, 책상, 건물 등)에 적용하는 효과
	Spawn (스폰)	아바타가 공간에 처음 입장하는 위치를 지정
	Portal (포탈)	아바타를 다른 위치나 장소로 순간 이동시키는 효과로 방과 방을 연결할 때 사용
	Private Area (프라이빗 공간)	동일 구역에 위치한 아바타(사람)끼리만 소통할 수 있도록 지정하는 효과
	Sportlight (스포트라이트)	같은 공간에 있는 아바타에게 방송하는 효과

[표4] 타일 효과 상세 설명

- (벽과 바닥) – 현재 Beta버전으로 벽 6종, 바닥 31종으로 선택의 폭이 좁다.

❸ [More Objects] 오브젝트 선택 및 설정
공간에 배치할 오브젝트를 선택하고 상호작용 옵션을 선택해 설정하는 메뉴이다.

❹ [Rooms] 방 생성 또는 삭제

Room의 추가 및 생성을 통해 다양한 공간을 만들 수 있으며 Portal 기능으로 룸을 연결시켜 여러 개의 방을 하나의 공간으로 제작할 수 있다. 방을 생성하고 삭제하는 메뉴이다.

[그림28] More Objects   [그림29] Rooms

2) Map(공간) 만들기

샘플 맵 공간제작 시 처음으로 시작해야 하는 일은 벽면설치이다.

(1) 벽면(Wall) 설치

❶ 샘플 맵 제작 사이즈 가로 1120(타일35개)*세로 1024(타일32개)를 고려해 [Wall& Floor]를 클릭 ❷ 'Beta Warning' 팝업창이 나오는데 여기서 [Continue]를 클릭하면 된다. ❸ 벽면 종류는 6가지로 원하는 벽모양을 선택한 후 ❹ 샘플 맵 사이즈에 맞게 마우스를 드래그해 벽면을 생성한다.

벽과 바닥을 배치하면 현재 업로드된
템플릿이나 배경이미지가 삭제된다는
경고 메세지창이다.
현재 빈공간이므로 **continue**를
클릭한다.

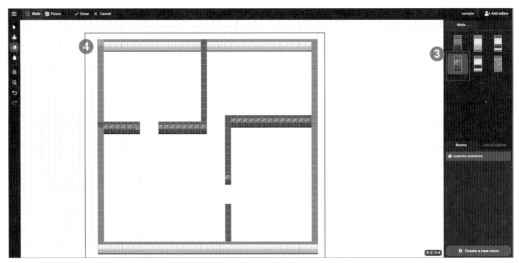

[그림30] 벽면(Wall) 설치

(2) 바닥(Floors) 설치

❶ [Floors]클릭 ❷ [Floor tiles] 원하는 모양의 타일 선택 ❸ 왼쪽 메뉴에서 도장모양을 클릭한 뒤 왼쪽 상단 위치에 마우스를 대고 하단 벽면이 있는 꼭짓점까지 드래그해 바닥 완성 ❹ 완료 후 [Done] 클릭한다.

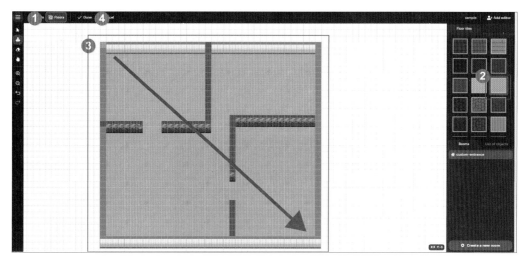

[그림31] 바닥 작업 실행 화면

(3) 스폰(Spawn) 삭제 및 배치

❶ [Tile Effect]를 클릭 ❷ [Spawn] 선택 후 ❸ [Erase(지우개)]를 선택 ❹ 기본 Spawn (녹색 부분)을 삭제한다.(벽면 속에 기본 Spawn이 들어가 있기 때문이다.) ❺ 좌측 메뉴에 있는 화살표(Select)를 클릭 ❻ [Spawn]을 클릭해 아바타가 처음 등장할 위치에 ❼ 새로운 [Spawn]을 생성 ❽ [Save]를 클릭해 저장한다.

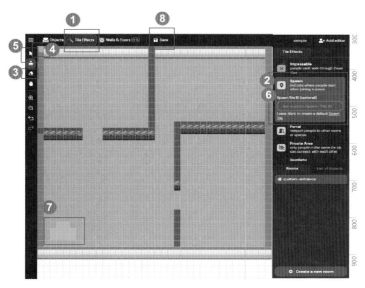

[그림32] 스폰[Spawn] 효과적용 순서

만일 기본 [Spawn]을 삭제한 뒤 새로운 [Spawn] 생성 없이 저장하게 되는 경우, [그림 33]과 같이 경고창이 뜬다. 맵(공간)에 최소한 한 개 이상의 Spawn 효과를 적용해야 저장 실행이 가능하다. 경고창이 나타나면 [Go back]을 클릭해 맵에 [Spawn]을 생성하고 다시 저장하면 된다.

[그림33] 경고창

(4) 임파서블(Impassable) 효과 적용하기

❶ [Tile Effect]를 선택 ❷ [Impassable] 선택 후 ❸ 아바타가 지나갈 수 없는 벽 클릭 또는 드래그해서 범위지정 ❹ Impassable 처리완료 후 [Save]를 눌러 작업을 마무리한다.

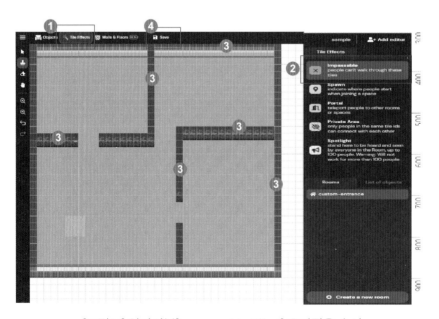

[그림34] 임파서블[Impaassable Effect] 효과적용 순서

(5) 오브젝트 배치하기 1(Rug)

벽과 바닥공사를 마무리했다면 공간에 필요한 물품들을 배치해 보자. 공간의 특성에 맞는 오브젝트를 채우는 작업이다.

❶ 상단 좌측 메뉴에 있는 [Objects] 클릭한 후 ❷ 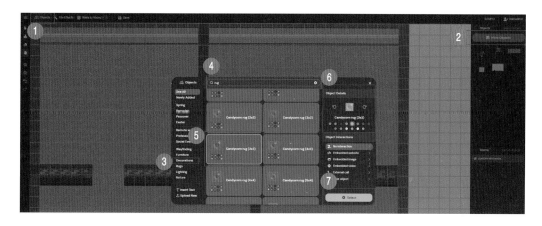 버튼을 클릭하면 화면 중앙에 Objects 선택창이 나타난다. 팝업창 왼쪽에 위치한 Objects 카테고리에서 ❸ [Decoration]을 클릭한 뒤 ❹ rug를 검색한다. ❺ 오브젝트 크기별로 찾아 하나씩 선택한 다음 ❻ 원하는 색상으로 변경하고 ❼ [Select] 버튼을 눌러 맵에 오브젝트를 위치시킨다.

* 배치할 objects : [Decoration]-Candycorn rug(3*3)

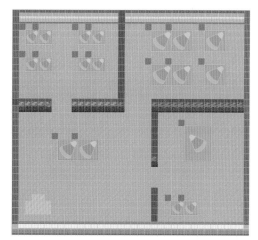

[그림35] 오브젝트[Rug] 배치

(6) 오브젝트 배치하기 2(테이블, 의자 등 사무용 가구)

❶ 좌측 메뉴 상단에 있는 [Objects] 버튼을 클릭한 후 ❷ [🛋 More Objects] 버튼을 다시 한 번 클릭하는 작업은 이전 단계와 동일하다. ❸ 팝업창 왼쪽에 위치한 Objects 카테고리 에서 [Furniture]를 클릭한 뒤 카테고리를 검색한다. ❹ 아래 검색한 Objects를 맵에 위치 시킨다.이 때 [Object Details]에서는 Object의 속성을 변경할 수 있다. ❺ 속성은 대부분 방향과 색상 정도를 설정할 수 있으며 상호작용 요소(URL링크나 이미지, ZOOM 연결, 노 트메시지)를 설정할 수 있다. ❻ 해당 Object에 대한 변경이 완료됐다면 [Select]를 클릭한 후 맵에 배치시킨다.

＊배치할 Objects : Bar("U"Shape), Chippendale table(1x2), Chippendale table(1x3),

Chippendale table(2x2), Antique parlor chair, amchair, Eames chair,

Art deco armchair, Plastic Chair, Book Shelf(2x4)

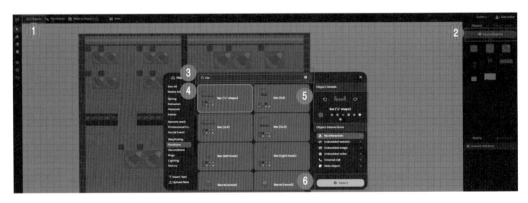

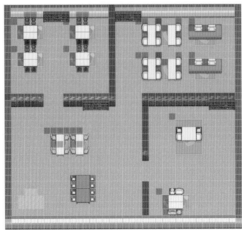

[그림36] 오브젝트 사무용 가구 배치

(7) 오브젝트 배치하기 3(화분 및 기타)

마찬가지로 ❶ 좌측 메뉴 상단에 있는 [Objects] 버튼을 클릭한 후 ❷ 🗏 More Objects
버튼을 다시 한 번 클릭하는 작업은 이전 단계와 동일하다. ❸ 팝업창 왼쪽에 위치한
Objects 카테고리에서 [Sell all]을 클릭한 뒤 원하는 Objects를 검색한다. ❹ 아래 검색한
Objects를 이전 방법처럼 맵에 위치시킨 뒤 배치해보자.

*배치할 Objects : Bouquet, Potted plant, water cooler, Photo Album, piano,
Chair(piano stool), Battle Tetris, Bulletin(image), White board,clock(wall)

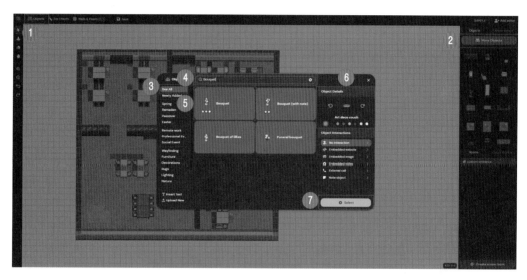

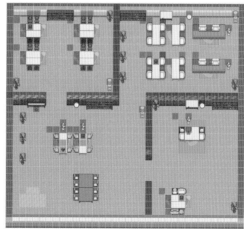

[그림37] 화분 및 기타 오브젝트 배치 완성 모습

(8) 맵 제작 중간 점검하기(확인, 수정 및 보완 작업)

지금까지 오브젝트 배치 실습을 해보았다. 오브젝트가 제 자리에 배치됐는지 확인해 보기 위해 게더타운을 실행시켜보자. 아바타를 등장시켜 실제로 구동해보면 잘된 점과 잘못된 점을 확인할 수 있다.

❶ 왼쪽 상단 삼선 모양의 아이콘을 클릭 ❷ [Go to space] 클릭 ❸ 카메라와 마이크를 조정 ❹ [Join the Gathering]을 클릭해 '샘플맵'에 입장한다.

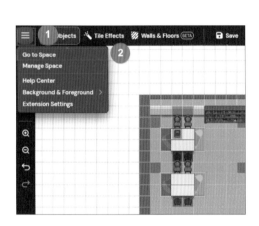

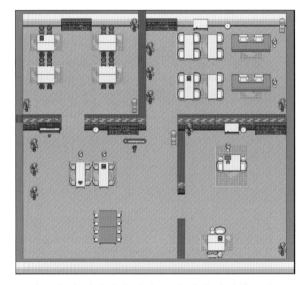

[그림38] 아바타가 제작 중인 맵에 입장한 모습

중간 점검을 하는 목적은 아바타를 맵 안에서 직접 이동시켜 보면서 구동이 제대로 안 되는 부분들을 확인하고 다시 다듬기 위해서다. 아바타의 동선에 방해가 되는 장애물을 제거하고 찾아내서 수정하는 작업이다. 실행을 해보니 아바타가 책상 위를 올라가고 벽면 일부를 그대로 통과하는 것을 찾아냈다. 임파서블 효과를 보완하는 것이 필요하다. 임파서블 효과 보완은 Mapmaker의 작업창에 다시 들어가서 앞서 안내한 '(4)임파서블(Impassable) 효과적용하기'와 동일한 작업 과정을 거쳐 수행하면 된다.

게더타운 맵을 제작할 때 [그림39]과 같이 Mapmaker와 Space 브라우저를 동시에 열어두고 작업하면 편리하다. Mapmaker에서 수정하고 [Save]를 하게 되면 2~3초 사이에 변경된 부분이 적용돼 즉시 확인이 가능하기 때문이다.

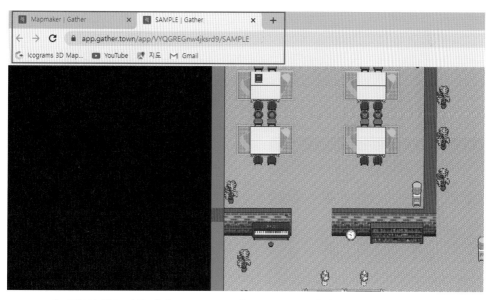

[그림39] 웹브라우저에 Mapmaker와 Space를 동시에 열고 사용하는 모습

(9) 개인 공간(Private Area) 설정하기

개인공간은 'Private Area' 효과가 적용된 공간에 입장한 아바타 끼리만 소통이 가능하다. 이곳에서 소통하는 소리는 외부에 들리지 않기 때문에 소그룹 커뮤니티, 소모임, 모둠 프로젝트를 위한 공간으로 활용한다. Private Area를 지정하는 순서는 다음과 같다.

❶ [Title Effects]를 클릭 ❷ [Private Area]를 클릭, Area ID번호를 부여해 Area를 구분하도록 설정한다. ❸ 원하는 타일 위치에 드래그 또는 클릭해 Effect를 적용하고 ❹ Effect 처리가 완료 됐으면 [Save]한 뒤 Space 탭으로 들어가 Private Area 부분이 주변보다 밝게 활성화 됐는지 확인한다.

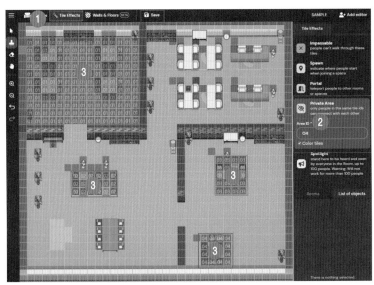

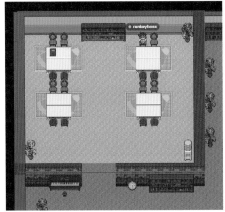

Private Area는 동일 Area ID 번호 구역에 있는 캐릭터만 소통이 가능한 공간으로 해당구역에 들어오게 되면 [그림40]과 같이 밝게 보인다. 또한 화면에 You have entered a private space 라는 문구가 안내되기 때문에 현재 아바타가 Private Area에 입장한 것을 알 수 있다.

[그림40] Private Area 설정 및 의미

(10) 스포트라이트(Spotlight) 설정하기

스포트라이트는 SPACE에 입장해 있는 모든 사람들에게 공개적으로 공지를 할 수 있는 기능이다. 다음 순서에 따라 스포트라이트를 설정해 보자.

❶ [Title Effects]를 클릭 ❷ [Spotlight]클릭 ❸ 스포트라이트 위치를 선택하고 적용 ❹ 적용이 완료되면 [Save]를 클릭해 저장한 뒤 Space 탭으로 들어가 올바르게 설정됐는지 확인한다. 이때 타일에 스포트라이트 기능을 표시해 주기 위해서는 Spot Indicator Object를 맵 상에 표시해줘야 한다. Spotlight Indicator 오브젝트는 앞서 설명한 오브젝트 배치순서와 동일하며 [Object]-[More objects]-[Wayfinding]-[Spotlight Indicator]-[Save] 순으로 찾아서 배치한다. 또는 [Object]-[More Objects]-[See all]-[Spotlight Indicator]-[Save]순으로 적용할 수 있다.

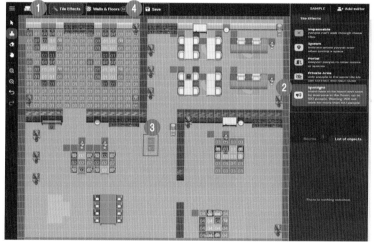

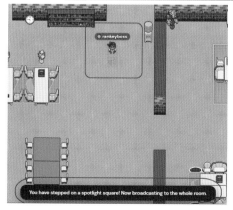

스포트라이트가 표기된 부분에 아바타가 위치하면 아래쪽 하단에 'You have stopped on a spotlight square! Now broadcasting to the whole room' 이란 안내 메시지창이 보인다. 이는 아바타가 스포트라이트 구역에 위치해 있으며 방 전체에 있는 참여자를 대상으로 공지 내용이나 공개 방송을 진행할 수 있다는 안내 사항이다.

[그림41] Spotlight 기능 적용 및 Spotlight indicator 오브젝트 배치

(11) 포털(Portal) 연결하기

게더타운은 방과 방을 연결해 아바타가 순간 이동할 수 있는 포탈기능을 갖고 있다. 새로운 방을 만들고 sample 룸과 연결시켜 아바타가 이동할 수 있는 또 다른 공간을 만들어 보자.

❶ Mapmaker 우측 하단에 있는 [⊕ Create a new room]를 클릭 ❷ Room이름을 'meeting room'으로 설정하고 엔터키를 친다. ❸ [Create A New Room] 팝업창이 나타나면 기존 템플릿 중 하나를 선택할 예정이므로 [Choose from template] 메뉴를 클릭한다. ❹ [Choose a template] 메뉴 팝업창이 나타나면 이 중 'conference-deluxe-lounge'를 찾아 선택하고 엔터키를 치면 '샘플 맵'에 또 다른 room이 만들어지게 된다.

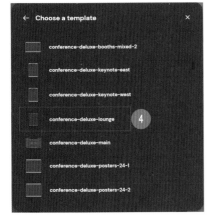
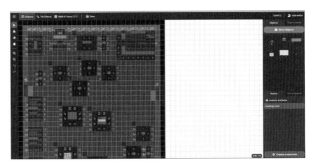

[그림42] Portal 기능을 연결할 새로운 룸(Room) 생성 방법

'샘플 맵'에 meeting room을 등록시켜 2개의 룸이 됐다. 집 모양 아이콘이 있는 룸은 가장 먼저 입장하는 방으로, 이를 'intro룸'이라고 말한다. 'intro룸'을 변경하고자 할 경우는 다음과 같은 방법으로 진행하면 된다.

❶ Mapmaker 우측 하단에 있는 Rooms 카테고리에서 intro룸을 지정할 룸 이름에 마우스를 올리면 오른쪽 세로 점 세 개가 보인다. 이곳을 클릭하면 [Set as primary], [Delete]의 두 가지의 메뉴가 나타난다. ❷ [Set as primary] 메뉴를 선택하면 ❸ [meeting room] 앞부분에 집 모양 아이콘이 생긴 것을 확인할 수 있다. Intro 룸이 변경됐다는 뜻이다. ❹ Space 맵으로 가서 기존 '샘플 맵' 룸에서 [Respawn]을 하게 되면 ❺ 아바타가 meeting room으로 입장하는 것을 확인할 수 있다. 포털 기능을 적용하기 위해 다시 '샘플 룸'으로 intro 룸을 변경해 놓자.

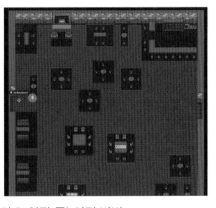

[그림43] Intro룸(아바타 최초 입장 룸) 설정 방법

Portal 기능을 설정하기 전에 적용할 타일 위치를 각 룸에 표시해두자. 아래의 오브젝트를 찾아 Portal Effect를 적용할 타일에 배치하면 된다.

❶ Mapmaker [Object]클릭 ❷ [More Objects] 메뉴 선택 ❸ [See All]을 선택해 ❹ Object 이름을 검색한다. ❺ 아래 배치할 Objects를 찾아 클릭한다. ❻ 맵 상황에 맞도록 object를 조정하고 ❼ [Select]를 클릭한 뒤, 원하는 위치에 해당 object를 배치한다.

*배치 objects : Doorway(2-wide), arrow(simple)

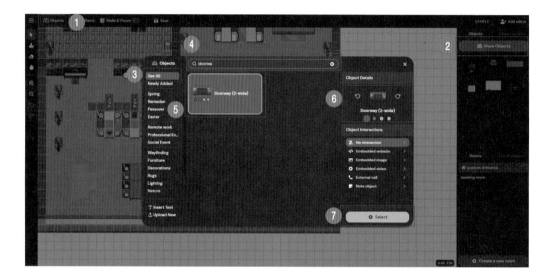

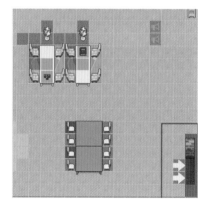 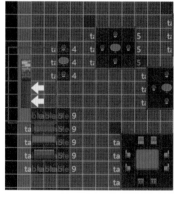

[그림44] Doorway 및 Portal 방향 배치 모습(왼쪽 : Intro룸, 오른쪽 : meeting room)

룸 생성이 완료됐으니 이제 intro 룸과 meeting room간 portal 연결을 시작하자. Portal 간 연결은 두 번의 작업을 거쳐야 한다. intro룸에서 한 번 meeting room에서 한 번씩 작업한다.

▶첫 번째 Portal : [intro룸(Custom-entrance)] ⇒ [meeting room]
▶두 번째 Portal : [meeting room] ⇒ intro룸(Custom-entrance)

※Portal 연결 시 유의할 점
- 특정 타일에 출발지를 지정한다.
- 다른 Portal 출발지점과 가까운 곳에 지정하지 않고 다른 Portal 출발지점과 떨어진 곳 근처로 목적지를 배치한다.
- Portal 설정 중 잘못된 지점을 클릭한 경우, 새롭게 Portal을 설정해 주는 것이 헷갈리지 않고 더 좋을 수 있다.

❶ [Tile Effects] 클릭 ❷ [Portal] 클릭 ❸ [intro룸]을 지정한 출발지점 중 화살표를 배지한 타일 하나를 선택한다. ❹ [Pick portal type] 창이 나타나면 [Portal to a room]을 클릭한다. 여기서 [Portal to another space]은 공간링크주소가 완전히 다른 공간의 룸으로 이동하는 것을 의미한다. 따라서 우리는 '샘플 맵'내에 있는 intro 룸과 classroom을 연결하는 작업이기 때문에 [Portal to a room]을 선택해야 한다.

❺ meeting room을 선택하면 바로 맵으로 바뀌면서 파란색 타일이 나타날 것이다. ❻ meeting room의 portal 출발지점과 떨어진 곳에 파란색 타일을 클릭하면 다시 intro룸 맵 화면이 나타난다. ❼ intro 룸 두 번째 화살표 portal 연결 작업을 위해 다시 한 번 ❹부터 ❼까지 동일 작업을 반복한다. 작업을 완료했다면 Mapmaker 좌측 상단에 있는 화살표 모양(select)을 클릭해 따라다니는 파란색 파일을 제거하고 portal 연결 작업을 마친다. 모든 작업을 마쳤다면 반드시 Mapmaker 상단 메뉴에 있는 [Save] 버튼을 눌러 모든 작업을 저장한다.

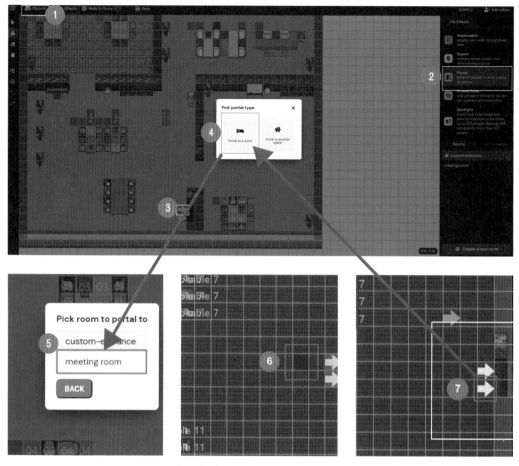

[그림45] Portal Effect 적용 방법

(12) 오브젝트 상호작용 적용하기

게더타운은 오브젝트에 여러 가지 상호 작용을 입력할 수 있다. 상호 작용할 수 있는 콘텐츠는 웹사이트, 메시지, 이미지, 동영상, 오브젝트 기본 상호 작용인 [화이트보드], [피아노], [게임] 등이 있다. 대표적 상호 작용 오브젝트[Bulletin]을 활용해 유튜브 동영상의 상호작용(실행)을 진행해 보겠다.

먼저 아래의 방법으로 유튜브 링크 주소를 확보해 적용해 보자. 일부 콘텐츠를 연결할 때 오류가 날 수도 있기 때문에 아래 방법을 추천한다.

❶ 연결할 대상의 유튜브 동영상 검색 ❷ 유튜브 영상 하단 제목 오른쪽 부분에 있는 [공유]를 클릭 ❸ 화면 중앙의 '공유' 창에서 [퍼가기] 메뉴를 클릭 ❹ '동영상 퍼가기' 화면에서 오른쪽 링크주소가 보이면 링크주소 부분만 드래그해서 마우스 오른쪽 버튼을 클릭, 나타나는 바로가기 메뉴에서 [복사]를 클릭하고 동영상 URL을 확보한다.

[그림46] 상호 작용 기능을 적용 대상 유튜브 동영상 링크 주소 추출 방법
(출처 : https://www.youtube.com/embed/rCOzFF6Yr_M)

유튜브 동영상 주소를 확보했다면 다음 순서대로 오브젝트 설정작업을 진행하자.

❶ Mapmaker에서 왼쪽 상단 [Objects]버튼 클릭 ❷ [More Objects] 메뉴 클릭 ❸ 화면 중앙 팝업창 메뉴에서 [See All]을 카테고리에서 Bulletin(video) 오브젝트를 검색한다. ❹ Bulletin(video)를 클릭 ❺ Object Details 메뉴에서 [Embedded video] 카테고리를 선택한다. ❻ Video(URL)에 미리 복사해 둔 유튜브 동영상 주소를 붙여 넣고 ❼ [Advanded Options] 메뉴를 클릭한다. ❽ [Prompt message]에 아바타가 가까이 가면 볼 수 있는 안내 메시지를 기재한다. ❾ 상호 작용 관련 모든 정보를 입력했으면 [Select]을 눌러 작업을 마친다.

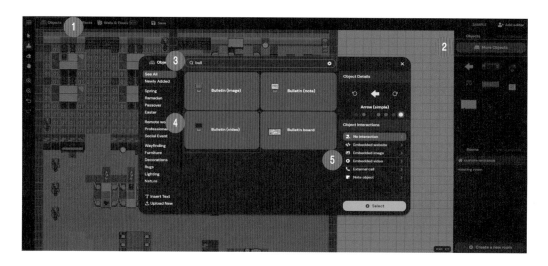

[그림47] 오브젝트 상호작용 기능 설정 1

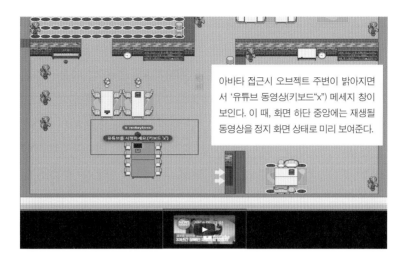

아바타 접근시 오브젝트 주변이 밝아지면서 '유튜브 동영상(키보드"x") 메세지 창이 보인다. 이 때, 화면 하단 중앙에는 재생될 동영상을 정지 화면 상태로 미리 보여준다.

영상 재생(▶)버튼을 누르면 동영상이 실행되고 영상을 종료하려면 우측 상단'X'를 클릭하면 된다.

[그림48] 오브젝트 상호작용 기능 설정 2

Epilogue ···

사람들이 비대면 생활에 적응하게 되면서 메타버스 플랫폼에 대한 관심이 더욱 커졌다. 이에 따라 기업이나 교육현장 등은 메타버스를 활용한 다양한 체험과 행사를 개최하기 시작했고 언론은 메타버스 소식에 집중하고 있다.

이렇게 하루가 다르게 세상은 메타버스에 초점을 맞추고 나아가고 있지만 아직도 메타버스에 대한 개념 이해는 막연하고 어떻게 활용을 해야 하는지 정보 부족에 시달리고 있다.

메타버스는 절대 새로운 문화도 시스템도 아니다. 다만 소통하는 방식과 콘텐츠를 소비하는 형식이 달라졌을 뿐이다. 이미, 우리는 우리가 모르는 사이 많은 경험을 통해 메타버스 세상에 진입해 있다. 싸이월드, 페이스북, 인스타그램, 블로그, 유튜브, 포켓몬고 등 이 모든 것을 경험해 보았기 때문이다. 우리가 경험하고 기록했던 다양한 콘텐츠를 좀 더 쉽고 재미있게 제작하고 소비할 준비 태세를 갖췄다면 우리는 이미 프로 메타버스인 들이다.

우리는 다양한 인터넷 기록물 서비스들을 통해 나만의 콘텐츠를 송출하고 또 소비하고 있다. 단지, 메타버스란 이런 단편적인 기록물들을 다양한 상호작용 기능을 통해 입체적으로 엮어 서비스하는 방식일 뿐이다.

예를 들면, 게더타운을 이용해 나만의 가상 사무실을 만들었다고 가정하자. 내 목적에 맞게 공간을 제작하고 그 안에 오브젝트로 사무환경을 꾸민 후에 내 콘텐츠 또는 내 비즈니스를 하나하나 용도에 맞게 링크를 걸어 메타버스 가상 오피스를 구축해 소개한다면 사람들의 관심과 몰입도는 더욱 커질 것이다.

적어도 이 책을 통해 메타버스의 개념을 이해하고 게더타운을 직접 다룰 수 있는 능력을 갖춰 가상 세계와의 소통을 적극적으로 참여해 볼 수 있기를 바란다.